当文学照亮大地遗产

论冯骥才

向云驹 著

作家出版社

图书在版编目（CIP）数据

当文学照亮大地遗产：论冯骥才／向云驹著 . -- 北京：作家出版社，2022.1

ISBN 978 – 7 – 5212 – 1561 – 8

Ⅰ . ①当… Ⅱ . ①向… Ⅲ . ①冯骥才 – 人物研究 – 文集 Ⅳ . ① K825.6–53

中国版本图书馆 CIP 数据核字（2021）第 208672 号

当文学照亮大地遗产：论冯骥才

作　　者：向云驹
责任编辑：钱　英　杨新月
装帧设计：意匠文化·丁奔亮
出版发行：作家出版社有限公司
社　　址：北京农展馆南里 10 号　　　邮　　编：100125
电话传真：86 – 10 – 65067186（发行中心及邮购部）
　　　　　86 – 10 – 65004079（总编室）
E – mail: zuojia@zuojia. net. cn
http: // www. ZUOJIACHUBANSHE. com
印　　刷：中煤 (北京) 印务有限公司
成品尺寸：152 × 230
字　　数：317 千
印　　张：23.75
版　　次：2022 年 1 月第 1 版
印　　次：2022 年 1 月第 1 次印刷
ISBN 978 – 7 – 5212 – 1561 – 8
定　　价：52.00 元

目
录

自　序

一

　　冯骥才是一位著名作家。他的文学创作起步于改革开放之初的二十世纪七十年代末和八十年代初，然后迅速崛起，以他强劲的创作和无数轰动一时的小说，成为新时期中国文学的中坚力量。他的高频度、高水准的文学创作使他成为当代文学绕不过去的存在。他的众多小说、散文作品进入大学、中学、小学语文教材和课本，使他成为文学以外家喻户晓、妇孺皆知的文学人物。整个八九十年代约有二十年的时间，他都是文学界醒目的标志性作家之一。二十一世纪二十年代前后，冯骥才高调重归文学创作老本行，返回文学创作第一线，并且表现抢眼。2018 年，他的小说集（小小说）《俗世奇人》（三卷本）获得第七届鲁迅文学奖，是小小说集首次跻身此一小说奖项，打破一项文学纪录。2019 年，他的长篇小说《单筒望远镜》问世，获得文学界好评和当年的一系列重要的文学奖项，如花地文学榜 2019 "长篇小说奖"。2021 年，他又发表重磅级长篇小说《艺术家们》，短短数月就包揽众多读者奖、读书奖，评论界的赞誉更是规模可观，引发热议，至今仍然持续发酵。近几年来，他的四卷本非虚构文学《冰河》《凌汛》《激流中》《漩涡里》和为韩美林作的口述史《炼狱·天堂》都是文学界重量级的作品。无论前半段文学生涯还是后半段文学复归，冯骥才都是让人刮目相看的文学大山般的存在。文学是冯骥才最醒目的存在标志和人生标签，他始终是一个作家，他始终自许为一名文学创作者、写作者。

二

但是细数冯骥才的文学人生，细心的人们还是会发现一个秘密。他有相当长一段时间几乎从文学界消失了。他的文学失踪之谜是怎么回事呢？在他从文坛消失的时间里，他抹去了他的文学记忆了吗？这段时间还有没有文学性？在这段非文学的时间里，他的前半段文学生涯起了什么作用？他的后半段文学复归和再次发力与此又有什么关系？他为什么要离开文学？难道这段新的人生时间和文化事业会比他的文学贡献更有利于人民、民族、国家、人类？难道这段新的时间和文化事业中他的作为会比他的文学成就更高更大、更有生命价值？

我们必须特别提醒大家，他的文学离开差不多有二十年的时间。这么长的时间，他干什么去了？是什么让他如此忍痛割爱离开文学而开辟新路？他的文学情怀是如何保留和实现的呢？他的文学性生涯和文学性格又对非文学的领域造成了什么影响，带来了什么后果呢？他是不是继续重造了一个新的国际性的世界性影响？外界和世界又是怎样评价他看待他的呢？

所有这些问题就是我力图在这本"冯骥才论"里回答读者的。文学界关于冯骥才的研究，如果没有这二十年时间的内容，或者说少了这二十年的时间，就会是不完整的、有时间漏洞的研究。没有任何人比我更有资格对冯骥才这二十年的所作所为"说三道四"。当我意识到这一点时，我也突然感到一种惭愧和责任。当我看到冯骥才这几年回归文学，在创作上高调亮相并且依然有实力能够高调亮相以后，我更加意识到集中呈现出这二十年的非文学化又潜在文学中的冯骥才时间是多么地有价值和意义。我虽然惭愧于仍然不能心无旁骛地马上就此写出完整的"冯骥才论"，但是好在二十年间我对冯骥才的观察、研究和思考一直都在进行，而且一直在不停地诉诸文字，见于报刊。所以，作为权宜之计和阶段性成果，也是足可以完成一个初步的"冯骥才论"，于是就有了这本书的编辑思想和图书成果。

三

我认为我对在文学界失踪二十年的冯骥才，是最有发言权的，绝不是自吹自擂、口吐狂言。首先，我是科班文学研究出身。1987年获得硕士学位，我的专业就是文学理论和当代文学研究。这是写冯骥才的基本门槛。其次，从 2001 年开始，我以自己二十世纪九十年代出版的学术处女作《中国少数民族原始艺术》为起步开始进入民族民间文化学术美学天地，我们就密切联系在一起，前后有二十多年。他在中国民间文艺家协会当了三届主席（十五年）。我在中国民间文艺家协会任分党组成员十二年，并先后兼任副秘书长、秘书长十二年。除了工作关系，我们的学术合作也是既深且广。再次，我于 2010 年 10 月离开中国民间文艺家协会，调任中国文联中国艺术报社社长（兼总编辑之职）。我在《中国艺术报》工作时，和冯骥才先生的交往相反更加心有灵犀、更加心领神会、更加惺惺相惜，进入了一个更高的境界。最后，自从冯骥才转入天津大学冯骥才文学艺术研究院任院长，很快我就成为他学院的特聘教授一直至今，此间合作、交往不一而足。总之，可以说，自从 2001 年以来，我们始终"在一起"，从来没有分开过。我们一起成就了很多国家大事、民族伟业和文化丰碑，我跟着他受益无穷，拓宽了视野，深化了学术，提升了境界。我最重要的作品《人类口头和非物质遗产》《非物质文化遗产学博士课程录》《非物质文化遗产若干哲学问题及其他》和《眼睛是身体的乌托邦》（新诗集）等都是此一时期所作并由他作序（在《人民日报》《光明日报》等发表）推荐或促成出版。我也曾为他的文化著述《冯骥才文化保护话语》《灵魂不能下跪》《文化先觉》《天津砖刻艺术》《传承人口述史方法论研究》等写序和作长篇跋语。我们合作的丛书、集成、文化遗产记录成果图书更是不可胜数。所以，我说我对他这二十年存在做出文化判断最有发言权，绝不是信口雌黄作玩笑语。至少我应该并且可以为他人和后人更全面深入地研究冯骥才提供一些可信的资料和研究基础。

四

这本所谓的冯骥才研究专著，其实是我的关于和涉及冯骥才的文字的汇集，写作与发表的时间前后差不多也有二十余年时间，并且集中在他从文学界消失的这一段时间。以我数十年对冯骥才的观察，我认为他实际上从来没有放弃自己的作家身份。他重拾过去的老本行创作了大量的绘画与书法作品，但这些作品中"文人"性和文学性正是它们在美术书法界独标高格的根本原因。他跻身文化、民俗、民间文学、民间美术、文物保护、遗产抢救、博物馆学等诸多领域，但他的成就和影响却都来自文学的"思想"传统，是鲁迅式的思想：不仅存在于文学作品中，也关乎他的文学史、社会评论、文物收藏、版画运动、文艺评论、文化运动。鲁迅先生的文学思想是外溢的泛文学化的，冯骥才也类似于此。他们的思想不仅具有文学的深刻性、形象性、生动性，具有文学式的表达方式，而且具有可与纯粹哲学家、思想史家相媲美的体系性和结构性。冯骥才二十年的非文学经历的一个独特表征就是他把文学带入了一个非文学的场域，并且改变了这个领域。所以我曾经在《文艺报》发表过一个整版的论述冯骥才的文章，题目就是《当文学进入文化遗产保护事业以后》。现在，我把这本书的书名确定为《当文学照亮大地遗产：论冯骥才》，我想揭示的就是他的文学性人格和文学性思想的泛社会化现象。全书分了几个专题："文学冯骥才""民艺冯骥才""思想冯骥才""冯骥才与传统村落保护""冯骥才与非物质文化遗产学学科建设""冯骥才与中国民间文艺家协会"。这些专题涉及冯骥才二十年间的主要文化事业和文化成就的若干重大侧面，构成一个立体的冯骥才。而我回首过往二十年的冯骥才行迹时，我最深刻的结论就是：他用他携带的文学之光照亮了大地的遗产，照亮了中国的文化遗产保护运动。

五

在冯骥才二十年民间文化遗产抢救工作中，他与中国民间文艺家协会的关系中隐藏着的文学基因不可不加以特别说明。中国民间文艺家协会成立于新中国成立之初的 1950 年。从一开始它就是一个有"文学"的组织，这不仅是指这个人民团体所从事的民间文学事业是中国文学的重要构成的一部分，而且是指它的组织者、领导者、参与者中的"文学"含量之重。历任主席中有郭沫若、周扬、钟敬文，郭是诗人、作家、学者，周是文艺理论大家，钟不仅是中国民俗学之父，而且二十世纪三十年代就以散文和诗名世。在协会副主席的名单中有老舍、赵树理，协会工作人员中有汪曾祺这些文学界闪亮的名字。冯骥才在这个协会做了三届主席，他的贡献和成就何在，如果不放在该协会的历史大背景中考察，就难得要领。如果不对他的"主席"实迹进行考察，对他的研究和评价就是有缺陷的，不准确、不客观的。我在中国文联系统工作很多年，我也可以说，在中国文联十几个国家级协会中，在这二十年间，没有一个协会的主席像冯骥才那样为这个协会如此尽心尽力、如此费尽心思、如此不遗余力。我没有贬低任何其他人的意思，但是我要说，冯骥才对中国民间文艺家协会的贡献是前无古人后无来者的，是不可复制、不可仿效的，是任何协会都未曾出现过的"主席现象"。本书中的几个专题都与我欲说明此一观点相关。本书中一些文章单篇阅读似乎并不是专论冯骥才，或者只是部分涉及他，但是这些文章的整体和集合就构成了对他的全面和深入的了解。关于冯骥才与中国民间文艺家协会及其实施的中国民间文化遗产抢救工程这个专题也是如此，本书各编篇章间都贯穿着从最早对这个工程的论证，到中间的一些实施过程，直到最后的回眸，力图能让读者一窥全貌，从而可以判断他的作为。最近半年，我因种种机缘有机会用较大篇幅的文字来书写冯骥才和他从事的文化遗产工作，连续发表了《论冯骥才"民艺"思想》《民协工作代代传承》《全球化背景下的中国非物质文化遗产保护》《〈西塘宣言〉的诞生始末及其深远影响——兼论冯骥才中国传统村落保护知行历程和思想渊源》《论非物质文化遗产学学科建设的方向与路径》，都产生了较大影响，也是对冯骥才几个文化方向上的成就的系统性评说。此外，刚刚获得教育部第八届高等学校科学研究优秀成果奖（人文社会科学）一等奖的《传承人口述史方法论研究》，我执笔了长达五万字的绪论，全面讨论了冯骥才在其中的学术贡献，也是一个从他的文学口述史看其如何演变为传承人口述史的学术梳理。这也是一个文学进入文化并且照亮遗产的生动案例。所有这些也不断证明着我的结论：不了解冯骥才的文学就不能理解他的文化遗产思想与行动；不了解他的文化遗产保护工作和成就也不可能真正理解他的文学成就和创作思想。

所以，我希望我这些二十年来的贴近式的写作，能对更加深入的冯骥才研究有所贡献，也希望这本拙著能对读者全面了解、认识冯骥才有所帮助。

是为序。

2021年6月12日至14日，从国家文化和自然遗产日到中国传统端午节完成此序，并最后编定完成本部书稿全部文字。这两个时间节点都与冯骥才和我有过重要的关联，在这个特定的时间编定这样一部与此相关的著述，值得纪念和予以标识。

第一编

文学冯骥才

从身体人类学走向身体美学和身体哲学

——冯骥才《三寸金莲》新论

一

在冯骥才的小说创作中，发表于 1986 年的中篇小说《三寸金莲》（1981 年初稿，1985 年定稿）是最招致争议、非议和最被误读误解的作品。它最为一般读者议论，也最受批评界冷落（自其发表以来，几乎没有一篇像样的批评文章讨论该作）；最为外国读者关注（已翻译为十余种外国文本，仅日文版就在十余年间多次再版）；也是国内几十年间最热销，再版、重版、新印次数最多的当代文学作品之一。毫无疑问，《三寸金莲》是冯骥才最优秀的小说创作之一，也是当代中国文学的代表作之一。自《三寸金莲》问世以来，它的阅读史一直在一个广阔的时间和空间中展延，而它的批评史却是跛脚的、远离其阅读史的。

这部小说之所以遭遇无常命运，在阅读上招致莫衷一是，在批评上被人讳莫如深，在价值上为人极爱或极恨竟是冰火两重天，说白了就是因为它书写了中国人历史中的一段漫长的畸形的身体痛史，书写了让今天的"文明的"中国人自觉得脸面无光、颜面扫尽的小脚文化，书写了至今常常被外国人嘲弄、抓住我们文化最羞耻的丑处（小脚、辫子、太监、童养媳、八股文、房中术等）的"这一个"。它让所有的中国人都感到不自在。仿佛作者是一个暴露癖者，敞开了大家共同的隐私和羞处。问题在于，作者的写法又十分的隐晦，十分的文学化。里面有隐喻，有象征，有似是而非，有王顾左右而言他，有魔幻怪诞，有含沙射影，有嬉笑怒骂，有复调与变奏，有不易参透的批判，有小脚女人的优美和叙事文字的华丽，所以，很让一些人摸不着头脑，吃不透作者超常规、超现实、超现象的深度写作及其深度意图。这部小说用的是现实主义手法与技巧，表达与呈现的却是超写实、穿历史、跨时空和荒唐怪诞隐喻象征的文学文本。几十年过去了，它依然闪耀着杰出文学的光辉，让人惊叹数十年前，作者竟有如此深刻的思想，同时，他又有着怎样惊人的艺术表现力。

事实上，不仅是作为文学的《三寸金莲》一如空谷幽兰，在最近几十年来，孤独地在文学批评里寂寞着；就是在历史、社会、哲学、女性主义等等领域或思潮中，禁区一个个打开，樊篱一个个突破，但对"小脚"的历史的正视，社会科学界所谓的科学的、客观的、公正的、学术的研究，几乎直到二十世纪九十年代以来才渐渐有人涉猎。也几乎是近两年，我们才见着由海外学者作出的具有现代学术性质、意义和价值的研究专著在国内出版。[①] 所有这些比《三寸金莲》的问世晚出了近二三十年。在这二三十年间，还出现过九十年代的身体写作与研究的热潮或时尚，女权主义文学、美女作家、"下半身写作"等等风靡一时；出现过身体哲学和后身体哲学的思潮或译介热潮，出现过文学身体学、身体叙事学、身体政治或身体意识形态学等文学的身体维度研究风潮。所有这些论述、研究、叙述，他们几乎将身体的所有遮挡都扯将开去，甚至将女性和性的最隐秘的行为与情感、动作与感受、姿态与知觉都和盘托出，显示出思想的大胆与肆无忌惮，显示出挑战传统与现实的勇气，显示出对新知、新领域的研究热情和智慧。但是，他们遗忘了这个角落。有的学者研究了现代文学以来的"身体写作"，论及

---

① 此指［美］高彦颐著、苗延威译《缠足："金莲崇拜"盛极而衰的演变》，江苏人民出版社 2009 年 3 月出版。高还有其他涉及缠足的著述。

了服饰、头发、恋爱、婚姻、性、道德、疾病、医学、纵欲、性解放、色情、颓废、死亡、规训、献祭、女性身体、性革命、身体美学等等，但是，无一例外，却都不曾去触及缠足的身体。[1] 有的学者较系统地研究了当代文学中的身体写作、身体政治或身体意识形态，讨论了贾平凹的《废都》，王小波的长篇小说，阿来的创作，余华的写作，陈染的《私人生活》，以及高行健、卫慧、木子美、葛红兵、九丹等人的身体文学作品，但研究者叙述的身体完全等同于"性意识"了，文学身体化在这里只是主体的感官化，无涉于身体的纯粹性和客观性，这是对身体维度或身体哲学的狭隘化扭曲，因而也就把《三寸金莲》排斥在"身体"之外了。[2] 可以说，存在着不言而喻的这样一种可能，人们认为，写缠足的《三寸金莲》其所写文化之丑陋，比性还更令人不足齿数，虽然此中也涉及性、女性、女权、身体、下半身这些最时髦的后现代的元素。一位历史学家在二十一世纪初撰写"对女子缠足由'美'变'丑'历史进程的多元分析"时，道出了个中秘密。他说："如果几年前我斗胆问出一个问题：'缠足的女性真不快乐吗？'也许会立刻招来一片质疑甚至责骂声，因为'缠足'已经成为中国女性受压迫的象征。对'缠足'是否痛苦的质疑，也就是对妇女曾经受压迫的政治命题的质疑。"[3] 这是一个历史学家晚近的担忧，从一个侧面说明了存在身体盲区的深层原因。而早在二三十年前，《三寸金莲》就受到了这样的质疑，冯骥才为这篇小说早就"斗胆"并承担过无数的"责骂

---

[1] 参见黄晓华著《现代人建构的身体维度：中国现代文学身体意识论》，中国社会科学出版社 2008 年 5 月出版。

[2] 参见朱崇科著《身体意识形态：论汉语长篇（1990～ ）中的力比多实践及再现》，中山大学出版社 2009 年 2 月出版。另参见葛红兵、宋耕著《身体政治》，上海三联书店 2005 年 11 月出版。

[3] 杨念群作《从科学话语到国家控制——对女子缠足由"美"变"丑"历史进程的多元分析》，刊于《北京档案史料》2001 年第 4 期。转引自汪民安主编《身体的文化政治学》，第 1 页，河南大学出版社 2004 年 1 月出版。

声"。最直接的斥责是说他歌颂缠足、欣赏缠足、陶醉缠足，类于没落腐朽的文人，是莲癖般地在"津津乐道地展示那些腐朽没落的玩意"，是毫无批判地对小脚的审美认同。帽子不可谓不大，情绪不可谓不激昂。但是，可以说，他们都没有读懂读透《三寸金莲》。小说发表后，有评论家指为历史小说，也有称其为传奇小说，或名之为津味小说，作者为此愤慨，反讥为"其实全是胡扯"，并长叹"可惜知我者寥寥"。另一方面，作者也深深感受到了社会对他作品的误读和评论界对他作品的不读，他也直接向社会表白了自己的立场："从文化视角观察与解析国民性需要非凡的眼光，用批评精神将国民性格的痼疾揭示出来需要勇气。"

<h2 style="text-align:center">二</h2>

　　自辛亥革命以后，随着现代文明传入中国，与封建帝国一起衰亡的诸多传统文化中就有女子缠足的习俗（此间，放足与缠足展开过长期的拉锯战，《三寸金莲》在最后三回做了生动的状写）。但是缠足的历史在中国是如此悠久，确凿的起源是最晚形成于晚唐和宋代，迄今为止已有千余年，它对今天的中国和中国人究竟意味着什么？它就这样轻而易举地淡出了历史和我们的视线了吗？今天在山东、山西、陕西、云南和许多山区农村，还可以见到最后一代缠足妇女。所以，关于缠足妇女生活的影像，前不久曾一度风靡摄影界，成就了若干摄影家，缠足的活影像也让大城市里的"八〇后""九〇后"闻所未闻、见所未见，大大地惊奇了一番。另一方面，人类对自己的身体，依然有着花样百出的怪癖。从原始时代的文身、蠹痕、残体、穿鼻、凿齿，到现代的丰胸、整容、增高、变性、骨感，等等。风习所至，趋之若鹜，百折不挠。身在其中，熟视无睹，见怪不惊。这就是身体批判的思想张力和空间所在。

　　再说缠足，早在宋兴缠足风俗之前，唐代段成式就在四川酉阳著述了一部记述神话传说、风土人情等的笔记《酉阳杂俎》，其中有一则叶限的故事，被学者认定为是全世界最早的"灰姑娘"文本，它早于法国灰姑娘见于《故事集》（拜诺尔）八百年，早于德国格林童话《灰姑娘》一千年。叶限的故事是世界现存最早的"灰姑娘"型民间故事。这个故事在中国最早出现，也预示和引发了中国的一段独特妇女史。叶限的故事最核心的情节就是叶限得到仙灵帮助参加了洞节，后仓促逃离现场，"遂遗一只履为洞人所得"。这只鞋小得陀汗国"一国妇人履之，竟无一称者"。这只鞋比该国女人脚最小者还小一寸，最后只有叶限一人能穿，遂得国王恩宠，"以叶限为上妇"。从这则"灰姑娘"故事中，可以见出中国唐时似并不流行小鞋小脚，但叶限的经历，也说明人们在推崇、宣传、向往小脚和小鞋。这个寓言预见了此后千余年的中国历史。

一千多年的缠足史，是中国妇女和中国历史的一段异史。在这段奇异的妇女史和中国史中，中国妇女因为缠足成为真正的、纯粹的女人（辜鸿铭曾对此欣赏有加），一切花木兰式的巾帼英雄、一切祝英台式的女扮男装都被终结了（或理论地终结了）。叶限的胜利从针对继母的虐待，转向针对全国男性的胜利。缠足的女性拉开了中国女性性别自觉的大幕，也打开了中国男人对女性的金莲崇拜的恶嗜之门。历经一千多年的日盛一日的缠足与膜拜缠足的风俗演化，缠足的历史、文化、风俗成为中国文化、中国历史、中国风俗最怪异、最腐朽、最奢靡、最畸形的身体痛史。

冯骥才《三寸金莲》为我们揭开了这一段异史、痛史的血腥、腐朽、糜烂、畸变、荒谬和怪异。

从戈香莲出生到自幼裹脚，戈香莲的一生就是她的小脚变化的一生；就是她从孩童怕痛不敢裹脚到懂得裹脚就是成为和成就女人的人生经过，再到奶奶给她裹出一双小脚改变了她的命运，再到赛脚败给白金宝，并致自家身价一落千丈，再到卧薪尝胆、"重新做人（脚）"，终至东山再起扬眉吐气。佟家的女人们每人都有一部自己的小脚史。作者通过戈香莲们所经历的缠足人生及命运纠缠，解读和解开了这样一种畸形的身体扭曲史何以得以传承千年，妇女们为什么千百年来苦中作乐、乐此不疲的奥秘。作者的发现是，缠足是旧时中国妇女生活的最高境界：这是一种审美化生存。男人和女人共同营造了这样的社会氛围和社会环境：有品位、有范式、有境界的小脚是女性之美的最巅峰；懂小脚、会品脚、知脚史的男性是风流名士。三寸金莲作为一种文化意象、形象、镜像，它在一个具有悠久文化文明传统的国度，升华为一种超越文化、超越自我的审美活动。所以，身体缠裹的肉身之痛和身体造型的扭曲及其畸变，在美的烛照下蜕变或突转：由身体之痛转向人生之痛；由畸形之丑转变为艺术般的美的形象和造型。

对这种所谓的"美脚现象"，作者以还原历史的笔法，给予了逼真的再现。这就是许多人误以为作者是在审美地欣赏和认同小脚文化的原因。其实，这才是最深刻的现实主义文学。小脚文化如果不触及它的审美观和身体美学，就只能是隔靴搔痒。这里的美学尺度正是思想的深度。在这里，艺术呈现就是文化批判。在《三寸金莲》的文学写作中，作者冒着被人指为莲癖的风险，竭力状写这种令人不可理喻的文化现象。在一篇题为《我为什么写〈三寸金莲〉？》（1988 年）的长文中，冯骥才更是理性地表述了这种文化发现："既然民族文化上曾有这样的劣根这样的堕力，为什么如此持久顽固……我看这不是单纯的一种堕力，传统文化有种更厉害的东西，是魅力。它能把畸形的变态的病态的，全变为一种美，一种有魅力的美，一种神奇神秘令人神往的美。你用今天的眼光不可理解不可思议，你看它丑陋龌龊恶心绝难接受甚至忍受，但当初确确实实是人们由衷遵从、奉为至高无上的审美标准。……中国文化高就高在它能把清规戒律变成金科玉律，把人为的强制的硬扭的酿成化成炼成一种公认的神圣的美的法则。当人们浸入这美中，还会自觉不自觉丰富和完善它，也就成为自觉自愿发自内心而不再是外来强加的东西了。"这不仅仅是对小脚文化为什么绵延了一千多年的历史奥秘最为深刻的揭橥,而且是第一个把审美从纯粹的审美和一种无干于历史与一般生活的精神活动的审美放置到日常生活和人生命运中,从而发现了一种极具诱惑蛊惑的魅力和美力,它一旦操纵历史走向,其力量之大超越任何一种历史动力。冯骥才在《三寸金莲》中发现的这种"美学观"或历史中的美学现象,与近来美学界流行的"审美日常生活化"或"日常生活审美化"的美学理论并无什么相似之处,并且绝不是一般意义上的美学问题。这个发现是具有重大历史价值、文化价值和社会价值的发现,它显示了文学洞察历史真相的思想的敏锐性、先锋性、前沿性、超越性和卓越性。这是《三寸金莲》最具原创、最为闪光的思想和主题呈现,没有任何一个作家表达过这样深刻的历史发现的思想。即使是思想家哲学家,甚至是西方身体哲学的干将们,比如梅洛·庞蒂、尼采、福柯、德勒兹等,他们揭示身体的本体化存在,释放身体的欲望,探讨身体的规训与惩罚,甚至是建构身体的美学。但是他们都没有发现如此这般的身体美学的历史奥秘。

三

　　小说《三寸金莲》中的佟忍安、乔六爷、华七爷、牛凤章、陆达夫、吕显卿等人颇具典型性,他们或是弄诗的,或是弄画的,或是地方名士,总之是一批有莲癖的文人士大夫或绅士居士之流。就是在描写他们欣赏女人们赛脚及其登峰造极的嗜脚癖脚时,作者借这些人物,把中国小脚及小鞋文化中的品级、形状、材质、类别、大小、尺寸、神态、历史、考据、诗词,甚至是小脚作为女性身体,取代了女性的第一性征和第二性征,成为"性"的最高表征和至上境界,均一一悉数道来,把这种文化及其对女性身体的塑造、定型、审美和盘托出。

其中，审美风尚表现的唯美力量是小脚的魅力之一。戈香莲从被动缠足到主动缠足就是此种魅惑所致。她幼时被强制缠足后首次打开院门坐在大门口时，"忽然看出，人脸不一样，小脚也不一样。人脸有丑有俊有粗有细有黑有白有精明有憨厚有呆滞有聪慧，小脚有大有小有肥有瘦有正有歪有平有尖有傻笨有灵巧有死沉有轻飘"。一个小闺女从香莲面前经过——"年纪跟自己不相上下，一双红缎鞋赛过一对小菱角，活灵活现，鞋帮绣着金花，鞋尖顶着一对碧绿绒球，还拴一对小银铃铛，一走一颠，绒球甩来甩去，铃铛叮叮当当，拿自己的脚去比，哪能比哪！她忽起身回屋拿出一卷裹脚条子，递给奶奶说：'裹吧，再使劲也成，我就要那样的！'她指着走远的那小闺女说。"（《三寸金莲》）这就是小脚美的风习对一个小女孩的启蒙与引导。到了佟家后，戈香莲与白金宝赛脚失败，在潘妈和佟忍安的指导下，她又才由浅及深地进了小脚文化的堂奥深处。

下面这段对话描写与表现了戈香莲对小脚美的"大彻大悟"——

"这样好看的小脚，怕天下没第二双！"香莲惊讶瞪圆一双秀眼说。

"我原也以为这样，谁知天下不绝此物，又生出你这双脚来。会比你婆婆还强！"佟忍安脸上刷刷冒光。

"我的？"香莲低头看自己的小脚，疑惑地说。

"现在还不成。你这脚光有模样！"

"还少嘛？"

"没神不成。"

"学得来吗？"

"只怕你不肯。"

"公公，成全我！"香莲扑通跪下来。

谁料佟忍安扑通竟朝她跪下来，声儿打颤地说："倒是你成全我！"他比她还兴奋。——小脚里头比这世界还大，潘妈那些玩意儿，还是皮毛，这才摸到神骨。打比方，奶奶给她是囫囵一个大肉桃，潘妈给她剥出核儿来，佟忍安敲开核儿，原来里面还藏着桃仁。桃仁还有一百零八种吃法。(《三寸金莲》)

这种情状就是我们前面所引的史学家需要"大胆"才能揭开的真相。这里的奥秘其实就是小脚美如何营造了诱惑人渐入佳境，由美魅而魑魅的真面目。

此外，小说还整体呈现了中国古代对小脚形成的一个体系化的审美理论与境界、意境、品相、神韵等等，它们与中国传统美学思想具有匹配性（比如李渔的小脚美学与他的戏曲美学的统一），而这正是小脚的魅力的核心，是其作为社会风尚获得的理论支撑和审美根由。这不同于二十世纪三十年代姚灵犀系列《采菲录》的博物馆式陈列，在文学的形象塑造中，作者让我们看到一种文化发展可怕的"进化"：某些文化精致化历程也就是这种文化的腐朽化过程！这样可疑惧的文化历史现象在中国并不是绝无仅有。比如，中国的帝王、郡王、诸侯总有人耽于文艺、饮宴和女色，于历史留下无数文物精华和文学、美术、书法的经典，但是他们所治理的国家却民不聊生或山河破碎。比如，鲁迅先生就指出："歌，诗，词，曲，我以为原是民间物，文人取为己有，越做越难懂，弄得变成僵石，他们就又去取一样，又来慢慢的绞死它。"[①] 从情趣盎然的"叶限"到帝王将相、文人雅士病态地把玩三寸金莲，不也是走的这样一种文化路数吗？

中国女人的三寸金莲的历史与腐朽的清王朝一起终结，看似偶然，其实却是历史的必然。几千年的中华文明是世界上唯一未曾中断的古老文明，这是我们的光荣与骄傲，但此中也有我们沉重的历

---

① 《鲁迅书信集·致姚克》(1934年2月20日)，《鲁迅全集》第十二卷，第339页，人民文学出版社1995年出版。

史重负。庞大的文化机器犹如一头巨大的怪兽，可以吞噬任何侵入的异族及其异物。许多文人沾沾自喜于我们的文化改造了无数的异族、异文化，使战争的胜利者在历史长河中不知不觉地转变为文化的失败者：如水的文化终将战胜铁血的戈矛。清代学者钱泳曾极而言之，认为中国宋以后的历史和王朝更替是由不缠足战胜缠足而写就的："考古者有丁男丁女，惟裹足则失之。试看南唐裹足，宋不裹足得之；宋金间人裹足，元不裹足得之；元后复裹足，明太祖江北人不裹足得之；明季后妃宫人皆裹足，末朝不裹足得之。"[1] 但是，我们也可以反过来看这个问题，那就是不裹足者的胜利，又被裹足文化吞噬了，不裹足者成了裹足者，终于又被新的不裹足者取代，新的不裹足者也再次成为裹足者。历史就这样怪圈一样循环，王朝不断更替，唯有裹足处变不惊，一传千年。这是我们困惑不解的历史，是我们无从判断是非的历史，是我们爱憎失范的历史。自诩为"爱莲者"的辜鸿铭，据说总结了小脚"瘦、小、尖、弯、香、软、正"的七字真言，视其为品尝臭豆腐、臭鸭蛋一类令外国人望而却步的中国美食。他认为，中国人的理想化的女性，要能无私无我地奉献；完美的女性，应该同时具备活泼愉快和幽闲恬静的特质。而缠足这种身体表述，正发扬了中国妇女最美好的品性：柔顺与端庄。辜鸿铭在 1904 年撰文说，"目前欧洲文明的衰落和退化"，在那些社交妇女，"健壮的男人气十足的女人们"身上得到体现。"在中国，这些好管闲事的外国太太正忙于将美妙的小脚女人……改造成像她们一样健壮的、男人气十足的妇女"。[2] 辜鸿铭对中国文化（包括"金莲"）的癖爱，究竟表明了什么？同样情状，王国维也是学贯中西，1923 年曾被召为清废帝充"南书房行走"，但 1927 年终不堪清王朝及其文化的没落竟至投湖颐和园自尽。陈寅

① ［清］钱泳著《履园丛话》（下册），第 631 页，中华书局 1979 年 12 月出版。
② 《日俄战争的道德原因》，《辜鸿铭文集》（上册），第 201 页，海南出版社 1996 年 8 月出版。

恪先生在《王观堂先生挽词序》一文中一针见血地指出个中原因："凡一种文化值衰落之时，为此文化所化之人，必感苦痛，其表现此文化之程量愈宏，则其所受之苦痛亦愈甚；迨既达极深之度，殆非见于自杀无以求一己之心安而义尽也。……盖今日之赤县神州值数千年未有之巨劫奇变；劫尽变穷，则此文化精神所凝聚之人，安得不与之共命而同尽，此观堂先生所以不得不死，遂为天下后世所极哀而深惜者也。"① 陈寅恪指出了王国维之死的文化本质。中国文化在历史长河中鱼龙混杂，它曾经在无数次改朝换代中我行我素，吞噬了多少英雄豪杰的理想。它以文"化人"，以文"吃人"，并吃掉历史和朝代。它同化异族异类，也使本己丧失血性和刚烈。

四

在近代以来的西方列国坚船利炮的攻势下，拥有古老文明的中国却未见有"大获全胜"或反败为胜的机会。大清王朝终于訇然倒下。这些具有至深文化情结的旧式文人，能不呜呼哀哉乎！辜鸿铭是一位学贯中西的大学者，他有着过分敏感的民族自尊心，也过于沉湎于中国文化的整体性和优越性，在他的心目中，举凡中国古老的文化就是无与伦比的文化，时间性就是文化的优越性，而全世界也只有中国文化有如此悠久的历史传承至今。所以，小脚文化也以中国固有的小脚美学传统，叙述着女性之美的极致。虽然原始民族的各种毁身式体饰和西方流行的变体式美身也是出于性别之美的诉求，但他们何曾有中国小脚美的如此精致、如此自觉、如此深奥、如此境界？他用文化的武器和美学的思想意欲抵抗殖民主义及其文化立场。但是，殖民主义在它的血腥历史中，也推动历史向着全球化、现代化方向发展。历史在全球化的空间发展和现代化的时间进

① 刘桂生、张步洲编《陈寅恪学术文化随笔》，第3—4页，中国青年出版社1996年9月出版。王国维，字静安，号观堂。

程中，必将改变世界的格局、国家的关系、民族的命运。这是一个空间战胜时间的历史时代。身处世界动荡时代，一味自欺欺人地自我封闭，其结果就是近代以来中国积弱积贫、被动挨打的屈辱史的一幕幕上演。事实上，并不是由于中国半封建半殖民地的历史要向完全殖民地化转向（这个历史走向在近代史中是有着现实的可能性和趋向性的，假如不是中国革命最终扭转了这一历史走向的话），而是中国的封建社会已经走到了它的终点，要么腐朽倾倒，要么浴火新生。所以，女子放足绝不仅仅是西方妇女塑造、改造中国妇女的结果，它只不过是这种历史转折必然到来的一个象征和前兆而已。这就是马克思在讨论印度近代命运时指出过的："看到这无数的家长制的无害于人的社会组织拆散了、解体了、被投到苦海里去了，以及它们的个别分子同时又丧失了自己古老的文明形式和祖传的生存手段，这对人的情感无论怎样不愉快，我们都不应该忘记：这些淳朴的村社不管外表上看起来怎样无害于人，却始终一直是东方专制制度的坚固基础；它们把人类精神局限在最狭窄不过的范围内，使它成为迷信的驯服的工具，把它当作传统规则的奴隶，剥夺了它的全部伟大性和历史首创性……"[①]

在《三寸金莲》中，佟忍安终于家道破败，临死前，他依然要求"下一辈"集体举行裹脚仪式，要亲见又一代女童缠足，却终于在莲心的神秘失踪中命丧黄泉，神秘的缠足"大师"潘妈也抱着她秘藏的几百双三寸金莲葬身火海。作者用人物命运揭示出隐藏在文化史里的道德判断。他用文学形象昭示我们，缠足这种畸形而又走到极致的文化，必是腐朽的文化，腐朽的文化必有毁灭的时刻。在千余年的历史中，中国的男人和女人都把追求金莲当成两性关系和女性生命的终极追求，这个民族的身体和生机亦腐朽了，没落了，误入歧途了。假如说文化是人为的制造物，那么，文化的原点就是

---

① 季羡林、曹葆华译《马克思论印度》，第13—14页，人民出版社1951年12月出版。

天然或自然。小脚文化物极必反后，其文化原点就是天足。天足是小脚文化的终结者。事情非常简单又非常复杂。文学亦然，鲁迅先生说得好："旧文学衰颓时，因为摄取民间文学或外国文学而起一个新的转变，这例子是常见于文学史上的。"[①] 返璞归真，回到自然之原始，是走出文化畸形困境的必由之路。审美观为之一变，历史于是改写，这也是美学的力量。所以，马克思主义经典作家强调以"美学的、历史的"眼光判断文学作品。以"美学的"眼光来看《三寸金莲》所揭示的历史真相，是否还可以获得更为深刻的启示呢？辜鸿铭的小脚文化观是一种具有反殖民主义思想的文化观，他也抵达美学的深处，并且就是运用美学的武器来抵御、反抗西方的天足（自然）美学。他将后者归结为一种男性化美学（男权主义）。辜鸿铭在其本质上依然依附于他所抵抗的价值观，他的反殖民主义，等同于极端的民族主义；他的小脚美学其实更是中国男性化美学的结果。

冯骥才对小脚美学的批判是对其女权立场和男权立场的双重批判，是一种文化的自我批判，是对小脚美学自身美丑是非价值观的反转和颠覆。任何以为冯作是在欣赏小脚美并将之视为辜鸿铭式的"莲癖"的阅读，其实都是错读和误读。《三寸金莲》以审美的笔触、眼光，在极为曲折、生动、巧妙的情节与叙述中，把一个"审美"的传统文化，经过祛魅还原为审丑的历史，把这一"审美"的历程引向审丑的终结。从美学上彻底颠覆小脚的审美观，从文化上彻底瓦解其腐朽化的合理性，从思想上彻底鞭挞文化的劣根性、顽疾性。美学的力量是小脚文化盛行最具原动力、最坚固的堡垒，摧毁它也必须最终达于美学的颠覆。戈香莲一方面极力维持没有了佟忍安的缠足之家的缠足规矩，一方面放走了自己的女儿使免于缠足之苦；一方面竭尽全力维持自己安身立命的缠足美学，一方面眼见

---

① 《且介亭杂文·门外文谈》，《鲁迅全集》第六卷，第 95 页，人民文学出版社 1995 年出版。

天足会会长牛俊英就是自己失散的女儿，缠放之争成了母女之争。这两个极端的碰撞，使她不堪一击，终使她矛盾至死。戈香莲之死象征着小脚文化的终结。《三寸金莲》从深描的身体人类学走向了深刻的身体哲学。

五

经过二三十年的历史风雨和时间的沉积，《三寸金莲》并没有像一些作品那样湮没在历史尘埃中。时间可以淘汰和忘却某些文学，时间也可以使一些作品成就为经典。《三寸金莲》涉及令人不堪回首的历史，它不假修饰地直面人性、历史、文化的丑陋。这样的文学作品不仅最易激起尖锐的争议，也很难让人一目了然地洞穿它超越时空的文学品质。今天我们重读《三寸金莲》，不再羞于掩盖我们的历史畸变和身体畸形，不再一味以光荣的文化制造的文化自大掩盖我们的经济自卑；不再以狭隘的民族主义和激进的西化主义审视自我。我们在全球化、现代化、多样化的时代获得并养成了宽阔、深厚、包容、自省、批判、前瞻、全面的历史眼光、时代精神和未来意识。所以，我们不能也不应回避任何的重要的历史细节或事件。往往，一种历史细节或事件里蕴藏着我们民族最深刻的命运和宿命。三寸金莲的历史是中国过往历史最直观的标志之一，所以，《三寸金莲》问世以来，在外国读者中大受欢迎。这当然主要是他们的文化猎奇心的表现，但是，文化的他者往往能直观异文化的本质。我们如果不能深刻解读我们自己的文化的异样，我们就永远不可能被他者真正理解，我们也永远不可能真正了解我们自己。这就是《三寸金莲》的卓越与精辟之所在。

《三寸金莲》之为经典，不仅在于它的题材的不可替代性，更在于它的优秀的语言，无与伦比的情节结构，经典的人物形象，复杂的文化分析，深具寓意并可无限解读的形象意象思想。作者甚至借鉴与仿效了《红楼梦》的手法与技术，在采用多种复杂技巧后，营造了一个似实非实、似假非假，似真非真、似幻非幻，似美非美、似丑非丑的文学世界。恰如《红楼梦》"好了歌"一般，《三寸金莲》开篇也有一首"真假歌"："说假全是假，说真全是真，看到上劲时，真假两不论。"这里的真假之隐喻，在浅层面可理解为小说情节、故事、人物是假的或虚构的（事实上作者研究了《采菲录》中许多真实的缠足的人物、事件、传奇，使《三寸金莲》虚构得血肉丰满），但这一段痛史是真真切切的；小脚之丑是假的，而小脚之美却是真实存在的，或者反过来说小脚之美是假的，但小脚之丑却是钉在了历史的十字架上。诚如作者所言，"小脚里头，藏着一部中国历史"。

在展开小说全部情节、人物、主题之前，作者向这部中国小脚的历史提出了下面两个严峻的问题。

第一个问题："历史一段一段。一朝兴，一朝亡，亡中兴，兴中亡。兴兴亡亡，扰得小百姓不得安生，碍吃碍喝，碍穿碍戴，可就碍不着小脚的事儿。打李后主到宣统爷，女人裹脚兴了一千年，中间换了多少朝代，改了多少年号，小脚不一直裹？历史干它嘛了？"

第二个问题："您说小脚它裹得苦，它裹得也挺美呢！您骂小脚它丑，嘿，它还骂您丑哪！要不大清一亡，何止有哭有笑要死要活，缠了放放了缠，再缠再放再缠。那时候人，真拿脚丫子比脑袋瓜当事儿。您还别以为，如今小脚丫绝了，万事大吉。不裹脚，能裹手、裹眼、裹耳朵、裹脑袋、裹舌头，照样有哭有笑要死要活，缠缠放放缠缠，放放缠缠放放。"

这是多么直白的卷首语和创作揭示。然而此后正文一开笔，作者再不提一句警语、思想、感言、表白，一切全由人物说话，仿佛他并没有揭示或发问过一样。这时候，在作者笔下的人物命运、事件情节、形象情绪中，文学形象直逼作者的哲学思想，文学意象远远地大于和超越了直白的思想。难道不是吗？我们在任何历史资料、史实甚至口述史中能见到戈香莲这样的小脚者的形象吗？她从生到死都被小脚主宰了。这个人物难道不是中国妇女千年小脚史的活标本吗？奶奶对小脚的素朴感情，潘妈与佟忍安的畸恋，陆达夫一边写着放足的宣言一边吸吮着小鞋的"香气"，家庭里盛行沙龙式的赛脚会，社会上有风俗性的赛脚会，各种极尽想象的缠足手段和技术，各种鲜血淋淋的缠足的苦痛与苦难：骨折的嘎嘎声、碎瓷嗜血的裹脚、肉体的变形与心灵的变态。这些现实主义的状写能不让人惊心动魄？！

事实上，《三寸金莲》还采取了复调小说的结构，将作者尖锐、深刻的文化批判隐寓在叠加意象和双重组合之中。在戈香莲、潘妈、白金宝、月桂、月兰、董秋蓉、美子、桃儿、杏儿、珠儿、草儿、抱小姐（缠足超小以至出门只能由人抱着），这些女性群体中，脚决定着她们的地位与生活，她们明争暗斗，使尽手段和技巧，要让自己的脚出人头地。在佟忍安等众莲癖方面，则是醉生梦死，陶醉在小脚文化中，彼此分享什么金莲三贵、金莲二十四格、金莲三上三中三下三底，"真是如诗如画如歌如梦如烟如酒，叫人迷了醉了呆了死了也值了。小脚玩到这份儿，人间嘛也可以不要了"。这些形象如此生动，使人深深怀疑，文化的积累必定是进化上升的吗？成熟的文化有没有腐烂的气息？在真假之疑上，又引申出了进退之问。

作者以复调的线索，同时书写了一个书画鉴赏收藏与真假的故事。小说中有两个情景。这两个情节人物均以奇人奇事列入"津门四绝"。其中一个写了"眼睛不瞅人的华琳"。此人好画，但他的画从心不从师，且神不来画不成，其画又多在梦中，梦即好画，好画就是画山不见山，画水不见水。更奇的是，竟然没有人见过他的画，而他却是著名画家。这就是奇绝所在。又一个写的是活受和牛凤章合伙作赝，把老谋深算、眼光独具的老古董家佟忍安也给蒙蔽了。其作赝方式令人瞠目结舌。一是将原作一分为二，使半真半假，也使一画成二，可获双倍之利；一是将古画宣纸"揭二层"：

一三层裱为一幅，二四层裱为一幅，也是一种一变二或半真半假。这种书画创作与鉴赏、作赝的描写，揭开了中国文化在典雅、文人士大夫、精神性文化层面的深层问题，这种文化与缠足这样的身体性、妇女性、全民性、世俗性文化相对应、比较，呈现了文化畸形的全面性、互动性、扩散性，呈现了中国文化真假美丑复杂纷纭、纠缠不休的图景。这些究竟是中国文化的本真还是假象？假如它们是本真和本体，中国文化情何以堪？假如它们是假赝和非主流，中国文化又何以求真？这是中国文化近代以来最急迫和严峻的文化问题，也是中国文化最需要追问的问题。

佟忍安之死几乎可以理解为是小脚文化黑暗的殉葬仪式。戈香莲成为这一文化继承者的代表性人物。但是，时代已然天翻地覆，天足运动风起云涌。在缠足和反缠足的冲突、对立、冲撞、控辩中，双方的理论、言论都得到互文式的呈现。反缠足美学观的呈现，正是缠足审美价值的彻底反转，小脚文化正是在这种呈现中由美变丑，由丑而臭，由臭而毁灭。戈香莲和她的女儿各自在缠足和反缠足的阵营里冲锋陷阵、摇旗呐喊。天足会会长牛俊英（莲心）的反缠足的理论、言行、做派都带有那个时代的"新潮"和"洋气"的喜剧性。这种喜剧性具有殖民时代的滑稽性，它本身并不足以战胜、摧毁、压倒戈香莲的小脚主义。只是当牛俊英的身体标志表明她正是自己的女儿时，戈香莲才彻底溃败下来。戈香莲是解放莲心双脚的第一人，她也是佟家（乃至中国社会）小脚文化卫道的最后一人。其实不是反缠足的各种强国、保种、卫生、健康、解放、天然等时髦时尚新潮的理论打败了戈香莲，也不是她的亲生女儿的天足在美学观上战胜了她的小脚之美（虽然历史的整体真相的确如此），她是被她自己打败的。她其实最深切地领悟和体味过缠足对女性的戕害，因此她才会在内心深处知道自己对缠足"美"的深恶痛绝和强烈的丑感，知道自己的缠足理论是多么的虚伪和虚假。在戈香莲那里，小脚的美丑问题转变为真假问题。这个真假问题与古画的真假问题互相呼应。真假问题正是《三寸金莲》的核心问题，也是"真假歌"的所指之在，尽管它隐匿得何等机巧诡秘。真假之问使戈香莲被自己击中打倒。作者在喜剧性的表象中展现的是文化的悲剧性。这种悲剧性才真正地振聋发聩、发人深省，并且超越了那个时代普遍可见的"假洋鬼子"式的或者辜鸿铭式的殖民色彩的滑稽性和喜剧性，也超越了王国维式的悲剧的简单模式。这时候，我们不仅要追问小脚的历史为什么竟有千年之久，我们还要追问为什么我们不敢、不屑、不齿于提及我们自己的小脚的历史。难道就因为它在西方人眼中是可耻、可笑、可怜的病态历史？除了按照西方人的价值观判断小脚是非外，难道我们就丧失了道德观和价值判断了吗？除了西方的东方主义、殖民主义或者反殖民主义的立场外，我们的后殖民理论和自我批判的立场又在哪里呢？

六

　　站在文学史的立场看，从《红楼梦》到《阿Q正传》，到《三寸金莲》，都在文学地追问中国文化，把思想的锋芒刺向了文化的命穴。假如说，《红楼梦》是对中国读书文化的迂腐化、熟透化、腐朽化极尽反讽，深度省察，对士人"读书"精神和"学而优则仕"的无情批判；《阿Q正传》是对中国人精神腐朽、颓废及其自欺欺人的"精神胜利"的辛辣嘲讽的话；那么，《三寸金莲》就是对中国女性身体及其中国身体文化过度发展以至腐朽不堪至畸变畸形畸恋的身体现象的最深刻的揭露与批判。它们共同构成了对中国文化制度、文化精神、文化身体的变态病态批判的总图式，给我们留下无尽的反思和持久的思索。假如说，通过文化制度的批判，《红楼梦》塑造了一个生命无所适从的贾宝玉，从而质疑这个社会对男性命运如此主宰，必然导致一个男权社会的崩溃；通过文化精神的批判，《阿Q正传》塑造了一个精神的游民阿Q，他的精神游走代表着全体中国人的集体无意识，这种颓废的精神是中国人"麻木"的病根；那么，通过文化身体的批判，《三寸金莲》就在塑造戈香莲的人物和她的小脚中，揭示了美轮美奂的呈现中所掩盖的血腥的身体和阴暗的文化。敞开小脚的裹脚布，小脚就面临着毁灭，而身体却从此获得新生，历史也将从此转折和转向。

　　一个古老的文化，在历史的不断演进、层垒与汰洗中，经历反反复复的潮起潮落、转变更迭后，其内部结构必有三种价值形态或文化模式。一种是文化的优秀品质、样态、形式、精神；一种是文化的优劣共存，良莠混沌、混合、混杂，纠缠一体；一种是文化的愚顽、恶俗、低劣、负面、非人道、丑陋样。对待这三种文化，可取的态度是：第一种给予弘扬；第二种给予辨析扬弃，去伪存真，去糟粕取精华；第三种给予研究、定性、分析、批判、鞭挞。小脚文化已经丧失了最基本的人道主义立场，沦为非人道、反身体的身体文化，对其予以鞭辟入里的文化反思和文化批判，是已经解开裹脚布的今天的时代的历史责任。在伟大的辛亥革命已经一百周年之际，反观一下中国妇女的身体史和中国人的身体观，反省一下这样的历史并思考它有无阴魂附体的可能性，或者我们的身体与思想还将被什么样的文化禁锢，不正是《三寸金莲》给我们的启示吗？从这里出发，我们是不是还可以看到冯骥才小说创作的宏大叙事及其各个创作路向的风向标呢？当然这应该是另外一些对冯骥才小说深度解读的课题了。

　　刊发于《文艺争鸣》2010 年第 17 期。

晾晒木佛身上的毒霉

——评冯骥才小说《木佛》

　　读完冯骥才新鲜出炉的小说《木佛》，不禁惊喜。由于年龄已是逾七望八，这两年他不得不逐渐从民间田野第一线撤回到书斋、教室和研究院，同时他也宣布要将一半的精力从文化退回到文学上来。话音犹在，他的文学动静就接二连三地来了。散文写作，他几乎从未停歇，佳作和口碑一直都在，这里不说。去年大概是他小说创作的丰收年，也是回归文学后的第一个创作高潮期，长篇小说《单筒望远镜》甫一问世，即好评如潮，拿下诸多文学评奖和种种文学年度奖。这部小说触碰了中西遇见、交流、互看、互惊、互喜、碰撞、战争的大题材，是对他初出道时所写《义和拳》历史小说的题材再回炉，在见识过无数中西交往历史的悲喜剧和大历史全球化趋势后，他的小说体现和揭示的思想，更加深邃、更加博大精深。他的小小说短篇集《俗世奇人》不仅创造了三百多万套的销售奇迹，而且一举拿下去年的鲁迅文学奖短篇小说奖。这是他宣布把精力再还一部分给文学后，文学对他这样一位八十年代初就名噪文坛，作品早已蜚声海内外，拿过多种国内、国外文学奖的文学名宿的回报。这是他首次获得鲁迅文学奖，也是中国当代文学小小说集首次登顶鲁奖。在这样一种文学态势下，我们对冯骥才文学创作的期待会是怎么样的，还会有什么悬念吗？

　　我读《木佛》的惊喜，就来自这样一种期待。而《木佛》带给我的惊喜，是因为它超过我的期待，实际上用一句惯用的文学评论和鉴赏的话来说是超出了我们的意料之外!

《木佛》讲了一个绝妙的故事。冯骥才是讲故事的高手。他的"俗世奇人"系列,把各种身怀奇才绝技、有过种种奇遇异见的人事写得千奇百怪又都不离人生世相。《木佛》依然是奇人奇事的路子,但不是老套路。这回是一个木佛在向你讲话,它在自说自话,自我叙述。仿佛是一篇《木偶奇遇记》一样的童话或者寓言,又像一篇荒诞、魔幻或者拟人的黑色幽默的小说。都是又都不是。就是一段老木头的变形记或变身记。这段老木头经历了从木头到木佛再到艺术的惊险遭遇,也就是从"古物"到"礼物"再到"文物"的种种历险和所见所闻。在木头时,它身世未定,待价而沽。它被黄脸男人两口子扔在潮烂的床底多年,然后被无奈地掏出来重见天日。这就开启了木头作为"古物"的经历。古物是有市场和价值的。木头从床底出来,就与古董贩子、旧货市场的各种买来卖去买进卖出的人打交道。其中围绕升值贬值、出价还价、真买假卖等等展开文玩界惯用的欲擒故纵、勾心斗角、尔虞我诈,看得让人惊心动魄又扼腕叹息。由于小偷作祟,已经成为木佛的木头命运进入"礼物"阶段,它在老板手中被曲姓专家鉴定为有品质的古木佛,还因此见识了寺庙住持的"佛道"和老板娘的"佛性"。最后成为老板的"礼物"送给陈主任。在陈主任手里,它得到更专业的鉴定,直至出走海外,在外拍卖,在德国艺术博物馆被彻底修复,终成绝世"文物"大放异彩。这一系列变故中,有最底层末端的文玩民间市场、有堂而皇之的古董生意场、有官商学勾结的雅贿走私黑市场等等,是一个常人和常识关注不到也无法关注的世界。一段木头的奇遇为我们揭开一个隐秘世界。

《木佛》看了一出人间悲喜剧。第一人称的木佛有一双佛眼,也是作家的慧眼,它带着读者阅历人生悲喜人性善恶。除了文玩世相,各种行规,木佛在不同家庭、处所、市场见识了各色人等,作品还在几个层面或场面展开了社会的广度和思想的深度。一是木佛在老板娘的佛堂亲历了当下常人对佛像和佛性膜拜的真相：庸俗、低俗、恶俗。木佛能从肥婆老板娘拜佛念叨中"知道她家哪只股票要跌，哪个楼盘钱顶不住，哪个领导软硬不吃，哪个亲戚赖钱不还，再有就是老板近来又夜不归宿了。她把她恨谁、咒谁死也告诉我们，叫我们帮她"，木佛于是质疑：人间信佛礼佛敬佛拜佛都是为了自己这点屁事、这点好处吗？这一质疑，是木佛代表一种信仰向它的信众提出的，而这恰恰是当下民间宗教信仰最具危机性的真正的信仰危机。而一位来自城南大佛寺的住持，悄悄说出拜佛的六种人和他们各自拜佛的目的和动机，真是让佛笑看了人间的各种荒唐无稽。这是《木佛》这个标题下写作显示出的一种别有深意。二是围绕木佛身价的不断变迁，各色相关人等，无论贫困如黄脸男人，富有如高先生、老板，权势如陈主任，还是儒雅如上电视鉴宝的曲先生、某拍卖行的鉴定师黄老，他们在木佛的真假古新褒贬贵贱上的博弈，说到底都是一个"钱"字，形成了一个钱场，懂的或不懂的都是为了钱，没有一个人真正涉及木佛的文物本质和艺术价值。这正是我们文物市场乱象丛生的根本原因所在。三是老板和司机关于汽车里放屁及臭气熏天的对话、描写。这个龌龊空间的揭秘，颇为"俗气"，但它也是神来之笔，把一种恶俗的人生和人性进行了展示、讽刺、批判，塑造出一对活脱脱的龌龊人物。

《木佛》批了一种奇情怪状。在小说界、文学界，乃至文化界，冯骥才的多才多艺是众所周知的。他对古玩、古物、古画和文物市场、拍卖行情的了解是少有人能与之比拟的。他调查过敦煌，研究过云冈，发掘过绵山佛像，写过古代画史、中国雕塑史，他的民间收藏使他有充足的物件在天津大学开办若干小型专题博物馆。近三十年来他对中国城市遗产、民间文化遗产、非遗和传统村落的保护起到了巨大的推动促进作用，可以说是全国瞩目举世闻名。所以他写木佛这样的题材可以说是得心应手，他自己正是此道中人。他过去的小说《意大利提琴》《三寸金莲》和《意大利读画记》《人类的敦煌》等众多作品涉足于此。《木佛》以收藏家的知识和见识为底蕴，以对文物市场各种门道的谙熟为积累，以出其不意、极具想象力的木佛自述为叙事视角，以犀利大胆的批判寓于传奇、调侃、讽刺、荒诞中。木佛的经历是它的身价由一百元到百十万元的由贱而贵步步升值的过程，也是它由木头到木佛到文物精品的过程。冯骥才的批判，也在两个向度展开：一是一干人等的唯利是图、见钱眼开；二是直指中国文物市场和鉴定界的"非艺术"的价值观，曲、黄二人即使已经知道木佛的非凡身世和价值，也深藏不露，只有推高木佛的价格这一个目的，文物界为文物、艺术、国宝挺身而出，出手相救的气节荡然无存。当木佛最后在德国艺术博物馆亮相，露出它的绝世真容惊艳西方时，木佛油然为自己的老家生出浓浓乡愁。木佛最后的身世追问，构成一种预警：有文化无文明才是导致木佛流落他乡的根本原因，有文化，中国自然古董多多层出不穷；无文明，中国自然文物流失多多屡禁不绝，这也正足以构成中国民间文物市场的恶性绝症，是对文明古国文化遗产保护最大的挑战。

所以，当木佛蜕变为文物精品后，《木佛》也成为一篇小说绝品。《木佛》以后，冯骥才必还会给我们更多更大的惊喜。

刊发于《北京文学》2019 年第 11 期。

当文学进入文化遗产保护事业以后

——对冯骥才《漩涡里》几个重大事件的旁观与判断

　　《漩涡里》是冯骥才系列自述史的最后一部，记述的是他1990年至2013年的经历和亲历。由于这一段长达二十三年的时间，他基本上放弃了他最有成就最有影响的小说创作，将一项最成功的事业置于偶尔为之的地位，然后重拾旧业再操绘事，继而全力以赴地闯入一个广阔、复杂、博大的民间文化世界，为之费尽心力、殚精竭虑，以后又延伸到大学教育、博士硕士研究生培养和学术学科谋划，直至构成他一生奋斗的事业的四驾马车（文学、绘画、遗产抢救、大学教育）。这段时间的核心内容是文化遗产保护和民间文化遗产抢救，所以《漩涡里》的主题是"我的文化遗产保护史"。文学是冯先生功成名就的伟业，绘画是冯先生的旧业，大学教育是他以文化遗产为中心展开的新事业，所以文化遗产的抢救与保护，是他的新的生命史。由于文化遗产抢救与保护面对的是全新的课题，涉及的是全球性难题，碰触的是超级复杂的问题，所以，他遇到了人生最大的挑战和机遇，经历了前所未有的煎熬和困窘，他把这些经历喻为是在"漩涡里"，说明这于他是一段刻骨铭心的历史，是挣扎、抗衡和超越的历史，也是让生命闪光的历史。2001年开始，冯骥才当选中国民间文艺家协会主席，此时我是协会主席团任命的副秘书长，五年后在又一届中国民间文艺家协会代表大会上，冯先生连任主席，我则成为秘书长。我们合作、共事了十几年或者说他领导了我十几年。所以阅读这本《漩涡里》让我生出一番独特的感慨。往事历历在目，我谈谈其中我印象特别深刻的几个问题。

关于冯骥才文化抢救的思想渊源

从作家转身为文化保护者，其中的动因、原因有很多。社会转型，文学影响力衰落，作家们纷纷改换门庭，新的社会矛盾焦点层出不穷等，都是重要的因素。冯先生的文学成就和养成的文学素养把他原来差不多走入死胡同的人生道路和人生禀赋又重新激活了。文学的高度提升了他原有才华的境界和高度。所以，他一开始重拾绘画，就发现自己的文学能力注入绘画之中，使画作焕然一新。他的绘画立刻赢得美术界内外广泛好评，而他自己非常清楚绘画是被自己的文学照亮了。此外，早在 1963 年他二十一岁的时候，冯先生就对民间美术情有独钟，曾进行过天津砖雕的田野调查和写作，并计划开展天津民间美术的系列调研与写作。他专注文学以后，在《雕花烟斗》《感谢生活》等著名中篇小说中都对民间美术、民间美学进行了热情洋溢的礼赞，在《三寸金莲》《阴阳八卦》《神鞭》《炮打双灯》《俗世奇人》等著名小说中又对民间文化、天津风俗进行了描写、表现、思考和批判。这为他后来的民间文化和文化遗产的抢救保护奠定了思想、情感、知识的基础。雨果、梅里美、马尔罗等一批法国作家对法国文化遗产保护发挥的登高一呼、文字表达、思辨引导、人格魅力，使他在遇到中国文化遗产大问题时有所榜样，有所作为。而他在对敦煌进行研究和长篇写作时，一大批中国著名学者诸如王国维、罗振玉、向达、刘半农、姜亮夫、张大千、常书鸿等在国家最苦难和个人最困窘的时代也要义无反顾地、想方设法地、竭尽全力地抢救和保护中国文化遗产的事迹深深地感动了他，影响了他以后的人生选择。他写道："从世纪初，一代代杰出的知识分子奋力抢救与保护着敦煌。他们虽然不过是一介书生，势单力孤，但是他们单薄的手臂始终拥抱着那些岌岌可危的文化宝藏。他们置世间的享受于身外，守候在文化的周围。不辞劳苦，耗尽终生。他们那种文化的远见，那种文化责任感，那种文化的正气，连同对磨难中文化的痛惜之情，深深地感染着我！"这段文字写于1996年的冯著《人类的敦煌》和随后所著《敦煌痛史》，《漩涡里》再度引述。由这段文字透露出几个完全被我们忽略了的信息：一是在他从文学向文化作身份转型时，由于他已经重新获得绘画的自信，把自己曾经的经历在中断若干年后又接续和恢复起来，经由绘画创作的提升，他积累的古画临摹功底和美术史研究、画论研究、民间美术研究都被激活，九十年代以来他又在文化批评上着力，对中西文化碰撞、文化时尚、文化保护、城市文物、鲁迅文化思想、萨义德东方主义、汤因比大历史观等发文述思陈见且大多都引起极大反响。所以，他已经开始自我定位"知识分子"。二是一旦国家重要文化遗产美术遗产有难，文化人、知识分子、美术家当义不容辞地担当责任和使命，这是远见、责任、正气使然。三是这种文化担当，往往会给个人带来千辛万苦和艰难困苦，但这一切都阻挡不了他们伟大的文化情怀，他们是孤独孤苦的，他们也是千古流芳的。这才是冯骥才的"文化遗产保护史"的思想动因和思想基础。他后来遭遇的挫折、面临的困难、经受的打击，与保护敦煌的那些前辈相比，可以说是有过之而无不及，但是他像那些彪炳史册的前辈一样，愈挫愈勇。他的眼光已经抵达我们民族和中华文化的未来。他在《漩涡里》说："当我把这一代知识分子——中国第一批文化保护者当作精神偶像时，当我感到自己与这些文化先辈血脉相通时，我便自然而然向着时代的'漩涡'再迈进一步。"苏联（吉尔吉斯斯坦）著名作家艾特玛托夫说过一句名言："世界上没有比争取和平和拯救文明更重要的任务。"所以，无论作家、知识分子、文化人、学者、艺术家，走到一定的思想高度，他们的使命必然殊途同归。

在全面展开他的文化保护的使命和历史之前，天津古城老街的保护实践是一个前奏和序章。这一次实践包含的各个丰富细节和丰富内涵，几乎就是后来全国民间文化遗产抢救和保护的一个缩影和微型版。比如紧急启动，亡羊补牢，与拆除比时间；比如以一己之力逆流而上，运用媒体和舆论的力量，动员民众，以专家和专业的精辟证明文化的价值；比如文化价值与商业价值、文化功绩观与民生政绩观的博弈，无视与重视的一波三折、上下其手甚至互相逗智斗勇；比如紧急记录、调查访谈、整理出版、建档建博物馆、深入解读文化价值历史意义未来可能并宣传推广获得全民共识。现在看来，这场以估衣街为核心的天津老城保护实践，意义并不在于成功还是失败，而在于冯骥才与他的志愿团队，让整个天津市从政府和政府官员到民众和各个阶层，都重新审视天津城史，确立起一个城市的文化个性所在和文明史观，知道一个城市从哪里来到哪里去。

城市保护和城市文物保护并不自天津和冯骥才始，在此之前，中国的文物保护和历史文化名城保护，不仅在文物、文博、历史、考古学界是学术重镇，在政府行政部门也有专业分工、专门法律法规、专项政策措施并且一直有运动式的规模和影响。冯骥才天津老城和估衣街保护行动的意义在于他把城市古老文化或城市历史肌理的保护注入国家遗产名录上的历史文化名城保护理念中，改变和提升了全国历史文化名城的理论和实践；他把文化遗产保护的理论和实践从文物保护的狭义性、定向物体化转向文化遗产保护的整体性、非文物的民间经典、市民历史和民俗器物、民间建筑和民俗建造。今天回过头来客观地观察，冯先生当年与某些部门和商业行为的冲突，本质上是与我国文化文物保护理念的冲突，是与狭窄狭小狭隘的文化遗产观的冲突。他的超前意识和超越文物概念发现民间文化遗产价值的审美直觉，极大冲击了旧有的传统的文化观念和文化体制。从这个意义上，我们才能理解那个时代在文化上的吊诡和不可思议，才能理解冯先生对时代和文化做出的贡献。

关于中国民间文化遗产的抢救与保护

2001 年，中国民间文艺家协会召开全国代表大会选举冯骥才为主席。从这个时候开始，我与冯先生开始了日益密切的联系。他到中国民协任主席，所有人都会提出这个问题：为什么放弃文学写作而如此专注专心于民间文化遗产保护？这种选择孰轻孰重、孰大孰小、孰得孰失？《漩涡里》也反复提到人们每每向他提出的这个问题，并且在全书叙述中从前因后果和方方面面回答了这个问题。这个问题实际上也是我和冯先生接触以来经常萦绕心头并且经常被人提出而且要我从侧面作答的问题。一开始，冯先生自己也没有预料到会为中国民协的事投入那么大的时间和精力，原来只计划每年用百分之五的时间来参与其事。但是，他最终是完全陷入其中了。原因在于：首先，民间文化遗产到底有多大作用和意义？在中国民间文艺家协会这个平台，冯先生看到了中国民间文化的地位、现状、价值。它是中国文化的一半，它是中国文化多样性的根基，它是被忽略受歧视遭不公而实际上堪称伟大巨大庞大的文化。其次，他任职中国民间文艺家协会引起了全社会的好奇与关注，由此大大提升了人们对民间文化的关注，由他形成的社会热点，也使民间文化频频成为社会热点，一个人能带动一个领域、一个专业、一种文化样式成为社会关注焦点从而由边缘进入时代和社会中心，这是千载难逢的时代机遇。冯先生看准了这个机遇也抓住了这个机遇。再次，2001 年，联合国教科文组织首次公布人类非物质文化遗产代表作名单，启动了一项由保护民间文化肇始，扩展到全部非物质文化遗产的全球文化行动，保护民间文化遗产成为世界大事、国际大事、全球大事，中国由中国民间文艺家协会从专业角度主导，在冯先生的领导下，同步接轨联合国教科文组织理念与实践，将他的天津实践推向全国进入国际平台。最后，中国民间文化遗产濒临崩溃，灿烂如花的民间文化，几乎处于完全被遗弃、被损毁、被侮辱的地位，必须有人为它登高一呼，有人为它改变命运。这四个原因，唤起了冯先生像先辈抢救保护敦煌遗产一样的使命和责任，他不得不把百分之五的投入改为百分之一百的投入，他也必须毅然决然地从文学领域转身民间文化领域。这种转向，几乎是唯一和排他的。有些事情是时势造英雄，并且往往是必然要出现一个英雄，没有张三出现，也会有李四出现。但是二十一世纪民间文化遗产抢救和保护的启动和最终取得的波澜壮阔的局面，并不是任何一个人都能推动其到来的。我敢大胆地判断：没有冯骥才的转身，没有他在民间文化界作为领军人物现身，就不可能有今天的局面和结局，他是唯一的、不可替代的。与他个人的文学成就相比，一个民族文化的前途，数亿中国百姓的文化生活、精神需求和历史传承，孰轻孰重？这差不多是一目了然的事了。

在国家层面，他推动了从民间文化遗产到非物质文化遗产的全面抢救与保护，国家关于非物质文化遗产立法、国家非遗名录和传承人保护制度、国家文化遗产日设立、国家假日与文化节日合并制度等等前所未有的国家法律、国家政策、国家制度、国家行为，都倾注着他的心血和努力。在文化层面，他以一己之力掀起了民间文化热潮，让无数民间文化传承人获得文化地位和社会影响，改变了无数民间文化和它们的传承人的地位。这些利在当代、功在千秋的贡献难道不值得为其做出牺牲和贡献？

关于一个曾经令人纠结的问题

《漩涡里》真实地描写和记述了冯先生在推进中国民间文化遗产抢救和保护中的压力、困难、纠结、无奈和近乎无望和绝望般的抗争和挣扎，读得我感慨万千潸然泪下。在相当一个时期，为了获得政府和民众的关注支持，他把自己调查到的情况和全国专家学者汇聚来的信息，加以总结概括，用了一些文学化的鼓动和煽情，比如要打120紧急抢救，然后他又以身体力行的实干，一件件兑现他自己的承诺和口号。书中叙述了一个关于要用十年地毯式的普查，把中国的民间文化一网打尽的故事，令人感慨不已。那是为了发动启动中国民间文化遗产抢救工程，中国民协由我执笔做了一个工程规划，把想做和应做的事都纳入其中，于是冯先生在新闻发布会上发出了这个宏愿。这一说法具有极大的鼓动性，也是一个新闻亮点。一时间几乎从中央到地方的媒体，从电视广播到报纸网络，从文艺界文化界到中央和各级地方政府，谁都知道冯先生的"地毯式"和"一网打尽"。影响力、知名度、轰动性百分之一百地达到了目的，中国民协的工作在这种舆论形势下势如破竹地开展起来。当然，工作越具体越实际，困难和问题就越多。比如红头文件问题、经费问题等等。中国民协曾经用几十年时间对全国各民族的民间文学进行过可以说是地毯式普查和一网打尽式收割。要把民间文化全部囊括，口气不小。但是问题是，你口气太小谁又理你呢？最终依然一事无成。冯先生夸下海口，但也的确让此一事业得到从中央到地方各级党委政府的重视，提振了民间文艺界的士气，开创了一个新的文化时代。他自己也被自己逼得卖画卖字筹款，心无旁骛地走南闯北、上山下乡。个中艰苦一言难尽。我看见书中这段文字，才知道他自己并不是煽情一下就了事，他一直背负着这个沉重的十字架，耿耿于怀。他在书中说："我曾信誓旦旦地说我们要将中华大地上的一切民间文化'盘清家底'和'一网打尽'。但真的做起来，我发现这件事根本不可能做到。不仅它浩无际涯，遍及大地，庞大得难以想象，而且我们不名一文，又无权力，一群书生，何以为之？那时我觉得我们像堂吉诃德在和巨大的风车作战。但是说过的话是收不回来的，它一直压在我的心上。我不能说了不算。我心中常常感到羞愧。一次在湖南一位记者问我：'你说你们要用十年的普查，把全国的民间文化遗产一网打尽，你们真能做到吗？现在做得怎样了？'我当时被问住了，不敢再说能，我的脸发烧。我觉得自己当初太冒失和无知，如同在大庭广众中吹了牛，该怎么办？"从这一段叙述，可见他的心情一直是何等沉重啊。好在后来他推动了中央政府的非物质文化遗产保护，担任国家非物质文化遗产保护专家委员会主任，实施了全国性非遗普查，最后获得全国共计 87 万项非遗项目的统计结果。这才了却了他关于一网打尽的许愿。当然这个经历又启发了他把一项人人视为畏途，几个部门互相推诿，谁都管谁都不管的重要遗产中国传统村落保护，纳入自己的责任和使命，他以古村落是我国最大和最后的文化遗产对象、是物质文化遗产和非物质文化遗产集合体、是农耕文明的家园、是农业农村农民问题和经济文化一体化问题等等全新理念和震撼人心的表述，通过与国务院总理的对话，引发关注，推动了中国传统村落的抢救与保护。经过十年努力，公布五批共计 6819 个国家级传统村落，厘清了又一项重大的文化遗产对象，创造了文化史上新的奇迹。他还直接主持了中国木版年画抢救普查工程，历时十年，普查了全国数十个年画产地、港澳台年画制售使用、日本俄罗斯欧洲北美等海外收藏中国木版年画状况和作品数量，以及对数十名全国著名年画制作艺人进行口述史调查，最终形成二十二卷的《中国木版年画集成》和数十部《中国木版年画艺人口述史》。加上中国民协普查民间文学获得的 184 万篇民间故事（含神话、传说、故事、寓言、笑话、童话等）、302 万首民间歌谣（不算史诗、长诗）、748 万条民间谚语，这几个大数字加在一起，差不多也可以说基本摸清了我们的民间文化家底。这是中华文明一笔独一无二、价值连城的遗产，是中国有史以来第一次如此清楚我们的民间文化宝藏和库存。这件事情，冯先生厥功至伟！一件看似不可能实现的事情却终于得以实现，真个是有志者事竟成。

关于若干天才性创造的判断

《漩涡里》以纪实文学的风格，展示了冯先生从自我视觉所见的曲折经历。其中味道可谓酸甜苦辣诸味杂陈。他这些年的苦斗中，其实是充满文学激情的，他的作家直觉、文学创造力、独辟蹊径的天才，为他的也是中国的文化遗产保护、民间文化遗产抢救、非物质文化遗产保护带来了一系列的创新思维和创意思想，在中国思想史上也占据了他应有的地位。我曾经在几家我国最有影响的报纸上发专文论述过冯先生的思想创新和贡献。比如拙文《论冯骥才文化自觉思想的构成和意义》（《文艺报》，2013年）、《冯骥才"天大"的那些书事》（《人民日报》，2015年）、《21世纪中国文化发展的开篇力作》（《光明日报》，2015年）、《记录传承人口述史十万火急》（《光明日报》，2018年）等等，都是力图定位冯先生的文化思想和贡献。此外，我还论证过冯先生的几个重要学术观点，如《为什么中国要以画过年》（《光明日报》），参与过由冯论引起的文化争鸣，如《央视春晚是新民俗吗？》（《光明日报》）。

《漩涡里》提及的几个重要遗产事件，我觉得还有必要对其中两点略陈己见。

一是对四川汶川地震文化遗产抢救的贡献。汶川大地震震惊全世界。其中一个伤亡消息是，那里是我国羌族核心聚居区，约有三万羌族同胞在地震中罹难，占全国羌族人口的十分之一。我国少数民族文化的主体是他们口口相传的民间文化和非物质文化遗产。这就意味着我们碰上了以前从来没有遇到过的灾难，一个古老而重要的少数民族非物质文化遗产在大地震中遭遇到前所未有的灾难。这也是联合国教科文组织在全球开展非物质文化遗产保护以来，遭遇到的首次自然大灾难对非物质文化遗产的巨大破坏。在此之前，文化遗产、双重遗产、非物质文化遗产在最不可抗拒的战争灾难面前，虽经人们发出无数次和平和保护的呼请甚至谴责，但基本无济于事。自然灾害对文化遗产、自然遗产的破坏，国际上有过一定的抢救经验。而非物质文化遗产在战争中被破坏国际上是束手无策的，如也门冲突中世界非遗萨那歌曲在传承人被枪杀、冲散中解体，阿富汗、伊拉克、利比亚、叙利亚战争中人民的死亡对非遗的破坏，等等。大规模灾难性破坏非物质文化遗产，在自然灾害事件中，全世界都还没有过这样的经历和经验。我们并不是要为国际上创造先例，而是来自我们自己的痛感。冯先生第一时间第一个被地震的文化毁灭刺痛。他直接在第一时间发起并亲赴地震现场调查和寻找抢救之道。惨痛的牺牲现实和非遗传承人的巨大损失，证明他的文化痛感是准确的。抢救必须与救灾同步进行。没有任何经验可以参照和借鉴。但是冯先生和我们终于提出了一整套方案，得到国务院总理大段批示予以重视，中央成立的抗震救灾领导小组对此方案加以专题研究，众多建议和措施被采纳，联合国教科文组织当年便对我们建议中的名录保护项予以支持，羌年等多项非遗项目被列入世界濒危非遗名录。此外，为羌族和羌区小学校，我和冯先生共同撰写了《羌族文化学生读本》，国务院总理再次对此书的出版做出批示：你们为保护羌族文化遗产又做了一件好事！随后不久，又编纂出版了四卷本《羌族口头遗产集成》。再以后，恢复重建中羌族文化得到极大的张扬和保护传承。仅羌绣一样，就在民间大大激活，市场影响和社会知名度传遍全国。这是中国非遗保护为世界创造的一个成功案例，是自然大灾难中救人救灾救精神救文化多位一体同步跟进的成功案例。冯骥才为此受到全国抗震救灾表彰大会的授勋表彰，作为"全国抗震救灾英模"，他当之无愧。这也为联合国教科文组织非遗保护留下一座丰碑。

二是传承人口述史问题。《漩涡里》有较长的文字提到了传承人口述史。他说："传承人口述史——这一专门概念的提出，它是我们提出来的，是我们在非遗抢救和保护中对口述史的广泛运用从而获得的学术发现。"这个发现和创建，在全国和全球非遗保护实践中具有划时代的意义。冯先生在木版年画中，自己亲自做了河南滑县年画艺人的口述史，他率领天津大学冯骥才文学艺术研究院的博硕士们做了二十多个年画产地的年画传承人口述史，他在天津大学成立了中国木版年画传承人口述史研究中心和中国传承人口述史研究所，他申请并获批立项国家社科基金重大项目"传承人口述史方法论研究"。口述史最初由文学界操持，直到白俄罗斯作家阿列克谢耶维奇获 2015 年诺贝尔文学奖，达到顶峰。其次是在历史学界盛行，成为当下最炙手可热的学术潮流和学术创新。冯先生是我国文学界做口述史最早且最负盛名的作家，他的《一百个人的十年》是"文革"口述史最有影响的文学作品，在海内外影响巨大。他的口述史实践也成为我国史学界推动口述史研究的早期范例，在史学界有举足轻重的地位。由他来发现、创建和推动传承人口述史也是势所必然。当他将这一方法从实践上升到作为学科方法论并被确定为国家社科基金重大项目时，他的学术贡献也有目共睹。他的文学特长和独创再一次成就他的文化遗产抢救与保护事业，而且依然是中国独创、世界唯一。他再一次为全球非物质文化遗产保护创建了科学的有效的方法论。

刊发于 2019 年 4 月 19 日《文艺报》。

关于民间文学数字工程二三事

我是 1998 年调到中国民协工作，2010 年又调离中国民协到中国艺术报社的。在民协的这十几年工作期间，民间文学三套集成工作一直贯穿始终，是一项重要的重大的工作内容。其间省卷本陆续出版完成，县卷本收藏颇丰，甚至是一笔更为珍贵且数量庞大的文化财富。如何保管、保存、利用好这些珍贵的以手抄本、油印本、各地自行印刷（少部分公开出版）的民间文学资料，是众多民间文学专家、历届分党组、众多老专家老干部十分牵挂的事情。

把这些资料保管好，这是一项首要的工作。十余年来，民协内部机构、办公场所、人员人事多有变动，但这批资料一直得到"雪藏"，被完整地存留，成为最齐全、最丰富、最全面的资料库。很多同志为此做出了重要的贡献和努力。在此基础上，也曾多次动议出版整齐完备的县卷本，终因数量过于庞大，出版资金无从筹措，一直停留在想象、设想、畅想的阶段，几乎是一个不太可能实现的梦想。随着国家各个方面的飞速发展，也曾几度动议出版县卷本，都未得落实，或只在局部工作上进行尝试与推进。

在这个过程中，时代进入了信息化、数字化时代，各种数字化技术在各行各业运用起来。中国民协的网站也在此间一点点起步，办公电脑化很快就普及起来了。冯骥才主席率先利用天津大学的工程和计算机技术的人才优势，就中国木版年画集成设计与开展了全国木版年画的数据库和数字工程工作。这是一个示范和启示。大约是在 2009 年某个时间，冯主席在听取民协工作汇报时，实际抽查、验看了这一批民间文学资料。一方面认为谋划县卷本印刷出版的设想是几代民间文艺家的梦想，应该想尽办法寻求突破与实现；一方面也认为如此庞大的出版工程，没有巨额资金支持很难变成现实。他建议，在此设想基础上，先从可行的数字化工程入手，既可进行系统整理这些资料，又可通过数字转化实现对这些资料的再抢救、保护和永久存储。罗杨书记和我对冯主席此一建议深表赞同。冯主席还表示，如果实施数字化工程，资金总量相对可控，有望获得支持，并且这种工作是早晚都要开展起来的，一旦有望以纸质印刷出版，还会有极大的便利性。他还特别表示，由他想办法去解决数字工程的立项和资金问题。他希望分党组迅速组织人手统计资料总量，提供可行性报告和实施方案。这样，民协分党组立即开展了相关工作。

协会于是组织大量的人力（包括外请了一大批高校师生）来逐一登记协会所藏全部民间文学资料——不限于三套集成。经过一个多月的奋战，光目录就整理出厚厚两大本，粗略估计有八亿多字。这个统计让我们很兴奋，如此体量，使我们意识到这是十数万全国民间文艺工作者数十年的心血，也是国家的一笔无与伦比的文化库藏，一旦转化为电子版、数据库、数字化成果，堪称举世无双、功德无量。罗杨书记负责把这些目录编排装订印刷（五十套），我负责根据这些资料目录，撰写一份关于实施中国民间口头遗产资料数字工程的方案和报告。报告分为三部分内容：一、六十年来我国口头文字遗产普查与记录的概况；二、现存但尚未出版的口头遗产记录资料情况（包括对这些资料的特点和价值的分析）；三、对口头文学遗产记录资料加以保护措施、数字化存储和数字化出版的计划。转过年来，2010 年的"两会"期间，冯骥才主席将相关资料、报告、方案带到会上研究并考虑立项工作。不期然，被若干文化艺术界委员、代表知情，无不惊叹这批资料的独特和这个工程的重要。嗣后不久，此一工程得到文化部批准并资助（此间，罗杨书记与我等还曾多次与文化部非物质文化遗产司沟通协调）。这个工程于是在筹划了近一年时间后，进入了实际实施阶段。

2010 年 10 月，我因工作需要从中国民协调至中国艺术报社。可以说，此一工程成为我最后参与的民协重大工作。此后，民协的同志们将此一工作强力推进，越做越好，产生了广泛的影响和开创性的成果。

收录于冯骥才主编《中国口头文学遗产数字化工程全记录》，中国文史出版社 2014 年 1 月出版。

序《以思想立：冯骥才研究专辑》

　　天津大学冯骥才文学艺术研究院经过酝酿与准备，在院长冯骥才先生的亲自主持下，决定推出《北洋人文丛书》。这是有着一百多年历史的天津大学在今天这个时代绽放的一枝老树新花。天津大学 1895 年成立，初名北洋西学学堂，后名北洋大学，是我国近代高等教育的发源地，也是西学东渐的一个里程碑。自冯骥才文学艺术研究院在天津大学落成、建立、运转，天津大学的发展模式向科学与人文和艺术的融合上迈出了跨越式的步伐。在冯骥才先生的主持下，天津大学冯骥才文学艺术研究院举办了一系列轰动天津、影响全国的展览、论坛、活动，推出了一批厚重的文化抢救、保护、研究的成果，培养了一批优秀的研究人才，建设了若干全国性研究基地和民间艺术展馆与陈列。总之，这里举办的经常是大家云集的各种文学、艺术、文化、学术、人文活动，不仅往往是国际或国内一流水平的活动，而且也往往是国内乃至国际这些领域里最前沿、先锋、新锐的潮流或动向。很多活动从这里开始，随后便引领或引发全国性的文化运动或文艺思潮。比如：在这里召开的关于民间美术的分类研讨对全国民间美术遗产普查的指导作用，在这里举办的意大利文艺复兴时期美术原作展在国际上引起的巨大反响与惊讶，在这里建立的中国木版年画研究基地及其年画传承人口述史研究对全国木版年画集成工作的示范性，在这里展出的历届奥运主席蜡像展及其关于蜡像艺术本质何在的学术讨论给这批蜡像的国际巡展奠定了理论基石，在这里举办的长江摄影展以及民间守望者的全国评选掀起了抢救保护民间文化遗产的全国性志愿者热潮，等等等等，事情太多，不胜枚举。已然转身为天津大学著名教授的冯先生，也使天津大学冯骥才文学艺术研究院成了我国当代当前当下文学、艺术、文化、思想的一个重要的策源地和发生场。冯先生在如此多的领域有如此大的成就和如此广泛而深刻的影响，为当代学人、当代文人、当代名人中所见不多甚至是绝无仅有。"冯骥才现象"本身就值得我们深思和研究。

好了，终于有这么个机会了。冯先生又策划推出了《北洋人文丛书》，并委托我率先主编第一辑。这给我们提供了一个机会，于是这第一辑就编成了冯骥才研究专辑。现在，文章汇齐，文稿编完，我以为，这个专辑是有价值、有意义的。

本辑分为冯骥才思想研究、文化研究、文学研究、艺术研究、谱系研究、资料汇编等专栏，比较全面地在研究中呈现了冯先生在人文诸多领域里的成就与贡献，可以使读者更深入、准确地理解冯骥才的思想、文化、学术、艺术、文学等。

本辑的作者队伍阵容强大，各作者的写作大多缘自内在的激情与冲动，故写得深情又深刻。"思想研究"一栏中的陈思和、张颐武、周立民是名列当前文学、文化批评最有影响的人物之中的，他们的文章也确实出手不凡，带我们走进了冯先生的思想深处。"文化研究"专栏中的刘铁梁、何向阳等作者的文章，让我们了解到冯先生当前最倾力而为的民间文化遗产抢救的价值与意义以及他的贡献。"文学研究"栏中俄罗斯学者的眼光独到，鲍国华、刘卫东、阎国栋的文章也各有新意。"艺术研究"栏则展示了冯先生的绘画成就与艺术追求。尽管他的绘画成就往往被他巨大的文学和文化成就遮蔽，但美术界众多名家对他的画作是赞赏有加，他本人也对美术有过非常职业和专业的研究，这个栏目的文章也成为一个"去蔽"（海德格尔）的行动。谱系与作品资料则为我们提供了饶有兴味的历史和文化背景。

总之，这个专辑是冯骥才先生研究的首次汇集，并且都是最新、最重要的研究成果，作者们也是有影响的、重要的专家，所持的理论、思想、评论的武器都是颇具前瞻性、前沿性的，是站在时代最前沿审视冯先生的成就的。这使得本文集颇有分量、颇有特色、颇有价值、颇有意义，也为冯骥才现象的深入研究开了一个好头。我以为很值得向读者诸君推荐。

《北洋人文丛书》从本辑开始创刊并将陆续推出。我们这一辑谨作一个抛砖引玉。相信这个丛书会办出特色，也希望这个丛书能成为天津大学又一独特的文化风景。

几位著名学人分别主持了本辑中的几个栏目，他们自己撰文，又邀约若干著名学者的文章，作为本辑主编特在这里向他们致以深深的感谢！也向为本辑撰文的所有作者和所有编辑、工作人员表示深深的感谢！

向云驹主编《以思想立：冯骥才研究专辑》，宁夏人民出版社 2009 年 11 月出版。

第二编

民艺冯骥才

非凡的科学性、预见性和方法论意义

——跋冯骥才"处女作"《天津砖刻艺术》

我最早知道有这样一部早期书稿被发现，是在冯骥才文学艺术研究院出版的院刊性刊物《大树》2017年春季号上得知的。这一期《大树》首次披露了一部冯先生的手稿《天津砖刻艺术》，其中还附录了几帧图片：一是手稿的图书封面设计，一是几帧原始插图，一是手稿文字与配图。相关的文字表述还提供了以下信息：一、这是冯先生各种写作最早的源头，是他未及刊行的处女作；二、这是他二十一岁写于1963年的著述，因为随后"文革"到来，未及刊行；三、这次是首次公开披露此书信息，过去在冯先生的著述、自述，以及他人对冯的研究或各种冯骥才创作著述年表中，从未出现过关于此书的记载或叙述；四、这是一部研究天津民间砖刻（现在通称砖雕）艺术的著作，作者为此书拍了许多照片、描了若干图样、配了很多插图。这的确是一个重大的发现，所著也是一部重要的著述。我当时一看到《大树》就吃惊不小。记得当时立刻就打电话向冯先生建议尽快正式出版此一旧作。

如今，这部旧稿的首版新书就要问世，细读了全书内容后，使我对冯先生这部半个多世纪前的旧作又多了一些认识和想法，兹简述若干，与读者诸君分享。

首先，这部尘封了半个多世纪的著述，是一部真正意义上的冯骥才先生著作史上的"处女作"。对于一位向中国文坛和文化界奉献了数百部著作，文学成就堪称当代文学代表性人物、文化上可列为中国文化遗产保护旗帜性人物来说，无论冯先生后来的著述如何高迈、精彩、绝妙、厚实、深刻，他的"处女作"都是时人和后人研究的珍贵材料和重要起点。比如，他是如何种下自己的文风和语言个性，是如何从稚嫩向成熟进化，是如何在文学或文化领域里铺展自己未来的道路，是如何将自己的天才透露在处女作的初次亮相中，等等。"处女作"研究其实是文艺研究中的一个大课题，处女作与代表作之间隐藏着无数的历史规律，不仅是我们认识一位作家、学者的重要入口，也是研究创作、写作规律的重要材料。冯先生的处女作是在他著作等身后偶然之间发掘出来的，它的出现有传奇意义，也有价值意义。一句话，这部著作将以其作为冯先生的"处女作"的身份，在今后关于冯先生文学文化的研究中占据重要的位置。

其次，这部著作具有"源头性"。如果说"处女作"的意义会更多地指向文学写作和文学研究，那么"源头性"就更多的是影响到后来著述的文化性、学术性、思想性研究。冯先生因为是一位文学大家，同时又是一位文化名家、著名画家、美术史家、学术大家，所以，他的第一部著作作为思想、学术源头的价值也就弥足珍贵。事实正是如此。这部著作名为《天津砖刻艺术》，又是他计划中的《天津民间艺术丛书》中的一种，全套丛书还包括杨柳青年画、泥人张、风筝魏、木雕刘、伊德元剪纸、灯笼王、蜂窝麦秆玩具等，都是当时天津民间艺术、民间艺人中响当当的代表性项目和人物，其中部分人物后来依然得以传承，被再次定名为"天津四绝"之类的名号广为传颂，而另一些则消失在历史中了。由此，也可见出二十世纪六十年代二十一岁的冯骥才先生，以极大的热情投身于天津民间艺术艺人的调查和整理出版，是多么具有文化的意义。可惜他的工作也只留下这部《天津砖刻艺术》，后来也因"文革"到来未及出版，其他计划中的工作也一一夭折。那些珍贵的民间文化遗产，大多也因此消失在历史长河里。这部书其实在相当程度上回答了众多读者的一个疑问：为什么功成名就的文学家冯骥才要一度放下文学创作一心一意地去抢救民间文化遗产？这本书是一颗种子，种下了他抢救民间文化遗产的情结，只要气候土壤适宜，这颗种子必定要发芽开花结果。

除了是一个庞大系列的民间艺术丛书出版的计划外，这部图书还显示了它非凡的科学性、预见性和方法论意义。我最初在《大树》上看见这部图书的部分影印图片时，就为其对天津砖刻精确、独到、科学的描图震撼无比。冯先生在深入、艰苦、细致的访谈和实地勘察调查的基础上，发挥他学习绘画的专长，用线描的方式，绘制了天津砖刻分布图、门楼图等。在"门楼图"中，他一一标示了砖刻分布位置，各自名称与作品内容，砖刻所在的建筑部位与名称等等。这在当时是填补空白性的做法，而且在两个领域都超越了当时的时代：一是在民间艺术领域，那时还没有人如此详尽地结合建筑结构、部件、位置，标志和指示出砖雕艺术在建筑中的实际情形（笔者所见最近一部几乎可以说最具权威的《中国民间美术史》中，几乎只字未提砖雕）。二是在我国的民居建筑研究中，当时也没有人除了能够说清楚建筑在何处需要和可以设置砖雕外，还说清楚为什么这里要放砖雕、放什么样的砖雕、怎样制作这些砖雕。建筑和民间艺术是从同一棵根苗上生长出的两个果实，今天虽然有了很多关于砖雕的著述，但往往又被人们完全割裂为两个领域，而研究者甚至在这两个领域之间老死不相往来。冯先生调查的时候，那些民间艺人都是正在处于从泥瓦匠中生长出砖刻天才的时代，这使他能够记录下这两者水乳交融的状况。这个时代过去了，也使得记录下这个时代民间艺术真实状况的《天津砖刻艺术》成为绝响，成为不可逾越和难以重复的著述。至于这部著作所使用的方法论，包括了文献的探赜索隐，艺人谱系师承流变的调查疏理，艺人身世、家世、技术、经验、生活等等的访谈，实地测量、勘探、描绘、拍摄、记录，以及口述史、历史背景、时代变迁、文化传承的研究与综合，在这本书里都一一得以运用。这些方法、手段、技术，至今仍然有强大的方法论意义，也正因为这些民间艺术的材料来自这样的方法论，才使得它们具有真实性、科学性、艺术性。稍稍比较一下冯先生后来的文学文化工作，就可以看出其中的"源头性"。比如，他的文学写作广泛涉及天津的民间艺术、民间艺人，小说里出现过《泥人张》《炮打双灯》《感谢生活》《雕花烟斗》等大量直接描写民间绝技绝艺的人物形象，涉及年画、剪纸、泥塑、灯彩、雕刻等多种民间艺术样式，说明早年的写作计划一直在他的文学写作中发酵。而他在文化研究上，更是突出可见他的初衷。杨柳青年画他调查了几十年，后来发展成对全国数十个著名年画产地的拉网式调查及二十二卷的《中国木版年画集成》系列丛书的出版（2005年至2011年）。伊德元剪纸则有后来《北洋人文丛书》之一《消逝的花样——进宝斋伊德元剪纸》（2009年）。由砖刻、建筑发展到城市、文化遗产，则可见到后来他有这样的著述：《天津老房子》《小洋楼风情》《抢救老街》《古风——中国古代建筑艺术》等等。几乎可以说，冯先生的《天津砖刻艺术》里已经预设了他后来各种各样写作、著述乃至口述文学、口述史、抢救文化遗产等的命运基因，他后来的工作，除了发展和提高自己的文学和文化天赋才智外，似乎也包含着逐渐完成自己最初的预设和思想、文化、方法的原创并大面积运用与推广之。这个话题很大，此处不赘。但也说明这本最初的小小的著作有多么的重要。当然，这毫无疑问是研究冯先生文学、文化著述和他的文化思想的重要的源头性资料和对象。

最后，这本书有一个容易被人忽略的重要价值，就是它发现和记录了天津文化的一个重要个性和特色：天津的砖刻在天津文化中应该占有重要的地位；天津的砖刻在全国的建筑文化中、雕刻文化中、砖刻（雕）文化中也应该占有重要的席位。而这一点几乎已经不为人所知，不为人们所记得，不为历史所标记了。天津文化中的一个重要贡献和特色被人们遗忘。冯著《天津砖刻艺术》的发现和重新面世，打捞出一个历史真相，发现了一个历史的秘密。

我提出这一观点绝不是轻浮地夸大这本冯著的作用，也不是妄言天津文化的历史。我认为，冯著给我们提供了清晰而有力的证据、分析和材料。这也可以用下面几点说明我的观点：

一、冯著将天津砖刻放在全国砖刻分布、重点、特色的大背景中比较分析，认为天津砖刻是与南方（苏州、扬州、广州、徽州等）风格相异的北方砖刻。在北方砖刻（北京、天津、山西、陕西等）中，又是以北京、天津为代表，因而其地位非同一般。

二、北方的砖刻艺术与南方的砖刻有不同的发展曲线，其鼎盛期与南方比，正是一个此起彼伏的过程。具体到天津砖刻，它的鼎盛期是在道光年间至民国初的一百年间。民国至抗战阶段则逐渐衰落下去。据冯的调查，鼎盛时代，天津砖刻艺人高手有名姓可考的达到四五十位；同时经典的代表作有"八大家"和诸军阀的宅邸，皆有极其精美的砖刻装饰。天津砖刻衰落的重要原因是殖民主义带来的西化后果及其在建筑时尚上的直接体现。天津砖刻兴盛的直接原因则是由于一批泥瓦匠人在泥瓦匠兼工的"细活"中发展出来的。天津砖刻独树一帜不唯以上种种，还由于它在兴盛时独以花木鸟兽、博古、楼阁见长，与南方同期长于"戏出"迥然有别。这些调查结果、论述材料、观点论点，都是冯著的真知灼见。

三、对于天津砖刻独树一帜的价值和作为天津文化标识性品类和特征，冯著提供了三个方面的材料。一是他用科学的登记和统计，提供了天津砖刻艺术的丰富性。他把天津砖刻分为十二种，每一种又有十数种具体的作品群，从体量上、数量上、种量上提供了天津砖刻的丰富性、普及性，其涉及作品多达数百种。这可能是我国民间艺术研究中对砖刻艺术最早的分类法和最早的作品统计计量。在民间艺术史上具有开创性意义。二是他通过遍查天津城市、郊区，绘制出一张《天津砖刻分布情况示意图》，标注出天津砖刻在城市每个行政区分布的情况和特点。这是绝响的文化地图，对于天津历史文化具有罕见的价值。这也是我国民间艺术史上唯一的一幅城市民间砖刻分布图。三是专门调查和论述了天津砖刻艺术在天津郊区农村（特别是杨柳青与宜兴埠）的流布传播情况，具有一种超前的大城市观，构成完全意义上的"天津砖刻"。四是发现和记录了天津砖刻在一般砖刻艺术技法外，又独创出的一种为他处未有的贴补法或推贴法，这种天津艺人独创的砖刻技艺，一方面丰富了砖刻艺术，另一方面印证了作者著中提出的天津砖刻是在由粗向细发展中出现并艺术自觉的观点，再一方面也确证了这是一条民间艺术普遍艺术规律，这在一定意义上也发现了民间艺术的一种发生学意义上的"起源观"，即在由粗活到细活的劳动精致化过程中，出现了由实用匠术到装饰艺术的转变，民间艺术于是由此诞生！这至少是民间艺术发生和民间艺人诞生的一个重要现象和途径。这一点，至今我们的研究还远远没有深入其中。五是冯著接触和记录了大量珍贵的天津砖刻艺术的极品和佳作，从艺术的和民间美学的角度展现了天津砖刻的精湛技艺、绝妙造型和高超水准，令人对民间艺术刮目相看。这本书不仅用"画题""用处""作者""地点"，具体描述每一幅砖刻作品，因而具有不可替代的档案文献价值，而且呈现和分析了它们的艺术特色，具有审美鉴赏价值。当这些作品大多都在后来的城市改造、城市变迁中踪影全无或踪迹罕见时，这种超前的记录和罕见的记忆，就同样是价值连城了。这里有天津城市的不幸，也是天津城市的万幸。

由上可见，这本书的出现，对冯先生本人是一个意外，对冯的研究也是意义非同寻常的。我谨借此机会向冯先生此一少作在他晚年得以问世表示祝贺，也希望有关研究者对此一著作予以重视，并希望读者诸君对此一著作的阅读有所用心。

是为跋也。

2018 年 3 月 6 日于京华

刊发于《民艺》2019 年第 5 期。

论冯骥才的"民艺"思想

一

"民艺""民艺学""民间艺术""民间美术""民间工艺""民俗艺术""民间技艺"这些概念互相关联、彼此交叉，有时用其中的一个词语就泛指它们所有的概念，有时又需要将它们进行严格区分。"民间美术"的使用曾经一度十分流行与普及，后来，"民艺学"又有后来居上之势。"民间美术"概念的流行与新中国成立以后特别是改革开放后中央美术学院对民间美术的重视甚至一度开办民间美术系具有十分紧密的关系。美术学院看重"美术"，所以民间的工艺美术、民俗视觉艺术都纳入"美术"之下。但是好景不长，中央美术学院的民间美术系无疾而终，学术发展中途而废。不过倒是留下了民间美术的概念和学术传统。中央工艺美术学院也曾一度很是重视民间工艺、民间技艺和民间设计，"民艺学"既由一批民间工艺学者从日本引入中国，也曾与民间美术并驾齐驱盛行一时，就像中央美术学院与中央工艺美术学院的并列和互补关系一样。"民艺学"东渡而来，风行一时，随后也与中央工艺美院一起消失在大众的文艺视野中，虽然它也留下了"民艺学"概念和学术传统。二十一世纪以来，在中国民间文化遗产抢救工程和非物质文化遗产保护热潮中，民间工艺、民间美术、民间技艺、民俗视觉艺术重归学术热点，从冷门、绝学逐渐又进入热门、显学。此间的学术推动力量，主要来自中国民间文艺家协会。而其中最重要的原因则是因为冯骥才出任了这个协会的主席且长达三届（2001 年至 2016 年），有十五年之久。

中国民协 1950 年成立之初名为中国民间文艺研究会，初心在于对整个中国民间文学和各种民间艺术都加以研究，并将各种民间文艺置于一个共同的学术平台和框架加以整合与综合研究，以形成与职业文艺家和个体文艺家创作的文艺作品不同的研究成果。协会的创始人之一钟敬文教授除了是著名的民俗学家外，对民间工艺美术也情有独钟，二十世纪三十年代就在杭州操持过民间美术展览活动，并且提出了大框架、大结构的"中国民间文艺学"学科理论，他也是后来八十年代民间美术复苏的积极推介者。中国民协成立之后，本来也设有民间音乐、戏剧、舞蹈、美术等业务机构和部类，后来由于民间文学搜集、整理、研究任务十分繁重，加之中国音协的负责人吕骥、中国美协的古元、中国舞协的戴爱莲等都是民间音乐、民间美术、民间舞蹈的超级热爱者且分别在几个协会强力推进了相关工作，中国民协就把主要工作精力和工作对象集中在民间文学上了。七十年代末和八十年代初，文化部和中国文联、中国艺术研究院、中国音协、中国民协、中国曲协等单位联合或分别启动实施了中国民族民间文艺十大集成志书工程。内容包括了民间音乐、民间舞蹈、民间文学、戏曲、曲艺等门类，共计十种大类。其中没有中国民间美术集成。原因是在此之前民间美术的搜集整理研究就超前地走在全国前面了。中国艺术研究院美术研究所在著名学者王朝闻先生挂帅下，已经先行开始了中国民间美术的大型图书《中国民间美术全集》（十四卷）编纂出版工作。此一工程在九十年代初全部出版。它的特点是按民间美术的分类成卷，计有祭祀编之神像卷（一、二），起居编之民居卷、陈设卷，穿戴编之服饰卷（上、下），器用编之用品卷、工具卷，装饰编之年画卷、剪纸卷，游艺编之面具脸谱卷、木偶皮影卷、玩具卷、社火卷。这在当时是一项浩大而高度专业的出版工程，出版后斩获多种国家奖项。在这种情况下，中国民间美术没有纳入中国民间文艺十大集成志书。十大集成志书是发动全国，在调查、搜集的基础上开展汇编和编纂工作，以一省为一卷，范围覆盖全国和各个民族。民间美术没有跻身集成志书工程，显然又错过了一次全面普查、全貌出版的机会。这又造成了一次不可弥补的历史遗憾。幸与不幸？令人唏嘘。

2001 年，冯骥才当选并出任中国民间文艺家协会主席。此时，中国民间文学三大集成（歌谣、故事、谚语）已经通过近二十年的艰苦卓绝的努力完成了普查、整理、编纂工作，陆续完成最后的出版工作。民间文艺界已经提出"后集成时代"的概念。此时此刻，现代化进程急速推进，民间美术、民间造物（建筑、器具、工艺、手艺、作坊）的消失令人触目惊心。冯骥才与中国民间文艺和中国民协的学术关联来自两个方面：一是他的文学写作与民间文学、民俗文化有密切关系，据说他在文学界出名后，参加 1979 年的四次文代会，还是以民协会员的身份作为代表出席大会的。二是他从小喜好与学习美术，成年后因为家庭出身未能进入他已考取的中央美院学习，为谋生又成为天津工艺美术社的职工，在工艺美术行业多年。成为中国民协主席前，他在天津开展老城抢救与保护震动全国，社会影响极大。而他本人还长期坚持对天津杨柳青年画进行一年一度的跟踪式调查，眼见其一点点萎缩、消失在人们的视野中。所以，在选择中国民协新的战略目标和时代责任时，他把目光投向了中国民间文化遗产的抢救和保护上。2002 年，中国民协在中央领导的关心下，在中宣部、中国文联和文化部的支持下，向全国全社会隆重推出了中国民间文化遗产抢救工程，其中的龙头项目、示范项目就是"中国木版年画集成"的普查、记录、搜集、整理、出版。在集中时间和力量抢救保护中国无比丰富的民间文学遗产后，中国民协的专业视野拓宽和回归到"中国民间文艺"的完整概念上来，既适应民俗学、人类学的整体性学术理念，也及时弥补在改革中被调整了的轻工业、美院、工艺美院放弃了的文化对象，使之能够继续得到专业、专门部门的学术关注。

二

冯骥才的"民艺"思想及其"民艺"实践（包括调查、研究、出版、抢救、保护、策展等）由他的民间美学思想、民间美术观、民间工艺观构成。现在看来，民艺实践其实是贯穿他文化人生和写作历程始终的文化对象，在他的文化成就和写作生涯中占据了重要的地位。他最早的文字图书处女作是写于二十一岁时的《天津砖刻艺术》（1963年）。此书著成，却因"文革"的到来而被雪藏，直到2018年才得以原样出版。处女作问世之时已经是他蜚声文坛、著作等身之际，令人感慨万千。与《天津砖刻艺术》同时筹划写作的，还有关于天津木雕刘、伊德元剪纸、风筝魏、灯笼王、蜂窝麦秆玩具、杨柳青年画、泥人张等一批民艺图书，这个写作计划也一并夭折。但是相关的调研其实已经开始实施。所以，写作和出版计划虽然未能实现，冯骥才对天津民艺却是用了一番功夫。这个文化种子一直埋藏在他的心里，等待着发芽、生长、开花、结果。改革开放新时期以后，不仅他的小说题材屡屡写及天津民俗民艺，就是民艺方面的专题文章和专门著作也不绝如缕。1993年他组织了"天津地域文化采风"活动和"小洋楼文化采风"活动，对天津城市的历史文化遗存进行地毯式普查。后出版了《天津老房子·东西南北》《天津老房子·旧城遗韵》和《小洋楼风情·民居建筑》《小洋楼风情·公共建筑》。2000年组织抢救津门古街估衣街，出版《抢救老街》。此间还考察敦煌，著述了《敦煌痛史》《人类的敦煌》。中国民间文化遗产抢救工程实施以来，他出版的民艺著作有《武强秘藏古画版发掘记》《民间灵气》《豫北古画乡发现记》《年画手记》《绵山神佛造像上品》《绵山造像》《绵山包骨真身像》《一个古画乡的"临终抢救"》《年画行动》等。主编的民艺著作更是庞大丰富，择其要者有《中国民间文化遗产抢救工程普查手册》、《鉴别草根：中国民间美术分类研究》、《田野的经验》、《古风：中国古代建筑艺术》（七卷）、《中国结丛书》（民艺八卷）、《中国木版年画集成》（二十二卷，包括俄罗斯藏品卷、日本藏品卷等）、《中国木版年画传承人口述史丛书》（十四卷）、《中国民间美术遗产普查集成·贵州卷》（上、下）、《中国唐卡艺术集成》（五屯卷、玉树藏娘卷、德格八邦卷等）、《中国民间文化杰出传承人丛书》（六卷）、《中国民间剪纸集成》、《消逝的花样：进宝斋伊德元剪纸》、《义成永画店田野调查报告》、《年画的价值》、《中国大同雕塑全集》（六卷）、《天津皇会文化遗产档案丛书》（十卷）、《传承人口述史方法论研究》、《中国传统村落经典档案》、《中国传统村落立档调查工作手册》等等。此外，还有多至无以计数的散文、文章、随笔、论文、序跋、演讲、报告、提案等论述和讨论中国"民艺"，结集的有《灵魂不能下跪》《思想者独行》《乡土精神》《文化先觉》等。

从以上卷帙浩繁的著述和编著中，我们可以发现，冯骥才时代展开和呈现的中国民间美术和民间工艺，与此前我们熟悉的出版物及其带给我们的民艺观、民艺样貌有极大的不同。一是领域和范畴十分广阔，大大溢出传统民艺的边界，大到传统村落（承载民艺、古建还自成民艺、生长出若干独立发展的民艺），小到绣花荷包，民间造物尽入眼帘；二是呈现民艺的完整生态系统和生产、消费、传播、使用的所有文化链条、文化过程，而不像过去仅仅呈现结果；三是记录方法的突破和完善及其影像化，是动态的、多手段多技术和立体的记录；四是传承人口述史的建构。

其中，《中国木版年画集成》在方法论上具有划时代意义。第一，它以不同的年画产地立卷，一个具有独特技艺风格和文化影响的年画为一卷。全国共调查和确定了尚有活态传承的十九个著名产地，此中河南滑县卷是工程实施中新发现的年画产地。如此一来杨柳青年画、杨家埠年画、武强年画、桃花坞年画、朱仙镇年画、滩头年画等等基本一网打尽。第二，每个产地都进行全面调查，文字记录、图片记录、文献收集、影像记录、传承人口述历史等综合配套，史无前例。第三，作品、艺人、传承谱系、作坊、工具、画店、销售、画俗、年俗、张贴、图像释读、图画信仰、神像祭祀、画像仪式、颜料、印刷、艺诀、口头文学、文化空间等等全都在集成中叙述与呈现，使之成为全文化的、百科全书式的年画集成，既有艺术价值，也有文化价值、历史价值、民俗学和人类学价值。这也是空前绝后的。第四，专设域外卷之俄罗斯藏中国年画卷、日本国藏中国年画卷，聘请俄罗斯著名汉学家李福清收集整理俄罗斯各大博物馆收藏的中国木版年画，聘请日本学者三山陵女士对日本各博物馆收藏中国木版年画进行拍摄整理，两人还分别撰写了长篇论述，发现了一批最早流传外国的年画和一批珍藏，基本搞清了年画外传外藏的情况。这也是前无古人后少来者的事。第五，把一些零落了的、零散分布的年画产地和特色年画生产点一个不漏地进行调查和收入，立为拾零卷，其中包括台湾、澳门等地的特色年画传承和风格。由以上五点看，《中国木版年画集成》的宏大规模、丰富内容、创新体例、创造性方法、全新图文样式等，不仅实施过程艰苦卓绝，收获的文化大大突破传统思路，而且文化细节的呈现一览无遗，可以说是重大的学术创新，得到国内外学者的高度赞扬。历时十年，此一集成方得收官。而当初之际，冯骥才亲自手写集成体例，为全集撰写长篇学术论文式的总序言，亲自开展口述史调查，跑遍全部产地，亲自鉴定和抢救老版，亲自发现和认定滑县年画，亲自设计图书版式。所谓亲力亲为是之谓也。此间故事一言难尽，他是为之付出了巨大心血的，不是亲眼所见、一起经历，今天的人们已经很难理解其中甘苦和呕心沥血。当然，这种民艺果实也当之无愧成为文化丰碑。它的"衍生品"是在全国各年画产地新诞生了一大批年画博物馆，一系列木版年画国际学术会议和交流持续举办，大型木版年画展览在全国各地此起彼伏地展出，一大批著名年画艺人重获文化尊荣，许多奄奄一息的年画产地因集成立卷起死复生或者再博眼球，传承态势上扬，中国年画整体性回归大众视野、回归年俗、回归民间生活、回归民间审美。这也是传统民艺学的社会影响望尘莫及的现象。他给民艺学的发展开辟了新境界、新天地、新作为。

当然，由此可见，全面调查呈现中国民间美术、工艺，工程浩大。民间美术的品类、种类多达数百，要实现当年十大集成志书的目标恐怕是戛戛乎其难哉！它的一个品类年画就有如此规模，其他如剪纸、刺绣、泥塑、面塑、蓝印花布、蜡染、石雕、木雕、砖雕、唐卡等等，或者已经展开相似工程，或者有待展开。这一个部类就等于十个、二十个集成志书。所以，整体性呈现只有木版年画，其次在贵州一省实验了"贵州省民间美术总目"上下卷的尝试。

三

冯骥才"民艺"思想是他的文化思想、遗产思想、民间文化遗产思想和非物质文化遗产思想中的一部分。它不是一个单纯、单独的表达。它与其他文化思想是一个整体，它又在巨大的文化背景下展开独立的空间。他的"民艺"思想表达在文字数量、文章篇什上都是大体量而有丰富数量的，要全面叙述其中的思想和体系，本文还不能胜任这个工作。因此，我在这里择其要者略述一二。

首先，我们说说冯先生早期的"民艺"思想中的闪光点。在他的最早一部著作《天津砖刻艺术》中就展示出他的理论直觉、思想敏锐和从调查材料中捕捉规律的能力。他在此一著述中发现了天津砖雕在天津城市文化中的重要地位，天津砖雕的文化特色和艺术成就使之在全国砖雕中占有一席重要地位。他对天津砖雕进行了文化分类，也是中国砖雕史上的首个分类体系。他对民间美术分类的自觉和敏锐，延伸到二十一世纪的中国民间文化遗产抢救工程就是他主持召开全国性的民间美术分类研究研讨会，获得一批重要学术成果。须知，联合国教科文组织开展口头和非物质遗产保护之初，率先关注的也是民间文学分类问题，还曾号召全世界的成员国组织学者开展民间文化分类研究，贡献智慧成果给全人类共享。再往前追溯，1903 年，法国人类学家涂尔干、莫斯联合推出《原始分类》，从分类学研究人类社会，名动整个欧洲人文社会科学领域。至于林奈的物种分类成果及其影响，更是家喻户晓的事情了。根据冯骥才的调查、观察和对砖雕匠人的深入接触、访谈、了解，他提出了民间艺术的"发生学"问题：民间匠人是由于什么原因、什么因素影响，转变成为民间艺人的？他的结论是：民间匠人在由粗活到细活的劳动精致化过程中，出现了由实用匠术到装饰艺术的转变，民间艺术于是由此诞生。他指山："民间艺术总是由粗向细上发展的，天津砖刻表现得尤其明显。原因有二，其一是制作技术的熟练与逐步提高；其二天津砖刻的使用阶级多多益善的要求，不单反映在内容上，也反映到形式上。崇尚工细，在使用者中间是盛行一时的风气。道光以后的天津砖刻开始向精细上走，清末民初便进入精雕细刻的境地。最典型的是刘凤鸣的中、晚期的作品，南开二纬路的几座影壁，精妙绝伦，堪称杰作。但细看他所刻的花鸟树石的形态、人物的举止神情，仍旧很朴实。"[1] 这至少是民间艺术"起源"即民间艺术发生和民间艺人诞生的一个重要渠道和方式。这种问题在我们后来至现在的民艺研究中很少被人提炼出来。民艺研究至今拙于问题意识。

其次，提出"年画学"。民艺研究一般都归类于"民艺学"的总概念上即是其学科归宿。很少有人提出进一步的、新的学科设想。冯骥才在大量、长期、广泛接触民间年画后，对年画进行了全

---

[1] 冯骥才著《天津砖刻艺术》，第 90 页，上海书店出版社 2019 年 5 月出版。

面的思考、评价、审美、鉴赏、书写后，他提出了应该有一个"年画学"来对应博大精深的年画作品与年画文化，或者说他认为年画是担当得起"年画学"的名分和一个独立学科的。他发表的年画文章可能是他民艺文章中最密集、最持久、最丰富的一类。他认为，年画是中国民间美术中的龙头，是排在第一位的。一是因为年画制作的规模最大，二是因为年画的产量最大，三是因为年画的文化信息量最大。年画的地域性文化特殊性也独具价值和魅力。"民间艺术跟精英艺术一个重要的区别是：精英艺术之间的千差万别来自流派之间或者是艺术家个人之间的不同；而民间艺术之间的区别是地域与地域的审美区别，没有个人因素。民间艺人是不追求个性化的；而精英艺术家是自觉追求个性的。精英文化的价值就在这种自觉性上；民间文化的价值则在自发性上。这种自发的民间文化，它跟原始文化有一个接近的地方——它们都具有初始性。这种初始的文化都象征和表现着生命本质的力量。民间艺术为什么蕴藏着极强的生命力和活力？就是因为它直接和自发地表现了生命的本质。"①这段论述从艺术哲学的深刻性上揭示了年画的不可替代的审美价值，判断有力，掷地有声。他还对年画的版刻、刀法、颜色、谐音、神像、画俗等众多方面做出过精彩的判断和论述。所以，他认为年画学像敦煌学、藏学一样，其研究对象是"深不见底、浩无际涯"的。

最后，提出民间审美问题。我一直认为冯骥才提出民间审美，是对中国美学的一个重要贡献。老一辈美学家中，王朝闻先生是很重视民艺中的美学价值的，他主编了前述《中国民间美术全集》出版工程，作为雕塑家他从雕塑美学的角度对民间雕塑特别看重，对福建漳州木偶雕像艺人徐竹初的作品赞誉有加，大力推崇，产生了巨大的影响，引导和丰富了人们的审美。当然，王先生在他的《雕

① 冯骥才著《灵魂不能下跪》，第 55 页，宁夏人民出版社 2007 年 5 月出版。

塑雕塑》一书中也广泛讨论过民间雕塑特别是古代民间雕塑,如汉画像石、汉石雕、魏晋以来的石窟造像、大足石窟等等。但他一般都没有做民间性区分,都是用一般美学和审美、美感的规律来讨论这些对象。冯先生从自己的美学实践和审美活动以及民艺现象中,郑重提出民间审美是弥足珍贵也感悟深刻的。对民间美术、民间艺术、民俗文化没有广博的见识,要讨论民间审美基本上是不可能也没有资格的。中国美学为什么一直空白着民间审美的问题?就是这个原因。大多情况都是有此想法的人都心有余而力不足。没有人像冯先生接触过这样广泛的民间美学资料,同时又有优秀的审美能力。他又有研究画史、画论、敦煌造像的经历和底子,有美术创作的长期实践,还参加过文学理论与批评大论战,有讨论文学创作奥秘、思潮、流派、技巧的众多写作,他提出的问题就比此前美学界、美术界、民间美术界学人提出的有所突破和创新。他在《民间审美》中指出:"过去我们判断民间艺术美不美,往往依据的是精英文化的标准。这样,我们不但只接受了民间艺术很小的一部分,而且看不到民间艺术中的文化美,也就是民间审美的文化内涵。"[1]他总结出民间审美的几个重要原则:一是生命之美是民间审美的第一要素,二是民间审美是一种民间情感,三是民间审美语言是各种各样的审美方言,四是民间审美具有原始文化的初始性。在他的著名民间美学篇章《中国雕塑史四题》中,他以雄辩的论述和有力的思想为民间雕塑在中国雕塑史上的地位正名,使民间审美大大彰显其艺术和思想的魅力,丰富了雕塑史和美学史。第一题:没有雕塑家的雕塑史。这其中一个重要原因是很多的无名的民间匠人参与创造中国雕塑史,这使得研究要注意其中的民间性质、原因、元素。这是过去常被忽略了的视角。第二题:传神比解剖学更重要。除了兵马俑昙花一现写实写形外,霍去病墓前石造像的写意传神风格成

---

① 冯骥才著《灵魂不能下跪》,第350页,宁夏人民出版社2007年5月出版。

为主流。这些无名氏之杰作，却有着鲜明的主观性主体性，这是区别于西方雕塑的重要审美现象。第三题：从造像时代到工艺时代。中国雕塑史上一个重大转折在明代鲜明表现出来，明清两代是雕塑市井化、应用化、技能化、装饰化而遍地开花的极盛时代，工艺雕刻的种类数不胜数，民间美术、民间工艺来到鼎盛时期，但因而也少了西方那样的艺术雕塑家及其为人立像的雕塑创作。第四题：乡土雕塑的另类价值。"乡土的雕塑不讲究材料的高贵，多是就地取材；山石多就刻石，树多就雕木。山西黄土多就遍地泥塑；山西人吃面不吃米，还遍地面花。徽州人刻当地的青石，曲阳人刻本地盛产的大理石，四川的乡间都用房前屋后的砂岩造像。""乡土雕塑大量的存世杰作，具有千姿百态的美，且承载了大量和无形的文化信息，但它至今仍是没有真正揭开的雕塑史的一角。"[①] 这个论述与王朝闻论雕塑史大异其趣，持有的完全是民间的立场，与精英雕塑、西方雕塑拉开距离，既厘清了中国雕塑史的秘密，也发现了雕塑史的新视界。这是民间审美研究的重大突破和沉甸甸的硕果。

　　刊发于《民艺》2021 年第 1 期。

---

① 冯骥才作《中国雕塑史四题》，刊于 2014 年 8 月 20 日《中国艺术报》。此文约
　　8000 字，时笔者正主持该报纸一应事务和编务工作，获冯先生信任授权独家发表，
　　由笔者亲自编发，占用一个整版，故印象十分深刻。特此补记。

十年辛苦不寻常

——略记冯骥才和《中国木版年画集成》工程

2011 年，历时近九年的中国木版年画集成普查、编纂、出版工作终于大功告成，出齐了二十二卷。它囊括了我国现存的依然有活态样式的著名年画产地和品类，也部分地整理了曾经在历史上辉煌一时、现今已无活态传承的年画历史资料，同时以域外卷形式，把中国木版年画在俄罗斯、日本等国的流传、收藏纳入集成，形成了我国首次对年画的全面大普查。这是首次以浩大卷帙集中呈现的年画文化成果。这是我国文化遗产保护的又一重大创举和伟大成果。

《中国木版年画集成》的总主编冯骥才先生，为这一浩大工程付出了巨大的投入与心血。他参与了"集成"的设计、组织、普查、撰写、审定等一系列工作，从始至终直接组织实施工作的各种细节。"集成"中凝聚着他的智慧、思想、创造、创新。作为见证人，我有义务把我的见闻记录下来，供他人和后人了解此中端详。

2001 年，冯骥才出任中国民间文艺家协会主席。为了发挥协会的人才优势、专业优势，继承弘扬协会传承发扬中国民间文艺的工作传统，新一任主席团和分党组开始筹划一项新时期的抢救保护民间文艺的大型文化工程。经反复讨论、论证，确定启动实施中国民间文化遗产抢救工程。在冯先生的努力下，这项工程于 2002 年 10 月 10 日被批准为国家社科基金特别委托项目。该工程初步设定对我国民俗文化遗产进行全面抢救性普查、整理、出版。工程获批准之际，在冯先生的主持下，率先开展几项先行性工作：一、选择试点进行民俗文化个案调查；二、编纂指导全国实施工程的《中国民间文化遗产普查手册》；三、确定中国木版年画集成项目为整个工程的龙头项目、示范项目，率先实施，及时推广经验，以带动各个项目的全面展开。此中各项工作，都是冯先生亲力亲为。其中，确定中国木版年画集成项目，一是因为冯先生是职业画家出身有美术绘画的专长，他又长期定居天津，对天津杨柳青年画有深入了解，还曾连续多年跟踪记录杨柳青年画的变迁；二是因为我国民间文化遗产抢救保护对民间文学、民间文艺乃至民俗文化都有过大面积普查，唯独民间美术阙如，只在二十世纪八十年代整理过一套《中国民间美术全集》，数百数千种民间美术品类只在很小的篇幅里呈现，难免挂一漏万（中国民族民间文艺集成志书因此不包括民间美术内容）；三是木版年画在我国民间美术中具有数量庞大、产地众多、影响广泛、地位突出、技艺精湛、价值厚重的特点，历史上并无全面整理和呈现。

于是这一项工作就确定并开展起来。先是确定了冯先生亲自挂帅，出任总主编、总主持。随后，工作上也一步步有序推进。在河南省（那里有朱仙镇年画）召开了中国木版年画国际学术研讨会和专家、老艺人座谈会；在天津召开了中国木版年画集成工作启动会，全国已知的年画产地代表、地方政府领导、文联领导、年画传人和专家首度汇集。此后，又确定了朱仙镇、杨家埠等地的年画为集成普查编纂的示范试点单位。为了统一操作规范、普查标准、编纂体例等，冯先生亲自撰写了《中国木版年画集成编纂体例、方案、规范》，明确提出了分类原则、集成体例结构等。其中的开创性做法有：一、各地必须对年画产地进行全面普查；二、必须是文字、图片、影像综合的立体记录，全景呈现，文、图、光盘统一出版；三、要全面概述年画产地的历史、发展、特点、现状等；四、内容必须包括：代表作、分类、年俗、艺人、技艺、张贴方式和民俗功能、年画艺人及其传承谱系、年画画店及营销传播范围、年画传说歌谣谚语故事、制画习俗等。

这样一种普查方式和编纂内容，显然借鉴了文化人类学、民俗学、艺术学、美学、影像人类学等学科的方法、技术、手段、理念。这是一次前所未有的遗产保护实践，也是一次前所未有的民间美术调查、整理、编纂实验。在这份"编纂提纲"的指导下，全国年画集成工作顺利地全面铺开。

普查编纂过程中，出现了种种问题，难度大大超出想象。比如，经费问题，几乎让人一筹莫展；专业人才匮乏，也让各地工作陷入绝境。为此开展了发动和调动地方政府积极性的工作，开展了人才与业务培训工作。其间召开了多次中期工作推进会。冯先生多次赴年画产地调查。他的到来，引起了各地政府的高度重视，促成了各地政府的资金投入。

此间，也不断有新闻爆出。河北一年画传人世家，偶然发现了珍藏在家中的年画老版，执意要捐献给抢救工程；山东杨家埠著名年画艺人杨洛书因年画抢救工作成为当地文化名人，杨家埠年画被当地政府高度重视；河北邯郸发现一批老版，内丘县发现神码活态产地并要求单独成卷；云南甲马也要求单独立卷……到最后共确定了二十二卷。可以说，这工作像滚雪球一样，越滚越大。以《杨家埠卷》为首卷，甫一面世，即得到各界好评，并屡屡斩获国际出版、图书、设计大奖。《杨家埠卷》的每一段文字都是经过冯先生仔细推敲甚至亲自撰写亲自改写而得。这本示范卷质量之高，至今堪为范本。以后，逐一增多的卷本，都是冯先生亲自把关。

冯先生还邀请了俄罗斯学者李福清多次来华，并委托其主持俄罗斯各博物馆藏中国年画作品汇集的《俄罗斯卷》工作；邀请日本学者三山陵担纲日本各博物馆藏中国年画汇集的《日本卷》；邀请台湾、澳门学者编纂两地年画资料。九年来，冯先生的足迹到过这些集成产地的绝大多数地区，有些地方还多次跋涉。他还率领学生直接实施了《滑县卷》（这是一个新发现的年画产地）。随着一卷一卷年画集成的出版面世，中国木版年画集成的总体面貌终于形成：
一、这套集成呈现了从年画的产生到年画的消亡的空间格局——从
朱仙镇、杨家埠到杨柳青、桃花坞等著名的古老年画产地再到上海
小校场年画（木版年画在此被石印、胶印终结）；二、东到山东、
台湾、福建，西到云南、陕西，南到广东佛山，北到山西，凡著名
年画产地无不一网打尽，每卷百万字容量（文字数十万，图片数百
张，光盘影像数小时），洋洋大观；三、域外卷的设立，集中展现
了中国木版年画海外传播的全貌，殊为可贵，以拾零卷的方式把各
地零散的年画点以及台湾、澳门年画传承汇集集中，实现了无遗漏
地"集大成"之作；四、冯先生还组织天津大学冯骥才文学艺术研
究院的师生，为每一产地的若干著名年画艺人进行口述史调查，并
整理出版年画传承人口述史丛书计二十余种，口述史方法的运用为
民间文化遗产抢救开创了全新的境界，它们与"集成"配套，蔚为
壮观，也平添了"集成"的学术价值与文化分量；五、"集成"之
《绵竹年画卷》在"5·12"汶川大地震前完成普查，地震后立即出
版，为绵竹年画灾后重建做出了特殊贡献。

在整个年画集成工程实施过程中，冯先生还在天津大学举办了
"以画过年"等年画展。各地的年画节、年画展、年画之乡、年画
博物馆、年画学术研讨会纷至沓来。年画在国家级非物质文化遗产
名录中，占有重要的席位，年画在民众年俗和文化生活中又悄然复
兴，年画市场再度复苏。这一切，让人欣慰，也让人不能忘记冯先
生厥功至伟。

刊发于《年画研究》，文化艺术出版社2011年11月出版。

五彩缤纷看民间

——评冯骥才主编《中国结丛书》

由中国民间文艺家协会组织，著名作家、文化学家冯骥才先生主编，河北少年儿童出版社出版的《中国结丛书》首批十种民间文学艺术图书自 2004 年 9 月问世以来，以极具民间风格的装帧设计、图文版式和独特的内容、别开生面的编排，赢得了广大读者的喜爱。《光明日报》《文艺报》《中国新闻出版报》等报刊相继推介，图书市场行销走俏。这是目前所见民间文化题材普及读物中引人瞩目的一套丛书。

《中国结丛书》首批十种分别是：《民间神话》《民间传说》《民间故事》《民间寓言》《民间笑话》《民间剪纸》《民间年画》《民间皮影》《民间面具》《民间风筝》。其中前五种是民间文学，后五种是民间艺术。民间文学类，精选了中国民间文艺家协会五十年来在民间口头文学搜集整理工作所获浩如烟海的作品中的精华，以口语性强、在民众中广泛传播、具有精品和经典之作意义为入选标准。又重点突出了神话、传说、故事、寓言、笑话几种体裁。编选者的意图非常明显：在可读性强、文学性强、文化价值大的几种口头文学作品中，寓教于乐，润物细无声地展示中国民间的厚重历史、广博生活和民间民众祖传的智慧和思想。在各体裁的编排分类上，编著者也是极具个性，融入了深刻的学术思考和学术成果，不落窠臼，独具一格。

比如《民间神话》，编选者申明，所谓民间神话，是比较于典籍神话而言的，即指从民间口头搜集而来，无论盘古开天地，还是女娲补天，抑或后羿、燧人、祝融、伏羲、仓颉，关于他们的讲述，都不限于古代典籍，而是从民间讲述中记录、整理而来，是口头的口语的。有些神话几千年前就见诸古代文献的记录，如今竟然还在民间活跃，还在口头流传，这是特别值得珍惜的。编排顺序和小类分别也是颇有匠心。全编分为"开天辟地""补天造人""洪水兄妹""射日填海""发明发现""英雄治水"六类神话，基本上表明编选者对神话发展历史脉络和发生与传承顺序的学术观点。其可读性则体现在所收篇章中。入编神话既有汉族神话，也有少数民族神话，将各民族神话属于同一时期和同一类型的神话统摄起来，使科学性、艺术性、可读性、浪漫性得到较好的体现，展现出中国民间神话的体系性和独特风貌，在文化深层也展示了我国各民族多元一体的文化格局。壮族的《巨人夫妻》、布依族的《力嘎分天地》、布朗族的《巨神顾米亚》、彝族的《诸神争大》《独眼人、直眼人和横眼人》、苗族的《一天变一生》《四朝人烟》、佤族的《人从石洞里出来》、布依族的《降风捉旱》、侗族的《向天讨歌》等，不仅想象瑰丽，而且充满古朴原始的神话气息，许多母题、类型、意象、诸神都是此前闻所未闻、罕见记载的。

《民间传说》《民间故事》《民间寓言》《民间笑话》也都具备《民间神话》编纂上的特色。从这些民间文学的阅读中，读者可以充分享受口头文学精彩口语叙述的美感，那种夹杂着智慧的流畅，那种平直朴实和白描的简洁美，那种亲切的乡音，那种娓娓道来又峰回路转的韵味，都迥异于作家文学，又显露着极高的文学成就。话里话外，语言之间，又随处可见民族的历史、哲学、宗教、俗信、伦理、道德、风俗、社会、生活，打开了一扇民间的知识之窗，令人刮目相看、耳目一新。

《中国结丛书》的另五种是民间艺术若干品类的介绍、鉴赏，同样在编排上充满创意和创新。与以往民间艺术类图书最大的不同是，这些种类的图书，不是单独孤立的作品展示，而是在介绍代表性作品的时候，系统全面地介绍了此一民间艺术品类的历史、文化、民俗、技艺、传承、生活背景。这实质上是由民间艺术的独特文化性质决定的。民间艺术在一定意义上并不是为艺术而艺术的。民间艺术是民间生活、民间风俗的有机构成。比如年画，在民间它是年文化的一个部分，它与年俗中的祭灶、祈福、纳祥、更新的俗信融为一体，它当然由于它的绘画、刻版、印刷、染色、造型、神像等与美术发生着密切关联，所以过去的年画介绍，多止于美术家从美术的角度，并且限于从作品及其技法的意义上评价和鉴赏。但是，《中国结丛书》的《民间年画》突出了传统视角，把年俗、传承、艺人、技艺、工具、流程、作品、作品的意蕴、作品的民俗作用，统统展示了出来，让人品味鉴赏的是整个年画文化及其年俗。这就让读者开了眼界，更其深刻地理解了年画的艺术价值、审美价值、民俗价值、文化价值、历史和社会价值。年画作为中国民间艺术的一种独特品类的意义也就十分显赫地突显了出来。在具体介绍中，又首次以中国年画若干著名产地（如天津杨柳青年画、河南朱仙镇年画、湖南滩头年画、江苏桃花坞年画等）分别表现，让读者了解到年画文化的多彩多姿和传播流变。一地一风格，一地一色彩，一地一技法，一地一神祇，一地一画俗，一地一年画。民间文化如此博大精深，让人叹为观止。当然，《民间剪纸》也真实、全面地展示了此一种母亲艺术的民间真情态，那些老大妈的手艺，那些用于窗花、鞋样、绣底、丧葬、祭祀、俗信、嘉庆的各民族的剪纸作品，或粗犷，或细腻，或写意，或摹真，或稚拙，或机巧，或单色，或点染，真个是五彩缤纷。《民间皮影》从唐山皮影到甘肃皮影、北京皮影、东北皮影、南方皮影，一路看来，详尽地介绍了皮影制作、表演的流程和过程，又把刻绘的工艺技术——道来，且全面展示了上至神仙天界、下至阴曹地府，以及人世间的种种神、鬼、人的造型，奇形怪状，人间万象，令人过目难忘。结合这些皮影形象的造型和人物形象塑造，该书还通俗易懂地表述了皮影戏剧的情节和故事，使文字阅读和视觉形象相结合，仿佛是观看了一出出活的皮影表演，使读者赏心悦目。《民间风筝》所介绍的风筝作品，从民间传人传世之作到当代艺人的继承创新，各种风筝造型和作品多达数百，显现出民间创作的活力和想象的丰富。其中的文配图，既有历代文人骚客吟咏风筝，也有民间风筝歌谣；既有曹雪芹这样的文学大家的风筝佳话，也有编者的鉴赏分析，可谓别开生面。《民间面具》则以面具的发生发展为历史线索，把萨满面具、傩戏面具、戏曲面具、京剧脸谱串在一起，介绍了中国民间文化中的一个独特品类。以上民间艺术作品，大多出自民间匠人、艺人、传人、巧姐之手，这套丛书让我们看见了这些艺术的活态情形及其民间生活。这是生活之美，也是美的生活。

显而易见，《中国结丛书》十种，只是民间文化中的沧海之一粟；这十种样式所展示的斑斓图景，也只是中国民间文艺家协会抢救和保护民间文化遗产工作的一个缩影和侧面。中国民间文化有浩如烟海的资源和无以计数的品类与作品，中国民协要开展的抢救和保护工作也还仅仅是一个开端。这让读者生出无限期待和向往：我们什么时候能一窥中国民间文化的全貌呢？如此浩无际涯的文化海洋，还将养育出中华文化多少伟大的成果？

对民间文化，我们当刮目相看！它绝不是低俗的、低级的、简陋的、粗糙的、肤浅的、可笑的文化，相反，它是可以和圣贤文化、庙堂文化、阳春白雪、经史子集、道学理学、佛教道教相提并论的文化的另一半，它是口头的、生活的、活态的、传承的、历史最久远的、影响人生最直接最深刻的文化。用联合国教科文组织最新的概念和理念来看，它是口头遗产和非物质文化遗产。

口头文学从古至今流传未绝，它是历史的口碑和人民口头的"史记"，先祖的智慧、人民的思想、大众的情感浓缩其中，沉甸甸的，厚重无比。

民间手艺，作为生活中的美，作为民间文化中可视的形象的可触的物化的部分，是为生活服务的，又是愉悦人生和生命的；是易损易毁随用随弃的，又是代代相传保留历史记忆的。民间造型和民间艺术，凝聚着民间的情感和人民的审美理想。民间审美既透着稚拙、古朴、简洁、粗犷、世俗，又有着大雅、大美、大智慧、大技巧；民间审美是历史之美、寓教于乐之美、与生俱来的习性之美、习得与习惯之美。我们必须用一种全新的审美思维和审美眼光来理解它和认识它，它也将在这种新的审视下给我们带来全新的审美愉悦和审美发现。

美国著名民间文化学家本尼迪克特有一段经典论述，可以帮助我们理解民间审美的独特性，她说："每一种原始文化都代表了某种可与伟大的艺术或文学作品相媲美的东西；现代个人艺术作品就应该与整个原始文化相比较，而不是将一个茶壶的花边设计同西斯廷教堂的天顶相比较，或将采樱歌同莎士比亚的诗句作比较。要是只以单项艺术品相比，那么，原始文化就显得微不足道了。但是，倘若人们着眼于文化的整体——宗教、神话、男女的日常行为方式，那么其内在的一致性和奥秘就如任何一项艺术品一样，将为未来的搜索者提供同样的美学上的满足。"这个观点非常精确和经典，是这位人类学家长期深入研究后得出的结论。原始文化如此，民间文化亦然，因为后者是前者的直接承续，保持着始终如一的文化功能和形态。如此看来，对民间文化的认识与理解，所接触、感知、熟悉的门类样式越多越好，要特别关注整体性的观察。也可以说，对民间文化的真正认识及其深度，完全取决于对它认知的广度，广度越宽阔，深度越深刻。《中国结丛书》的十种民间文学和民间艺术，几乎只是民间文化这沧海一粟或打开了一扇小小的窗口，它虽也迷人，但离我们真正把握民间文化的大千世界和真价值，还只是一个开端而已。我们已经从这十种图书中学会从一个整体性的文化构成中去观察、了解和认知民间文化，所以，我们期待着丛书的续集，以便展开这一独特的文化长卷，让一个全新的文化世界给我们带来全新的具有颠覆性的审美感受和全面提升我们的审美境界。

刊发于 2006 年 4 月 6 日《中国文化报》。《中国结丛书》获 2006 年第三届中华优秀图书奖。

年文化的阅读效果

——近年来春节传统文化图书述评

  春节是我国传统节日中最隆重、最盛大、最具狂欢性的节日。民谚所谓"百节年为首",是之谓也。可是曾几何时,我们的春节年味越来越淡了,堪忧的是越来越多的年轻人日益热衷过洋节去了。对传统节日知之甚少甚至一无所知的人日见其多。好在这样的局面很快就得到了扭转。2005 年,中宣部、中央文明办等五部委发出文件《关于运用传统节日弘扬民族文化的优秀传统的意见》,全面阐述了传统节日的文化价值、时代意义、优秀传统。2006 年,国务院公布第一批国家级非物质文化遗产名录,春节榜上有名,成为首批国家级非物质文化遗产。2007 年,国务院又决定把除夕列为法定假日(同时决定将清明节、端午节、中秋节等列为法定假日),春节的民俗规制和民众生活传统得到充分的尊重。"我们的节日"成为我们的生活的亮点。

  伴随着传统春节和节日的复兴,近年来,全国各地的春节过得红红火火。返乡潮更加推波助澜,红灯笼火树银花,"春晚"一年热似一年,手机、短信、电邮、网络等时尚拜年越发风行,传统的社火、窗花、年画、灯谜、春联、年夜饭等等,百里风不同。春节成了大市场,消费和旅游指数不断攀升。

  宣传、介绍、研究传统春节文化的图书,为春节一年胜似一年的红火、一年浓过一年的年味,发挥了不可磨灭的功效。

  当春节列为国家遗产、国家假日之初,曾在全国政协会议提交将春节按民俗惯例提前一天放假（除夕放假）提案的中国民间文艺家协会主席冯骥才，立刻向民间文艺界专家学者发出了呼吁：发掘春节文化，提炼春节的时代精神，研究好我们的节日今天该怎样过。民间文艺家迅速行动起来，由冯骥才主编的《我们的节日》系列丛书（宁夏人民出版社）率先问世。其中《春节》一书图文并茂。图有从古至今的各种春节图景，有年画、剪纸、文人风俗画；文有春节解读、春节传说、春节歌谣、春节对联、春节风俗、春节饮食、春节诗词散文书法名作等等。一册在手，赏心悦目。它的意义，冯先生也有自述："人们在每一个传统节日里，还把共同的生活理想、人间愿望与审美追求融入节日的内涵与种种仪式中。因此，它是中华民族世间理想与生活愿望极致的表现。可以说，我们的传统——精神文化传统，往往就是依靠这代代相传的一年一度的节日继承下来。"

这套丛书有深度也有广度，装帧也别具匠心，可谓雅俗共赏。该丛书也成为新闻出版署全国农家书屋推荐图书。与此同时，众多出版社出版了各种或深描或通俗易懂的春节图书，其中质量较好的多为民间文化界专家所撰学术专著或普及读物，如《中国节日经典》（民族传统节日与国家法定假日课题组编，刘魁立、施爱东等著，安徽教育出版社）、《节日中国·春节》（萧放著，生活·读书·新知三联书店）、《春节》（郑一民、武晔卿著，河北教育出版社）、《百年春节》（刘善龄编，学林出版社）、《春节文化》（李英儒著，山西古籍出版社）、《大年前后》（崔普权等著，中国文联出版公司）、《节俗：永远的风俗》（云中天编，百花洲文艺出版社）。春节是我国节日的龙头性节日，春节文化内容繁复、博大、丰赡。于是又引申出两类图书走俏。一是系列性节日丛书，比如《我们的节日》丛书（宁夏人民出版社）、中国传统节日系列（岳麓书社）、《节日中国》丛书（生活·读书·新知三联书店）、《中国节庆文化丛书》（上海古籍出版社）、中华传统节日诗歌选系列（知识出版社)、《中华民俗文库》丛书(黄山书社),等等。二是春节各种具体传统事象和文娱民俗的专题图书,如《新年写春联》(河南美术出版社)、《生肖与吉祥》(上海大学出版社)、《老北京的年节与食俗》(东方出版社)、《传统节日灯谜精选》(中州古籍出版社)等。应该说这些图书对于我们认识和恢复春节的优秀文化传统发挥了积极的作用。此外,还有大量节俗图书在市场行销。但是总体看来,更多的春节图书表现为体例模仿的多,资料汇编的多,似曾相识的多,图书质量存在较严重的参差不齐现象。

可喜的是,专业性强、研究性高、独创性好的春节图书还有几种值得在这里特别推荐。一是中国传统节日论坛文集《文化血脉与精神纽带》(中国文联出版社)。这是中国民间文艺家协会组织全国数十名著名节日民俗学家专题研讨节日的论文集。论文涉及节日与假日合一的经济学考量和文化学意义,节日的起源、发展与演变,节日遗产的保护,传统节日的现代转型等等重大话题,引发人们对节日的深刻理解与思考。二是《中国木版年画集成》(中华书局)。这套大型丛书已出版十余卷,对我国各个木版年画产地展开了全方位的普查,把各产地年画与年俗、年画与艺人、年画与技艺、年画与张贴、年画与俗信、年画与店铺、年画与刻印等等悉数记录整理,并配有影像光盘。从中可见春节文化的博大精深,可见木版年画惊人的文化价值和美学意蕴。它启示人们:中国春节文化有多少文化细节等待着我们去深描!这套集成也推动了许多年画产地年画生产的起死回生和重新繁荣。又比如《六盘山社火》(杨继国著),是作者连续数年跟踪调查六盘山地区春节社火的成果,书中的图片令人惊叹。作者记录了六盘山社火的各个细节和各种场景,许多奇绝的民俗表演令人大开眼界。三是四川阆中春节文化研究会编的丛书《春节文化研究》《春节的传说》《春节诗词歌谣》《春节文化探源》(中国戏剧出版社)。阆中是制定汉初历并因此确定今天春节时间的落下闳的故乡。这里的乡亲们在春节时还要专门请"春节老人"（落下闳）巡游，流传着许多鲜为人知的独特而又古老的春节习俗。早在国际天文学界命名 16757 号小行星为"落下闳星"（2004年）之前数千年，阆中的人民就用"春节老人巡游"的方式永远地纪念这位我国杰出的天文学家了。这套丛书从地方文化透视春节文化，为更广阔的春节文化的呈现做了极好的示范。

年文化还将一年年往下传承，年文化的丰富性多样性还将更多地被挖掘出来，春节图书也将在长销中提高数量与质量，其出版走向也不外在以下几个方面顺应读者需求：高质量的知识读本，高学术的学术成果，高文化的地域发现和呈现，春节文化事象的系统研究，海外译介，等等。我们可以为此期待。

刊发于 2010 年 2 月 9 日《人民日报》。

"民间自救"的壮举

——冯骥才公益画展开幕式主持词

首先，我代表中国民间文艺家协会、代表协会分党组，向冯骥才民间文化基金会筹备处举办的本次画展的隆重开幕表示热烈祝贺！向各位嘉宾的光临表示衷心的感谢！也要向冯骥才主席表示由衷的敬意！

今天的场景、场面，令人感慨，使人感动。

令人感慨的是，自2001年冯骥才同志当选中国民间文艺家协会主席并倡导、发起、实施中国民间文化遗产抢救工程以来，我们的工作得到了各级党政领导、社会各界、海内外朋友们的关心、支持、呼应。党的十六大报告明确要求要扶持对重要文化遗产和优秀民间艺术的保护工作。中国民间文化遗产抢救工程被列为国家社科基金特别委托项目，也被纳入国家实施的中国民族民间文化保护工程及其试点项目。更为重要的是，一个全民关注、热爱、珍惜、保护优秀民间文化遗产的社会氛围日渐形成。两三年来，我们的工程的实施不仅得到广泛的社会赞誉，我们也获得了令人振奋的抢救成果。

比如，中国木版年画抢救性普查、登记、编纂在全国十五个著名年画产地全面展开，这是开天辟地第一回，影响所至，日本收藏家无偿回赠数千幅中国年画作品，俄罗斯著名学者李福清先生主动加盟域外年画作品搜集，众多乡间艺人纷纷捐献祖藏古版，各地新发现古版及古作品数不胜数。

比如，《中国民间剪纸全集》、《中国木版年画全集》、《中国民间故事全书》、《中华民俗大典·澳门卷》、《中国结丛书》（十种）、《中国世界遗产推介丛书》（五十种）等等抢救工程的示范项目、重点项目、先行项目的首批成果已经面世或即将面世。已获出版成果以字数计，达一千五百万字以上，以及大批珍贵图片与音像资料。

令人感慨的是，我们所抢救与记录的速度比起民间文化遗产的快速消亡，依然是望尘莫及；我们所知的民间文化珍宝，比起我们未知的民间文化宝藏依然是小巫见大巫或者说沧海一粟而已。

令人感慨的是，抢救工作资金的匮乏。我们理想中的计划是将中国民间文化遗产用科学的手段给予地毯式的、终结性的一网打尽，以补中国历史几千年阙如的空白。我们工作所需要的资金和我们可使用的资金相距岂止是十万八千里。面对如此巨大的困窘，冯骥才主席提出了"民间自救"的口号。并且率先垂范，拿出一批呕心沥血之作，义卖筹资，拟建冯骥才民间文化基金会，将所筹款项全部投入中国民间文化遗产抢救工程，以实现几代中国民间文化学人的梦想。

感慨中又让人油然而生感动。

使人感动的是，冯骥才主席捐卖的画作，件件都是心血之作，画境画品中透着博大的人格与胸襟。

使人感动的是，此举一出，便有各界人士施以援手，一条灿烂夺目的公益文化之路将从这里延伸开去。这是我们绝处逢生的全新的令人憧憬的路子。

使人感动的是，台湾著名表演艺术家赵文瑄闻风而动，他在今天的开幕式上要将一百万元人民币巨款郑重捐献给抢救民间文化遗产的伟大事业。这再一次生动地印证了一个不可违逆的历史铁律：两岸同胞，血浓于水；文化同根，情重如山！

使我们感动的还有今天来到这里的每一个人。你们的关注，你们的期待，你们的关心，你们的支持，将激励我们一如既往地肩负着我们的使命和责任，为中华民族的伟大复兴贡献绵薄之力。

无论如何，举办冯骥才公益画展和成立冯骥才民间文化基金会的目的都是要通过启动社会资助，保障中国民间文化遗产抢救工程的深入开展。作为此一工程的主持单位代表，我再一次在这里向社会各界表示衷心感谢！我也庄重地承诺：用越来越多的厚重的抢救成果回报社会、回答人民。

最后，让我们以热烈的掌声请全国人大常委会副委员长许嘉璐、全国政协副主席张怀西、中国文联主席周巍峙、中国作协党组书记金炳华共同为"冯骥才公益画展"开幕剪彩！

请大家参观展览。各位新闻界的朋友们，10∶30 在 B 馆会客厅将举行媒体见面会，由冯骥才主席答记者问，请届时光临。

本文为 2004 年 11 月 20 日作者在中国现代文学馆主持冯骥才公益画展开幕式时的主持词。

我看《大树》

　　《大树》虽然是一个内刊或者说是一个同仁内部刊物，但它却是我阅读史上能够一篇不落、期期必读的唯一一个刊物。几十年来见过无数刊物，也编过若干报刊，除了以编辑的身份对工作中的报刊必须字字读校外，以读者的身份能"全读"的刊物，大概只有《大树》。这当然与《大树》特定的内容有关，其中所有关于冯先生和"冯研院"的信息、材料、文章都是我一直关切的，可谓"不读不行"；但是，也与《大树》挖掘史料、重组材料、先刊文章，以及集刊各种未刊文章的"独特个性"有关；此外，当然也有一部分原因是它的编辑个性：栏目的因事而设、文章的好文风、阶段性的重点聚焦。

　　有两件小事可以证明我的阅读收获。

　　一件事是几年前《大树》（2017 年春季号）率先刊发了冯骥才新发现的未刊的处女作《天津砖刻艺术》部分文图资料。我看见后大吃一惊，也不胜欣喜。基于初步阅读和对其内容的判断，我认为这部未刊未出版的"处女作"具有非同寻常的冯氏"写作史"和"遗产抢救史"的奠基性价值。记得我当时就难抑激动地操起电话打给冯先生，建议公开出版这部被历史尘埃掩埋了的"处女作"。后来这部著作经过冯先生的精心编排，以原件影印加文图铅印的方式由青岛出版社出版发行。受冯先生邀约，我为此旧作新出的著作特意写了一篇书跋，阐述了一下对冯先生这部"处女作"著述意义和出版价值的认识。后来我又以《非凡的科学性、预见性和方法论意义》为题，将拙文发表在《民艺》杂志 2019 年第 5 期上。我至今仍然认为，我从冯著"处女作"中是发现了几个大问题的，值得继续深入研究。这个功劳是《大树》的。

第二件事是我对《大树》2018 年夏季号的印象记。为写这篇小文，我随手翻了一下手边的《大树》。在这期刊物的扉页上，我发现了我当时随手记下的一则文字："这本书里的资料显示了冯先生从个人绝顶的智慧到将这种智慧用于国家、民族、文化的'大智慧'、大平台、大思考的转变和升华！——这个观点值得深入并写成文章。2018 年 8 月 31 日匆记"。重见这些文字，一方面重温了当时自己阅读时的感动，另一方面也汗颜自己没有完全做好应有的研究。大概 2019 年 4 月 19 日我在《文艺报》一个整版发表的《当文学进入文化遗产保护事业以后——对冯骥才〈漩涡里〉几个重大事件的旁观与判断》，勉强可算一个落实。为什么会有这样的想法呢？就是因为这一期《大树》的独特编排。这一期有冯先生一组五篇关于文化遗产保护的全国政协提案，有一组六篇关于冯先生"两会"言行的"两会侧记"，还有一组冯先生的"两会"文献资料："两会"日记、政协人生事记、历届政协提案简目等，另有冯先生撰文的"我的政协生涯"《知识分子与人民政协》(文配图)，以及一批冯先生的政协同仁们也是文艺文化界名人对同为政协中人的冯先生的侧记，等等。这就无怪乎我受到了它的启迪并手记上述文字了。这里也预留了巨大的研究与思考的空间。

如此看来，《大树》真正是独树一帜的。祝贺它越办越好！

2021 年 5 月 28 日于北京

第三编

思想冯骥才

回应全球化和现代化的中国问题

——论冯骥才文化遗产学术思想

近十几年来，冯骥才的写作是大众关注的热点，这位新时期伤痕文学、反思文学、文化小说的主将，放弃或者说疏远了小说样式，却以一种文化学术与思想者的形象出现在公众面前，以其振聋发聩的言说令人警醒之余又长久地发问：他是为了什么？

二十世纪八九十年代以来，中国和世界步入了全球化的时代。中国的改革开放以势不可挡的速度，推进中国经济飞速发展，中国的政治、文化、社会、思想、文学、艺术等也全面转型。在经济全球化、一体化的世界格局中，政治向多极化方面做出努力与选择，文化则在激烈的碰撞中，渐次发出多样化的声音。对于所有发展中国家而言，坚持文化的多样化，就要真正地解决本土文化的现代化问题，就是说，传统文化的继承与发展、保护与创新是不可回避的文化现实。这是一个全球化和现代化的时代。每一个国家都有自己在这个时代所面临的困境和困扰。就文化而言，西方发达国家所要解决的问题，丝毫也不比发展中国家少。当然他们各自的问题可能在性质上完全两样。经历了现代化进程、从工业文明进入后工业文明时代的西方，正面临一个巨大的时代悖论：一方面科学技术高度发达发展，人类全面征服自然，并前所未有地改善了自身的生活条件；另一方面，失衡了的自然生态正以不可抗拒的力量报复人类，科学技术发明也带来了核武器这样毁灭人类的战争机器，技术失控为"超人"，同时社会与文化全面异化，人被自己所创造的一切控制与摆布，人与自然和传统失去了天然的联系，人类正在失去自由，失去历史。而正在迈向现代化进程中的发展中国家，最为严峻的现实则是经济、政治、文化、社会的全面转型与变革，在这种转型与变革中，既无可避免地要经历现代化进程中的种种阵痛，又要有效地规避与应对后现代主义时代的社会问题。当西方有识之士正在自己的困境中向非西方社会的古老文明寻求"天人合一"这样的伟大智慧时，有古老文化与文明传统的发展中国家，如何举一反三，瞻前顾后，必须审慎抉择。在文化方面，前瞻性的思维应该指向三个困惑与矛盾的焦点：一是前工业时代的农耕文明向工业、后工业文明转型中文化何在文化何为，二是在现代化进程中有着古老文明和文化传统的国家与民族应该选择什么样的文化出路，三是全球化浪潮中怎样摆脱唯西方现代化马首是瞻并紧紧维系民族情感、民族精神、民族身份与民族文化的多样性和本土化。

作为本土的思想家和文化学者，冯骥才从八十年代我国实践改革开放以来，就以其独到的文学作品参与了"文化热"的文学实践。他是文学界寻根小说和文化小说的重要干将，他的《神鞭》《三寸金莲》《炮打双灯》《阴阳八卦》《俗世奇人》等作品，生动地反映了他在现代化背景下对民族根性的思考。这些作品中隐藏着深深的民族忧思，又莫以名状地透露出中国古老文明的神秘与神奇。八十年代的"文化热"引发了人们对中国古老文化与文明前途的思考。但是中国的现代化进程如此神速，我们是如此迫切地需要经济改革与经济发展，所以，九十年代以来，文学不热、文化淡化、社会多元。文学界、文化界的思考仿佛戛然而止，从大众话语中销声匿迹。冯骥才却在固执己见地延伸自己的思考。但是，他选择了思想言说与学术阐发的方式，用非小说的直接呐喊，发出了文化自觉的声音。这种文学的转向与思想的轨迹，很有些像鲁迅先生。转向文化写作的冯骥才，围绕中国文化的前途与命运、中西文化遗产观比较、民间与非物质文化遗产抢救与保护、文化现实中的困境与应对、当下的文化危机与文化濒危等展开了卓尔不群的思想，锋芒所向，锐不可当。

抢救老街，保护城市的古老文明

二十世纪九十年代以来，我国的现代化进程以加速度发展，城市改造的力度前所未有。高楼大厦、玻璃幕墙、西式洋楼、罗马花园、城市广场迅速取代古建筑、古民居、古街道、古城镇。除了若干古建与文物专家发出微弱的抗争之声外，人们普遍沉浸于发展的喜悦之中，并不在意其中深含的文化隐忧。一个文明古国的现代化抉择的时代大课题其实已经横亘在我们面前。从《手下留情》等一系列文章发轫，冯骥才开始在大众传媒呐喊疾呼。与一般学者发出的声音不同，冯骥才的思想并不局限在对个别的经典建筑被毁的痛心和惋惜，他发现其实事关民族文化的前途与命运，也事关中国现代化的终极取向和世界形象。他强烈地抨击了神州遍地小洋楼的文化现象和文化价值观，指出当前城市的十大雷同中的文化困境。为此，他全面思考了中国城市发展为什么要留住我们的文化。他指出，城市中的文化和文化遗存是一个城市的灵魂，千城一面与古城风貌的破坏不仅不能视为建设和发展的政绩，而且应予以黄牌和红牌警示。他建议树立科学的发展观，在政府绩效观中确立"文化政绩"观，他还不厌其烦地向人们解说老街的意义、遗址的价值、城市的记忆等等。站在全球化的高度，他比较过西方各种社会形态和文化现代化模式，从中抽绎出共同的细心呵护民族文化遗产的经验与教训，以资借鉴与参考。与此同时，他以独立的中国文化人的眼光审视与分析了全球化中的文化困境与抉择。他在我国最著名的《人民日报》《光明日报》《文汇报》《求是》等报刊上发表了《谁在全球化中迷失》《警惕地球文化》《发扬东方文化的独特性》《弱势文化怎么办》《二十一世纪，东方文化复兴的时代》《为了文明的尊严》《疾进的东方与返回的西方》《一百年的教训》等数十篇文章，连篇累牍地轰炸人们麻木的文化知觉，惊世骇俗又精彩纷呈。其核心意旨是：中国伟大的城市、街区、民居、建筑是古老文明的载体也是城市的灵魂，现代化不是西方化，独特的文化传统绝不是经济社会发展的包袱，相反是我们受用不尽的物质财富和精神财富，中国崛起必然有赖于或者率先表现为中国文明的复兴，文化才是我们融入未来地球村的身份证，中国的发展必须要有文化的眼光。他是以全球的视野来思考回应全球化和现代化的中国问题，因而具有强大的思想穿透力、震撼力和说服力。此间，他痛斥国内文化方面的建设性破坏、文化粗鄙化、伪文化、无文化的城市再造、文化旅游化庸俗化浮浅化、文化破坏与流失、文化自卑自贱等等，从文化皮毛式的西化现象直指文化殖民心态和社会自卑心理，其批评掷地有声，振衰起颓，不容拒绝。他开启了人们的文化眼界，也凿开了我们文化自识的混沌蒙昧。

1992 年，对天津市商业老街估衣街的抢救，使冯骥才的文化思想与文化行动结合起来，构成了文化史上的一个独特个案，他成为有史以来最特立独行的文化学者之一。他以自己的行动实践自己的思想，又以行动推广思想，最终以个人的文化自觉影响了全民的文化自觉。文化自觉的观点是我国著名学者费孝通先生的著名理念，但是在思想上阐发和达到文化自觉境界的学人并不多，冯骥才是这不多中的一个。他还更进一步明确地提出了文化自觉必须转化为文化行动和全民的文化自觉，才能真正实现这一文化理想。在抢救估衣街的过程中，初期他像堂吉诃德大战风车一样，带领一帮文化人抢救性摄影、摄像、录音、调查、考证、访谈，到后来，政府支持了，老百姓打出横幅欢迎了。他整理的估衣街和天津老城风貌、老房子等五大卷影像册，如今已成天津古城风韵的绝响。他甚至从他所居住的天津入手，发表了十余万字的文章，全面阐述了天津古城的文化意义。比如，《我们的母亲六百岁——为天津建城六百周年而作》《指指点点说津门》《阐释五大道》《甲戌天津老城踏访记》《历史的拾遗——关于天津历史文化的第三空间》《老街的意义》《遗址的价值》《小洋楼的未来价值——天津老房子、小洋楼风情》《天后宫与天津人》《天后宫剪纸》《从圣彼得堡到杨柳青》《妈祖，从信仰到文化》《挽住我的老城》《海河边的意大利》等等。这些学术研究、文化思考、美学阐发，在学术的深度与思想的高度上两相结合，字字珠玑，把天津文化的历史、现在、未来叙述得声情并茂又惊心动魄，对天津文化的定位、保护、弘扬发挥了巨大的文化影响力。在天津人民的心目中，他几乎成了天津文化的代言人。无怪乎许多文化名城的有识之士都惋叹本地缺少冯骥才这样的文化思想者！

辉煌的古都和灿烂的城市文明曾经是中华大地上不朽的奇迹，但是随着老北京城墙、胡同、四合院的消逝，随着一座座古城毫无顾忌地被推土机推倒，我们毁掉了历史，城市的个性与记忆荡然无存，整整一代人对此竟浑然不觉！这是怎样的历史的悲哀和文化的悲剧！读一读冯骥才的文章，真是令人醍醐灌顶！

抢救与保护民间文化遗产

进入二十一世纪以来，国际文化界和各国政府在联合国教科文组织的推动下，在全球范围展开了统一的抢救与保护口头与非物质文化遗产的国际行动，施行了人类非物质文化遗产代表作名录和《保护非物质文化遗产国际公约》。2001 年，冯骥才出任中国民间文艺家协会主席，并在以上全球行动之前在全国启动与实施了中国民间文化遗产抢救工程。冯骥才的文化思想与行为拓展到一个新的高度和新的天地。提出抢救与保护中国民间文化遗产，他的思想理论的逻辑起点是：我国是一个农业古国、大国，农耕文明极其璀璨，但人类在从狩猎文化转向农耕文明时，对前一种文化未进行记录记载，致使远古文明和狩猎文化踪影难寻；当前农耕文明正向工业文明、后工业时代全面转型，必须把中国在世界举世无双、独一无二的农耕文明活态地记录下来；农耕文明以农村文化为样式，必须及时记取我国城市建设千城一面的深刻而令人痛惜的教训，坚决防止千村一面的文化悲剧重演，新农村不能变成"洋农村"，要守护住农耕文明的伟大传统和文化多样性；民间文化遗产是民族的、民间的、乡野的、田园的、活态的文化，也是非物质文化遗产的主体，在这两方面以及就其繁复性、古老性、生动性、现实性等各个方面，它都堪与典籍、精英、圣贤、宫廷文化和物质文化遗存相媲美，是中国和人类文化的半壁江山，但却从未系统、全面整理与呈现，文化家底不清，甚至还未被视为重要的文化遗产，严重濒危与迅疾消亡，亟待抢救与保护；民间文化源自悠久的远古时代，又代代传承生生不息，其间有大智慧、大情感，有无言的大美，是民族精神的命脉、民族情感的源泉，有超越时空的精神密码存焉。我们曾经太不了解、太过轻视这种无与伦比的文化遗产了。当一种全新的人类文化遗产观确立起来的时候，为了民族和人类的未来，民间文化遗产和非物质文化遗产就放射出夺目的光辉来。

鉴于民间文化遗产抢救保护与历史文化名城保护、文物古建遗址维护、古籍整理等有着截然不同的方法和对象，冯骥才大力倡导拿来国际人类学、民俗学、非物质文化遗产保护等最前沿的理念与方法，同时糅进自己对中国民间文化与我国学术界现状的思考，提出了全面的学术理念和全新的学术方法。就理论与田野的关系，他提出了田野呼唤理论的观点，希望民间文化专业工作者，当前更紧迫的是要走向文化正在消亡的田野，要在田野中获得研究的最鲜活的素材和问题；随即他又撰文向学界呼唤，理论要指导田野，强调抢救、保护、记录、研究应该有科学的理论指导，文化工程必须具备扎实的科学理论与理念，使田野作业达到应有的学术水准。他还积极倡导当代田野记录必须有视觉人类学理论与方法的参与，立体的、动态的、全面的、视听的、文献化的、数据化的调查、记录与存录。就中国民间文化遗产的濒危形势，他基于自己田野考察所见，提出了当前最濒危、最迅疾消亡的对象，是远古文化遗存、少数民族民间文化遗产、民间文化传承人、古村落。所以，抢救工程要遵从濒危优先原则。

在领导与组织实施民间文化遗产抢救的过程中，为了让人们重新认识民间文化的价值与意义，在文化自觉中实现文化的保护与传承，冯骥才对民间文化遗产的文化价值、美学意义、民间立场、民间审美、国际价值、国际标准等进行了详尽而全面的研究与思考。他指出，非物质文化遗产最具民族精神与情感，不仅是文化的另一半，而且最能体现人类文化的多样性；现代的文化遗产观也是一种现代文明观，谁最早认识到遗产的价值，谁就留住了遗产，当代中国人面对先人的伟大文化创造，必须具有这种前瞻性眼光。他特别研究了民间审美的独特性、重要性，强调这些民间文化、艺术、口头文学有它独特的传统和价值。在千年手工中有宝贵的财富，年画是民间艺术的龙头，剪纸里蕴含着代代相传的技艺和精湛美学，民间文学能给作家以无尽的滋养，唐装和中国结的兴盛是文化对现代化的回应，年文化里深藏着民族凝聚力、向心力，民间艺匠也曾创造了中国文化的辉煌，杰出民间文化传承人的文化成就并不逊色于圣贤哲人、作家艺术家。发现民间、认识民间、守望民间，不仅仅是学人、文人、知识分子的学术良知，民间审美的别样的文化风景更由于它体现着一个国家和民族绝大多数人的历史和文化创造，这里有一整套的知识体系和文化传统，国情民情、人心向背、民族精神、人民感情尽在其中。我们怎能轻言放弃！但是，中国民间文化遗产现状却令人忧虑重重。科学的文化价值观基本上还未形成，古董商们已经先于文化工作者将包括穷乡僻壤在内的中华大地上的民俗器物一扫而光，即使是遗址、古建还在，也只是一副"文化空巢"。文化被淘空后，人们就开始制造假文化、伪文化。目睹这种令人痛心的文化异化，冯骥才呼吁民间文化保护立法，呼吁建立乡村博物馆，呼吁活态保护等等。中国民间文化遗产面临的困境是举世未见的，这一笔珍贵的人类遗产，理应由中国人自己来承担它延续与发展的文化责任。

独到的田野作业的成就

民间文艺学、民俗学、文化人类学在研究与阐释民间文化时，一向以田野调查为先行。冯骥才的田野工作对他的思想形成和学术理论不仅具有先在的意义，并且成就了他一系列的学术发现与思想成果。以中国之大、地域之广、人文之丰、地理山川气候民族之缤纷多彩，的确是田野工作的天堂。冯骥才在田野的广度上，走过二十六个省、市、自治区的田间村头，足迹遍及大江南北、长城内外，但他还是不时发出"我们不知道的比我们知道的多得多"。他之所以这样表述民间文化遗产的丰富与珍贵，一方面表达了他一直追求的当代文化学人应该在一个宏阔整体的高度全面知悉我们的文化家底，另一方面是他由衷地赞叹人民所创造的无尽的文化宝藏，他无可抑制地要极力号召全国的民间文化学人在田野工作中深入再深入。在田野工作的深度上，冯骥才对年画的调查可圈可点。从二十世纪九十年代起，冯骥才开始对年画进行跟踪调查，他以杨柳青年画为出发点，在走家串户了解全貌的基础上，又以档案式调查对其进行实时描述记录。他的做法是，每年年节正当年画制作时节都去调查记录，然后一步步考究它的变异和消亡消失的过程、原因、细节。在十多年的杨柳青年画调查中，他还发现和记录了若干珍贵的年画文化形态，比如有关杨柳青年画的民间说唱艺术的发现和一种独特的缸鱼年画品类的发现。他用文字、录音、摄像活态地一年一年地记录杨柳青年画最后的踪影。为了挽救年画的衰亡并对其在全国做一个前无古人、后无来者的终结式记录，他将中国民间文化遗产抢救工程的首个重大专项确定为中国木版年画集成，直接主持了对全国二十余个重要的著名的年画产地用统一的科学方法、统一的调查规范、统一的记录手段、统一的编纂体例进行普查与整理。他认为，年画是中国民间艺术的奇葩，年画中的艺术、美学、文化、民俗、技艺、造型、构图、色彩、形象、传人、口头艺诀、唱买唱卖、店铺、印刷、刻版、作坊等等，是一个庞大的文化体系，并且从来没有被系统地、系列地调查。为做好集成工作，他跑遍全国十几个年画产地，又发表系列论文与文章阐述年画的价值与普查的意义，总结出对年画这种独特民间艺术形式的调查、记录与整理的方法，用以指导各地的工作。2005 年他主编的《中国木版年画集成·杨家埠卷》作为示范卷由中华书局出版后，立刻获得国内外学术界、出版界、文化界的高度好评。俄罗斯科学院院士、中国年画与民间文化研究的著名学者李福清看后，赞叹不绝，并欣然应邀加入到年画集成域外卷的编纂工作中来。在年画调查中，冯骥才还拓展了他的年画研究，他对各地年画不断加以比较研究以区分它们的界限、差异及其原因；他还总结了一套年画老版考据的方法，以鉴别年画的年代、真伪、风格、产地；他出版了《年画手记》《民间灵气》《武强屋顶秘藏年画古版发掘记》《豫北古画乡发现记》等专著，并发表了一系列年画调查的田野报告；在河南省滑县他发现了一个从未见于记载的独特年画品种及产地，不惜数次深入村庄，与助手们开展地毯式调查；他还提出了建立中国年画学的学术设想，并着手组织队伍开展系列研究。有史以来，还没有任何一个学者在这样一个学术路数上去把握中国年画。从中国年画这样一个个案中，其实人们可以充分领略与理解中国民间文化是怎样一个博大精深的对象。中国民间文化任何一种类别都可以引发一系列的学科创建与变革。中国民间文化像年画这样的品类，可以说百分之九十以上的都还没有得到学术关注和进入学术研究的视野。所以中国民间文化遗产抢救工程逐步启动实施了年画抢救、唐卡艺术抢救、民间泥彩塑艺术抢救、民族民间服饰抢救、民俗文化抢救、民间故事抢救、民间美术普查、古村落保护、民间剪纸抢救、民间杰出文化传承人调查等等。规划和计划中的还有史诗、叙事长诗、歌谣、神话等的普查与整理。所以，冯骥才痛感人力不足、人才不足，而民间文化的消亡又时不我待。他慨叹，我们的人手再乘以一千倍、一万倍仍然不够用。

冯骥才的田野工作方法，具有自己的风格与范式。他通常是深扎深挖与跑远跑全相结合。这种方法有目前通行的人类学的传统和经典手段，也有早期人类学和现代作家式的技法。比如长期观察、融为一体、深入阐释、经典结论；比如记行记游、敏锐直觉、博晓广知等等。学术成果的呈现则表现为：一、文化思想的形成与掷地有声的表述（如《年画与民意》等）；二、系列论述的发表（如关于杨柳青年画）；三、有真知灼见且文采斐然，令人耳目一新的田野手记（如田野考察专集《民间灵气》）；四、考据、研究的专题论文（如贾氏古版解读）；五、系统的全面的普查成果的整理与出版（如《中国木版年画集成》二十二卷、《中国民间美术遗产普查集成·贵州卷》、《中国民间剪纸集成》等，并且它们均附影像记录的光盘）；六、学科与学术建设（如中国年画学的研究，提出并主持中国民间美术分类学研究及主编首批成果《鉴别草根：中国民间美术分类研究》），等等。显而易见，冯骥才的田野工作，既达到了马林诺夫斯基、列维·斯特劳斯、博厄斯等这样一些国际人类学大家的思想高度和学术深度，又具有自己独到的文化成就。他影响了当代中国一批学人的学术实践，组织了全国性的浩大文化工程，推广了科学的手段、方法与理念，带动了各级政府和社会各界对民间文化遗产的关心、关注、支持、参与。我们只要横向地向世界看一下，联合国教科文组织是如何不遗余力地推广非物质文化遗产的抢救与保护，把一种一向被人们遗忘或轻视的文化形式推向了人类、全球和世界的高度和广度，我们就能更深刻地理解冯骥才的文化行动与民间文化遗产抢救保护理论与实践及其引发的社会震动是多么具有历史意义。相对于他的文学创作为个人立言而言，民间文化遗产抢救是为民族的安身立命而战，此中艰辛困难非常人可以想象：冯骥才为募集抢救资金，画画募捐，手指都画得骨节突凸了；为抢救民间文化遗产，他也不得不向某些"有钱人"为五斗米折腰，忍受着灵魂的屈辱。但是，为了一个民族在世界竞争中不去做灵魂的下跪，他承受了这一切，也顾不及自己所钟情并不能释怀的小说写作。他听命于文化责任和历史使命的驱使。他跑到田野的深处，去倾听、去感悟、去鉴赏、去膜拜；他从田野中获得思想，获得精神，获得尊严，获得尊重，获得灵感与灵气。他把田野的收获用最精美的文字和形式呈现出来，立刻就震惊了世人。他用他的行动证实了田野的博大和民间的伟大。

在全球性的文化视野中求诸己身

二十世纪末以来，人类的文化遗产观发生了根本性的变革。全球化使人类观察文化有了一个全人类的高度和全世界的广度，这种新的文化观使各国、各民族的文化创造和伟大遗产都成为人类共有共享的精神财富；同时，也打破了文化形态的隔阂，物质文化遗产、自然遗产、记忆遗产、景观遗产、非物质文化遗产、口头遗产、农业遗产、工业遗产等等全都成为不可忽视的人类遗产的组成和不同的形态。在这样的时代，站在人类精神的高度观照自己的文化经典和民间文化遗产才能真正把握其精要，形成深刻的文化自觉；以他者的广阔视野比较和发现发达社会异域文化的精彩呈现，才能从中获得文化发展的趋向与规律的启迪。冯骥才的文化遗产观正来源于他纵横捭阖的文化视野和学术境界。

比如，他对法国文化遗产保护进行过深入调查与思考，法国二十世纪六十年代开展的遗产大普查，法国对古老街区和老民居的呵护，法国文化遗产日的成功经验，法国文化对美国文化冲击的抗衡，法国对民俗器物、民俗文化的深刻情感，法国城市规划中新区与旧城的和谐，法国著名作家雨果、梅里美等人的思想与行动对法国文化遗产保护产生的深远影响等等，都给他启迪与借鉴。

比如，他对奥地利文化遗产保护的个案研究，也对他的思想产生巨大影响。冯骥才曾对奥地利城市、乡村、人文、艺术等做过长达三个月的专项调查，此间他细访政要、僧侣、教师、画家、音乐家、匠人、农民、游方艺人、工人、外交官、司机、作家等形形色色的人物，认真观察了一些著名古村、古镇的文化遗存及其保护和利用，发现了许多意味深长的文化理念，不仅发而为专著若干（如《萨尔茨堡的性格》等），而且大有益于他对中国古老的多样的文化遗产保护与利用思想的形成。

比如他对意大利文化遗产的考察与研究，特别是对西斯廷教堂壁画的复原保护技术的考察，促使他归纳与总结出意大利文化遗产保护的技术模式，他将之表述为"整旧如初"，他由此比较分析了我国古建古文物保护通用的口号"整旧如旧"，并对此提出质疑。这两个口号，不仅是一种遗产保护的技术和目标及其差异，更是一种遗产理念的差异。整旧如初既有别于整旧如新，也有别于整旧如旧，令人耳目为之一新。

比如，他对希腊文化遗产保护、伦敦生活文化、日本民俗与民族精神、美国印第安人及其根文化等等的研究与观察，无不从中敏锐地发现了它们文化的坚守和品格。

比如，他对敦煌文化遗产的研究，以全新的历史高度，全面解读了敦煌文化（《人类的敦煌》《敦煌痛史》），他甚至还发表了《关于敦煌样式》这样极具专业深度的论文，从敦煌壁画独特风格出发，研究了它的起源、形成、特色、美学本质等，并将它命名为敦煌样式，他指出这个样式的全部文化价值在于："敦煌艺术是中华文化的一部分。但它不是一个派生的和从属的部分，而是其中一个独立的艺术样式与文化样式。对于丝路上东西方的文化交流，整体的中华文化是敦煌石窟的文化主体；对于中华文化范围内各个民族和各个地域之间的多元交流，西北民族是敦煌石窟的主体。只有我们确认这个主体及其独具的样式，我们才是真正读懂了艺术的敦煌。"（《关于敦煌样式》）

比如，关于中国美术史，冯骥才有两项研究可见他的学术修养与艺术功力，一是他曾以专著的形式（《中国画百图解》），对中国美术史上的著名画家一一做过深究，美术史于他是了然于心；二是他对北宋张择端的著名风俗长卷《清明上河图》在"文革"初期进行过数年的临摹并深入到每一个细节，几可乱真。后来他还加入过对故宫藏本真伪的讨论，严肃批评故宫博物院的学术纰漏与狗尾续貂的失误。他把他所讨论的文化问题，民间美术的价值认定，民间艺术的年代、地域、风格考辨等都置于中国博大精深的文化学术传统之中。

由上可见，是广阔的文化视界和深刻的传统自省成就了冯骥才的文化思想和大家气象。

精彩而有效的传达形式

冯骥才的文化遗产思想的表达在四个层面影响着我们这个时代。第一个层面是他的政治身份与诉求。他是全国政协常委，这使他经常把自己的文化思想与国家和民族的文化发展与文化命运结合起来，通过参政议政、建言献策为国家文化政策的制定和施行提供可行而有益的思想。他是我国文化界向全国政协会议提出议案，建议设立国家文化遗产日的第一人（1999 年，此前多年他已在文章中论述过此一设想），这个倡议终于在 2006 年成为现实，国务院确定了每年 6 月第二个星期六为"国家文化遗产日"，国家与全民的文化遗产保护从此进入一个可以载入史册的新境界。此外，他对实施中国民间文化遗产抢救工程、关注与抢救少数民族濒危文化遗产、保护古村落并建村镇博物馆问题、新农村建设中的文化保护问题、春节假期前挪一天以尊重民俗传统等等都提交过政协议案，引发了一次次遗产保护的大讨论和新热潮。作为中国非物质文化遗产保护工作领导小组副组长和全国专家委员会主任，他在推动非物质文化遗产保护立法、国家非物质文化遗产名录及其保护体系的建立方面，也发挥了积极而重要的作用。第二个层面是舆论焦点与媒体诉求。冯骥才的名人效应帮助他推广了文化遗产抢救与保护的思想。从电视到广播、报纸、网络、刊物甚至博客，冯骥才近些年都是以一个文化学者的身份在呼吁、呐喊、推介抢救与保护工作，并且深得人心，广受关注。他的文章、论文、言论不仅发表在专业刊物上，而且在最强势的媒体上频频出现，成为文化界一道独特的风景。其中关于年文化与春节民俗的意义、放鞭炮的民俗寓意文化深意、年文化所体现的民族凝聚力等，对近些年各地大力恢复优秀年俗，对中央着力通过促进传统节日丰富人民文化生活、增强民族团结和社会和谐发生了重大影响。第三个层面是讲演与游说。冯骥才有雄辩的口才，他像孔子周游列国一样，为了发动各级政府、社会各界都支持、重视、参与文化遗产抢救与保护，四处奔走，每到一处都要以其精彩的讲演宣传其主张；他像武训一般执着地、不屈不挠地推行抢救工程。他的讲演常常震撼一方，引起听众强烈共鸣。在北京，他为省部级领导讲"文化遗产日的意义"；在山西，他向全国县长宣讲民间文化与县域经济社会发展的重要而独特的意义；在国土资源部门，他与各地的"土地爷"畅谈土地管理与文化保护的关系。相当一批党政领导被他的讲演与思想感染，把文化遗产保护置于重要议事日程。第四个层面是精美精湛的文字传达。冯骥才不仅有高蹈的思想，而且有高超的文字表达技巧。他的文字形象、生动、精辟，又包含着鲜活的、新颖的、深刻的思想，读来畅快淋漓、峰回路转。智慧、机趣、巧妙、别致、独到、神奇，具有高度的文学性，可读性强，任何文体都绝不生涩，而且篇篇可作美文读，在高度的文学性中传达出深刻的文化性、思想性。这些就是冯骥才文化思想传达中的文字风格，这当然使他的思想独具魅力，大放光彩。

总之，在当代中国文化思想学术界，冯骥才及其文化思想已经成为一个关注度极高的文化现象。他是一位特立独行的思想者，或者说堪称文化思想的独行侠。他对我国伟大文化遗产抢救与保护的所作所为，影响了当今中国文化的发展，也将影响中国文化未来的走向。

本文系冯骥才著《灵魂不能下跪：冯骥才文化遗产思想学术论集》之跋，宁夏人民出版社 2007 年 5 月出版。

可贵的文化良知

——冯骥才文化遗产思想学术略论

冯骥才文化遗产思想学术论集《灵魂不能下跪》新近由宁夏人民出版社出版。近十几年来，冯骥才的写作是大众关注的热点，这位新时期伤痕文学、反思文学、文化小说的主将，放弃或者说疏远了小说样式，却以一种文化学术与思想者的形象出现在公众面前。

文集收入了冯骥才近期和近些年来各种体裁的对文化遗产、文化问题的讲演、论文、随笔、考察报告、杂文、言论等等，分为五编：论抢救与保护、论文化困境、论城市文明、论民间审美、论田野经验。洋洋四十万言。读者可在冯骥才文字的深处看到一以贯之的文化良知、问题意识和哲学沉思。

作为本土的文化学者，冯骥才从二十世纪八十年代以来，就以其独到的文学作品参与了"文化热"的文学实践。但是中国的现代化进程如此神速，我们是如此迫切地需要经济改革与经济发展，所以，九十年代以来，文学不热、文化淡化、社会多元。文学界、文化界的思考仿佛戛然而止，从大众话语中销声匿迹。冯骥才却在固执地延伸自己的思考。但是，他选择了思想言说与学术阐发的方式，用非小说的直接呐喊，发出了文化自觉的声音。转向文化写作的冯骥才，围绕中国文化的前途与命运、中西文化遗产观比较、民间与非物质文化遗产抢救与保护、文化现实中的困境与应对、当下的文化危机与文化濒危等展开了卓尔不群的思想，锋芒所向，锐不可当。

首先是抢救老街、保护城市的古老文明。从《手下留情》等一系列文章发轫，冯骥才开始在大众传媒呐喊疾呼。与一般学者发出的声音不同，冯骥才的思想并不局限在对个别的经典建筑被毁的痛心和惋惜，他发现其实事关民族文化的前途与命运，也事关中国现代化的终极取向和世界形象。他指出，中国伟大的城市、街区、民居、建筑是古老文明的载体也是城市的灵魂，现代化不是西方化，独特的文化传统绝不是经济社会发展的包袱，相反，是我们受用不尽的物质财富和精神财富，中国崛起必然有赖于或者率先表现为中国文明的复兴，文化才是我们融入未来地球村的身份证，中国的发展必须要有文化的眼光。他是以全球的视野来思考回应全球化和现代化的中国问题，因而具有说服力。

　　其次是抢救与保护民间文化遗产。2001 年，冯骥才出任中国民间文艺家协会主席，立刻在全国启动与实施了中国民间文化遗产抢救工程。他提出抢救与保护中国民间文化遗产，其思想理论的逻辑起点是：当前农耕文明正向工业文明、后工业时代全面转型，必须把中国在世界举世无双、独一无二的农耕文明活态地记录下来；民间文化源自悠久的远古时代，又代代传承生生不息，其间有大智慧、大情感，有无言的大美，是民族精神的命脉、民族情感的源泉，有超越时空的精神密码存焉。

　　冯骥才的田野工作对他的思想形成和学术理论不仅具有先在的意义，并且成就了他一系列的学术发现与思想成果。以中国之大、地域之广、人文之丰、地理山川气候民族之缤纷多彩，的确是田野工作的天堂。冯骥才在田野的广度上，走过了二十六个省、市、自治区的田间村头，但他还是不时发现"我们不知道的比我们知道的多得多"。他之所以这样表述民间文化遗产的丰富与珍贵，一方面表达了他一直追求的当代文化学人应该在一个宏阔整体的高度全面知悉我们的文化家底；另一方面是他由衷地赞叹人民所创造的无尽的文化宝藏，他无可抑制地要极力提倡全国的民间文化学人在田野工作中深入再深入。从九十年代起，冯骥才开始对年画进行跟踪调查，他以杨柳青年画为出发点，在走家串户了解全貌的基础上，又以档案式调查对其实时描述记录。他的做法是，每年年节正当年画制作时节都去调查记录，然后一步步考察它的变异和消亡消失的过程、原因、细节。他把田野的收获用最精美的文字和形式呈现出来，用行动证实了田野的博大和民间的伟大。

刊发于 2007 年 8 月 26 日《人民日报》。

论冯骥才文化自觉思想的构成与意义

——跋冯骥才《文化先觉》

文化自觉的哲学困境与全球化语境

自觉是一个具有哲学和宗教意味的概念。在哲学上，自觉即内在的自我体认、确证、发现、自识。人类自觉本质的维护与发展是自由的真实实现。自觉是自由的前提，自觉是自我确认、生命确证的境界。在宗教上，自觉是佛教特别是禅宗的境界，它追求觉悟，是诸法的澄澈明了，且不是通过他人或外界的启示，而是来自自己的觉悟，所谓自觉者即佛陀。这是真正的觉悟之道，正确的、自己觉悟了一切诸法，故为正自觉者。自觉者，一要正确，二要抵达，三要自己。由是观之，自觉之境，戛戛乎其难哉！

然而，思想决定行动。在非自觉状况下的行为，是非理性的、盲目的、盲从的。自觉是人与动物的根本区别，自觉也是检验人性的深度、高度和理性的层级、广度的标志。

文化自觉是人类在文化发展过程中逐渐确立的一种责任和使命。正如没有自觉就没有人类，也没有人类的追求和境界一样，没有文化自觉就不会有人类的文化未来。人类是一种文化的动物。没有文化就没有人类存在。所以，文化自觉是人类生存发展不可回避的历史路径。文化自觉的艰巨与艰难，不仅来自自觉本身的种种困厄和阻碍，更来自文化的庞杂、纷纭、复杂和繁难。文化的复杂在于它与人类如影随形，历史有多纷繁、人性有多奇异、世事有多混乱、人类有多混杂，文化就有多缤纷。文化从来没有离开过人类的发展与交往的历史，文化既是先天的存在，也是现实的存在，更是可塑的存在的未来。它是一成不变的存在，也是千变万化的存在。文化是人类社会经济、政治、文化三维结构中之一维，文化本身也可以同时成为经济（文化产业、文化市场，以及产品文化、产业文化、市场文化等），成为政治（法律、道德、信仰、宗教等）。文化是物质文明和精神文明之二元结构中的精神主体，它也可以同时成为物质文明中的有机构成，是精神的物化（如古代种种物质性文化遗产），或者说，一切有形的人类造物都是人类文化的物质形式和物质化、物质外化。文化是上层建筑，它也跻身于经济基础（文化的产品、产业、市场在现代经济中所占比重越来越大）。文化是精神也是物质，是审美也是消费，是创造也是制造，是天才也是世俗，是灵感偶得也是大众生产。文化有经济性、政治性、冲突性、宗教性、全球性、传播性、身份性、交叉性、排他性、交往性、历史性、民族性、隐秘性、外显性、基因性、变异性、传承性、稳定性、活跃性、包容性、吸纳性、精神性、审美性……人类学家认为，一切人类创造物的总和就是文化。这就是说，文化包罗万象，文化无所不在。这种情状下，什么是文化，其实成为一个大问题。有道是，什么都是文化就什么都不是文化。但是，文化对于人类而言，必须是一个独立的、标识的、鲜明的存在。人类几乎无时无刻都不能没有文化的概念、意义和存在，没有文化就没有人类自己。人类既须臾不可离其文化，文化又往往因其无处不在而无从存在。这就是人类的文化困境和文化悖论。认识文化，从来就像认识你自己一样，是人类从古至今都在追索也一直未得结论的问题。或者说，就像人类认识自己的答案从古至今都在变化一样，人类认识自己的文化也一直是一个答案不断翻新的问题。

这就是文化自觉作为问题存在并且必然要被不断追问、追索，不断被破解，不断被推进的人类哲学困境。

当今时代，文化自觉问题被置入这样的语境：全球化已经成为物理的、社会的和心理的事实，经济一体化浪潮日盛一日，空间战胜时间，空间化代表着现代化；多样化、地域性、差异性、传统化、时间性、民族性面临着全面转型或坚守，传统从时间深处而来，在今天的崭新空间里能否谋得立足之地立身之所？各种各样的文化跻身在一个共有的舞台和平台，谁也无处遁形，谁也不能独善其身，碰撞、竞争、交流、比较、渗透、融和、纠缠、交叉，此消彼长，此起彼落。一种文化何在？文化何为？文化何去何从？每一种文化的创造主体都不得不思考、回答和选择这样的时代命题。不仅仅是时间和空间重组而带来的文化变迁。今天的文化语境还在于这个时代的技术革新和科技革命。这是一个由科技革命带来全面信息化变革的时代。基于信息科技的信息时代使人类文明从工业时代、工业文明再次大步前进，一跃而进入后工业社会即信息社会和信息时代。信息时代有如下改变人类观念、行为、选择而不得不彼此发生密切关切并组成共同的共同体的事物：

一是战争机器战争武器中那些足以轻易毁灭整个人类的因素（如核武器），使人类不得不共同关注。二十世纪是人类历史最悲催的世纪。两次世界大战、足以毁灭人类的原子弹等都是这个时代发生和使用的，它留下两大恐怖遗产：足以毁灭人类的世界大战，足以毁灭人类的核武器。我们今天的"全球化"概念或体制，就是从这两大遗产诞生中真正才得以形成和确定的。"世界大战"的恐怖由于联合国的存在，一定意义上得到了有效牵制、平衡和制约。核恐怖却依然存在。在某种意义上，真正被原子弹的恐怖威力吓坏了的是使用和拥有原子弹（核武器）的民族，真正的核恐吓来自有核国家自己对核武器的恐怖（日本作为唯一核武器受害民族，却从来不认真反思战争，不由得令人质疑）。应该说，这才是第二次世界大战的真正遗产。没有核恐惧的产生，就不可能有对世界秩序重建的愿望，就不可能有对世界和平的真正追求。为适应核时代、核技术掌控而推进的全球卫星定位系统的部署和空间技术的发展，实际上也造成了一个事实：地球被人类从外空、太空、空间的角度实时地观察、监测、控制、描摹了，这就是所谓的"全球化"之一种。这种"全球化"正在深刻地影响着人类的国际关系和社会发展。

二是人类只有一个地球，任何局部的环境的恶化、生态的变迁都不是置身世外、与全球无干的，相反，任何全球性的气候变化、环境恶化、物种毁灭、生态变迁都来自集腋成裘，来自各地域的渐变、小变、量变而终于成全球的快变、大变、质变。环境与生态，无论从其保持与维护，还是从其变化与变迁，都是整体性的、全球性的。这是当今世界共同的关注，也是全球的共识。同居一个地球，人类彼此意识到是一个共生共存的共同体；经历了迁徙，经历了战争，经历了贸易，经历了航海、航空，才逐渐彼此认识对方的存在。但真正形成共生共存的意识，还是今天由环境恶化倒逼出来的共有的生存环境意识。或者，今天人类文明的高度取决于对环境保护认识的高度。从人类生存出发，环境保护意识的形成和水平的高低是衡量一个国家、民族文明程度的标杆。这也必然强化与推进人类的"全球化"进程。

三是网络和电视传媒的发达使影像和活形象即时、随时传播，人们之间不受地理阻隔和空间障碍，可以互相观看。在视频的传播中，世界进入了同样和同一的时间与空间，人类开始了跨越时空的互看，开始了互不在场的面对面生活。这是"全球化"的可观看性，它使人类实现了不受时区、纬度、南北半球、东西半球的分布局限而彼此可见。视觉与视像传播使人类真正地共处、共在、共存。

四是市场经济和国际贸易使"全球化"成为我们的日常生活。市场经济保证了全球贸易，全球贸易保证了人类的共同生活及其生活目标。人类由此知晓了彼此的互相需要和互相依赖。没有一个民族在今天的时代只满足于自给自足，没有一个民族在今天的时代可以自给自足。互通有无使人类可以在不同的土地上永久地长久地生存与发展。互相刺激、互相竞争、互相促进、互补互利的市场经济是当代社会最基本的前提和基础。市场经济的一体化和经济发展的全球化更加确证了人类社会的"大同"目标，即人类彼此不可分离、谁也离不开谁将成为人类社会的常态。

全球化时代，是以上四个人类存在维度和纽带建构出来的。这四种全球化枢纽，表征着人类当代文明的四种生命意识和意义：存在、生存、交流、交换。它无疑为人类发展带来福祉，但全球化本身也表明了一种挑战、应战，并且它也夹带着对不同处境下各民族、各国家无形的、不可预测的副作用和负影响。

文化在此种时代生存与发展，文化的遭遇和遭际会是什么呢？许多人在此中对文化问题茫茫然而不知所措了。文化自觉的提出，正是由此而生。

冯骥才文化自觉思想的构成

二十世纪九十年代，著名人类学家费孝通先生最早在学理上提出了"文化自觉"，并较为系统地梳理了"文化自觉"的学术意义。他最后提出了"美人之美，各美其美，美美与共，天下大同"作为文化自觉的境界和目标。费孝通的文化自觉倡导在我国学术界和社会上产生了巨大的广泛的影响。几乎与其同时，冯骥才也对当下的中国文化生存、发展、走向给予了极大的关注，并投入巨大的热情、精力、思考、行动于文化之中。从二十世纪八十年代起，冯骥才的文学创作中就新出现了一种文化小说的新探索、新主题、新题材、新体裁。《神鞭》《炮打双灯》《三寸金莲》《阴阳八卦》《俗世奇人》等是其中的代表性作品。进入九十年代，冯骥才的写作发生重大转向，进入了非小说的写作阶段，并且开始了他的文化批评之旅。虽然他的文化小说都具有相当意义上的批评指向，但他的散文化思想型的文化批评更加彰显了思想的敞开、直击、锋芒。从《谁在全球化中迷失？》发轫，他写作了《当代大众的文化菜单》《弱势文化怎么办》《文化的粗鄙化》《伪文化三害》《文化可以打造吗？》《文化空巢及其对策》《警惕地球文化》《文化遗产日的意义》《谁消解了我们的文化》《文化责任感》《21世纪，东方文化复兴的时代》《文化眼光》《文化四题》《文化的情怀》《文化收藏》《文化政绩》《当代知识分子的文化良心录》《文化怎么自觉》等众多文化批评和思考文章，并且于2007年结集出版了计六十万字的著作《灵魂不能下跪：冯骥才文化遗产思想学术论集》。这些写作与文字，到处可见"文化自觉"的呼唤、呐喊、解读、阐发。可以说，冯骥才是继费孝通之后把"文化自觉"传播更广、呼唤更切、论说更多的文化学人。假如说费孝通的文化自觉更多的是一种学理、学术、学问，那么，冯骥才的文化自觉则更多地表现为一种思想、一种理念、一种文化设计（或制度）、一种文化行动、一种文化思潮。

费孝通的文化自觉是全球化情势下，文化比较中由学理中生成的文化自觉；冯骥才的文化自觉是全球化情势下，来自文化自省、内视的文化自我觉悟和自我文化的价值与意义的判断与宣示。假如说费孝通的文化自觉是二十一世纪全球化将临、即临形势下提出的，那么，冯骥才的文化自觉则是二十一世纪经济一体化下，文化失措、失态、失衡、失势、失识而至乱象丛生、险象环生下提出的。两人的文化自觉思想是具有互补和互动的。从八十年代末到整个九十年代，直到二十一世纪初的前十年，费孝通和冯骥才是推动我国文化发展高举"文化自觉"旗帜的领军人物。二十一世纪初以来，党中央把文化自觉的观念、思想和理论写在了自己的文化旗帜上，"文化自觉"成为党的文化思想、国家的文化理念、全民的文化追求。

冯骥才的文化自觉思想的形成，是与他长期关注、描写、研究、思考文化问题息息相关的。早在二十世纪八十年代的文化寻根热潮中，他就参与了这一著名的文学文化思潮。他的文化写作，也在文化思想和文化小说两条战线中展开。与当时一批作家把文化问题和文化根脉指向原始文化、民间文化所不同，冯骥才的思想和写作指向了中国传统文化及其那些最容易被文化他者关注的文化现象。被他深入思考的文化问题集中在文化的独特性、传统性、民族性。他关注它们，是因为这些文化现象标志着一个民族的独特历史、文化、思维和创造，它们既被全球关注，又具有独一无二的品质。这种独有、独特、独创的文化无疑都是在历史中形成和长期传承而来的。如今，它们还有时代意义吗？还可以实现现代转型、文化转身和身份转换吗？这种思考不仅使冯骥才的文化小说独树一帜，也昭示出他后来思考的卓尔不群的风格：跟踪中国文化发展最紧迫、最急迫、最关键的问题发声，直抵问题的最痛处、最关节和最要害。

冯骥才的文化自觉思想虽然大多直指中国文化的内部问题（费孝通从一国文化出发，构建的却是全球和国际化的文化图景），但是他的文化思想却不是一种缺乏国际视野的井底之蛙的见识。相反，他的文化思想不仅得益于而且也是建构于他的国际文化视野和全球文化见识、比较的广阔背景之上的，没有这种外在、外来、外位、外观的文化立场、文化比较、文化借鉴，就没有也不可能形成冯骥才的文化自觉观。他对联合国教科文组织文化遗产观念的理解，他身为联合国国际民间艺术组织执行副主席对国际文化思潮的理解，他对奥地利、法国、意大利、希腊、英国、美国、德国、日本、韩国等国家文化实践的观察、考查、勘察、调查，使他的文化判断具有世界的眼光。他是从时代的变迁、文化的巨变中发现其中的中国问题和时代问题，他也从中国现实的激烈变革、高速发展、瞬息万变中把脉和发现我们的文化问题。文化自觉的问题是这样一个时代自然生成，不得不提的问题。

冯骥才认为，文化自觉就是掌握文化规律，把握文化发展本质的问题。做不到这一点，盲目地发展文化，或让文化无目的地发展，一个泱泱大国，一个悠悠文明古国，文化危矣，并且上对不起祖宗，下对不起子孙，旁边还惭愧于外国人、他民族。此外，文化自觉还来自我们的现实的文化痛感和令人痛心的文化后果。他说："当今，是由于人们在现实中痛感到了文明缺失后果之严重，才关注到了文化自觉的必要，关注总是好事，但不是说'文化自觉'，文化就自觉了。重要的是什么叫文化自觉，谁先自觉，怎么自觉。不弄清这些根本问题，'文化自觉'最终会变成一个空洞的口号。"在解释和回答"文化自觉"的内涵时，他首先指出，文化自觉应该是人类文化发展的一种历史阶段和文明境界。他认为从文化的自觉和不自觉看人类文化史文明史，可以分为三个阶段：自发的文化阶段，自觉的文化阶段，文化自觉的阶段。"文化的自觉就是要清醒地认识文化和文明于人类的意义必不可少。反过来讲，如果人类一旦失去文化的自觉，便会陷入迷茫、杂乱无序、良莠不分，失去自我，甚至重返愚蛮。"（《文化怎么自觉》）

知识分子的文化先觉与文化担当

把文化自觉作为一种时代的标志，这是冯骥才做出的一个独特历史判断。他将文化自觉置入一个新的语境中，他既看见了文化自觉是基于个体的文化意识、文化经验、文化行为，也强烈意识到文化的整体性、群体性、无意识性。也就是说，对于文化问题，如果不超越个体域限，就不可能得到真正的解决。文化自觉，要基于个体、个人、个别，也必须进入大众、民族、国家、时代，乃至成为全民性的文化意识。所以，冯骥才的文化自觉思想，经由他长期的文化实践及其来自现实的切身感受，他指出了文化自觉的思想体系和文化结构。他指出："我对文化自觉的理解是，首先是知识分子的自觉，即知识分子应当任何时候都站守文化的前沿，保持先觉，主动承担；还有国家的文化自觉，国家也要有文化的使命感，还要有清晰的时代性的文化方略，只有国家在文化上自觉，社会文明才有保障。当然，关键的还要靠政府执行层面的自觉，只有政府执行层面真正认识到文化的社会意义，文化是精神事业而非经济手段，并按照文化的规律去做文化的事，国家的文化自觉才能得以实施与实现。上述各方面的文化自觉最终所要达到的是整个社会与全民的文化自觉。只有全民在文化上自觉，社会文明才能逐步提高、放出光彩。"（《文化怎么自觉》）

知识分子的文化自觉、国家的文化自觉、全民的文化自觉，这就是真正意义上的文化自觉。冯骥才这一思想具有重要的现实意义和深远的历史意义。这三个层面的文化自觉，才是文化发展的真正的保障。冯骥才曾经指出，文化是一种金字塔式的结构，顶端、高峰是由精英文化构成，没有巅峰就没有文化高度和文化的地位；底座、塔基是大众的全民的文化，中间是过渡和中层文化。这个金字塔结构，需要国家建立成一种文化战略思维和部署，精心地分层级地建构和引导。国家、精英、大众是一国文化金字塔得以结构和实现的主导性力量。文化自觉把知识分子、国家、全民作为文化理想的对象和主体，正是文化建设的科学设计与设想。

知识分子的文化自觉在冯骥才的文化自觉思想中具有重要的意义。知识分子的文化自觉就是文化先觉。冯骥才看到了中西两个历史时段知识分子文化自觉的意义。一是"五四"之际，我国一大批学贯中西的知识分子面对中西文化激烈碰撞，提出了自己的文化策略并付诸实践，使"五四"新文化运动成为中国文化现代转型的成功范例。二是法国历史上雨果、梅里美、马尔罗对法国文化做出的杰出贡献。三人都是著名作家，又都不约而同地对文化做出巨大的发声。雨果曾为保护文化遗产写过《向拆房者宣战》，梅里美晚年专事古典建筑保护委员会的工作，马尔罗实施了"大到教堂，小到汤匙"的全国文化普查登记摸清了法国文化的家底，并确定了法国文化遗产日。

知识分子是应该具有文化良知和天职的这样一种人群，他们必须秉持自己的文化操守，思想先行，文化先觉。冯骥才不断呼吁知识分子的文化先觉。这基于两种情状：一是知识分子缺乏文化自觉，必须将其唤醒，使其觉悟，从而发声；二是一些知识分子明了世事，但不敢发声、不愿发声，失去了灵魂和脊梁的支撑。所以，冯骥才的呼吁是有所指、有针对性的。他同时用自己的行动践行自己的主张，为知识分子的文化自觉路径与实践做出了极有影响的表率。他大量著文，直面当下。他展开了对社会文化的系列批判，对全球化语境下中国人的文化殖民心态（洋楼、洋节、洋流行文化等），对千城一面、千村一面的文化无知，对文化粗鄙化、文化产业化、文化空巢化、文化政绩化等文化恶疾，对伪文化，对文化濒危、消解、灭亡大声呼喊，等等。他论述当前的文化困境、文化乱象、文化形势，从中指出知识分子的文化使命和责任。他呼唤知识分子的文化担当，阐发知识分子的脊梁，设计各种各样的文化重建，赞美优秀文化如大地之花美不胜收。

知识分子的文化自觉不仅仅是只作用于自我的思想形成和思想表达。知识分子的文化自觉也在于他对国家文化自觉的推动和促成。在这方面，冯骥才的思想与实践也是可圈可点。比如，以他主持的国家级重大文化工程便可见一斑。自二十一世纪初以来，冯骥才主持的国家级文化抢救性、保护性、研究性文化工程就有：中国民间文化遗产抢救工程，中国民间文化杰出传承人调查、认定与研究工程，中国木版年画集成普查、编纂、出版工程，中国木版年画传承人口述史调查工程，汶川大地震灾后羌族文化遗产抢救工程，中国民间口头遗产数字化工程，中国传统村落保护工程，中国民间文化传承人口述史研究工程，山西绵山神像造像艺术考察与研究工程，山西大同古代雕塑考察与研究工程，天津传统皇会调查与研究工程，等等。这些工程都具有十分强烈的专业性、学术性，是只有专家、学者、文化人、知识分子才能提出和承担的。但这些工程又涉及广泛的政府行为、政策、资金、规划，涉及社会各界和广大的文化传承人、文化拥有者。可以说，一种知识分子、国家与各级政府、文化民众（文化享用、持有、创造者）三结合的文化机制在这些工程自然形成，共同推动了文化的自觉。

又比如，为促进政府文化制度设计更加科学合理，文化政策更有实效，冯骥才以全国政协常委的身份提交政协提案，也有力而有效地推进了国家与全民的文化自觉。他的提案有关于紧急抢救民间文化遗产的提案，有关于确立"中国文化遗产日"的提案，有关于加紧抢救少数民族濒危文化的提案，有关于规划新农村建设要提前注重文化保护问题的提案，有关于建议重要的古村镇抓紧建立小型博物馆的提案，有关于建议春节假期按民俗规制前挪一天的提案，有关于建议对干部选用建立文化考核机制的提案，有关于建议国家非遗名录制定黄牌警告与红牌除名条例的提案，有关于文化遗产的产业开发要通过专家审定的提案，有建议国家确立文化建设立体的战略结构的提案，等等。此中建议许多被采纳并已经成为当下的文化政策、制度、工程、项目、设施、措施，乃至进入我们的日常生活。这些提案的文化意义，正在推进国家的文化自觉。比如国家文化遗产日的设立，就具有十分深远的意义。冯骥才就此指出："'文化遗产日'表现我们中国人对自己的文化开始有了一种自觉的珍惜和尊重。我们中国有无数个文化性质节日，但是这是第一个自觉的文化节日，一个为文化设立的节日。"（《文化遗产日的意义》）

文化遗产的意义及其文化自觉思想的两大支柱

冯骥才的文化自觉思想还突出集中在他对我国优秀文化遗产的抢救与保护的思考与实践之中。从保护城市文化肇始，他的视野又扩大和叠加至中国民间文化遗产的抢救与保护、非物质文化遗产抢救与保护、古村落（物质文化遗产与非物质文化遗产的集合体）遗产的活态抢救与保护。这种遗产保护路径，基本上与联合国教科文组织施行的文化遗产保护路径不谋而合。后者的保护思路也是从文化遗产（物质性）入手，而后扩充到非物质文化遗产，最后扩展并形成集物质文化遗产、自然遗产、非物质文化遗产、城市遗产、工业遗产、农业遗产、数字遗产、文化线性遗产、景观遗产、文化空间、记忆遗产等多类别保护，并建构起相应的大遗址保护、整体性保护、景观性保护的现代遗产学和遗产观。冯骥才是推进我国文化遗产观科学化的重要思想家。他对文化遗产保护，特别是民间文化遗产保护中的学术问题，提出了一系列的学科建设任务：传承人口述史研究，中国木版年画学建构，民间审美研究，非物质文化遗产学构想，民间美术学重建，田野调查的方法与理论，等等。这些新学科的提出、设计与操作，既是文化保护之现实需要，也是文化实践中的必然和必要的思想升华，更是文化自觉思想理论的有机构成。

冯骥才文化自觉思想逐渐重点集中在对文化遗产的关注，这是他此一思想最具特色的内容，也是他此一思想最具独创性的思想成果。

他自己指出此中根由："对文化遗产的关注，另一面，是对全球化负面认识上的自觉。"（《文化遗产日的意义》）所以，我们可以从冯骥才的文化遗产思想中发现两大思想支柱。

其一，是他对文化濒危和濒危文化的严重关切。

几乎是伴随着改革开放时代的开启，文化问题就开始暴露和被呈现出来。二十世纪八十年代文化问题，特别是文化传统问题首先被带入形而上学的领域与思考。中国新时期第一波文化潮的出现，传统文化和儒学文化初兴，也呈现为对那些被遗忘的文化的发现和关注（寻根文学大多具有猎奇性）。九十年代，中西文化比较全面展开，季羡林提出了三十年河东、三十年河西，二十一世纪是中国文化的世纪，费孝通从学人、学术、学界出发，发出了文化自觉的学术理想。九十年代至二十一世纪初，冯骥才提出了抢救濒危文化，采取一切措施遏制文化濒危的蔓延。

改革开放以来，中国经济、社会发展的成就举世瞩目。我们打开了国门，我们也融入了国际社会，全球化的时代特征最鲜明地反映在中国的变迁与变化中。文化问题也正是由此而来。最外在的表征是：在中国这个世界工场和举国工地上，城市化、现代化、工业化、市场化、商业化、信息化汹涌而来，属于传统的、农耕文化的、手工技艺的、过去时代的、乡土风格的、口传心授的、下里巴人的、远古遗风的、封闭自闭的、地域特色的、少数族群的种种文化样式、形态、物件、遗址、风习，无不迅速瓦解、消失、消亡。都市美国化，乡村洋楼化，节日西方化。人们的文化观念中，历史性残留的奴化、殖民化意识与现代化、西方化、科技化冲动纠缠一体，形成强大的崇洋媚外、无视本土的文化价值观。这个时代的文化价值观非本土化现象还在于改革开放以降，我们并没有来得及对"文革"造成的文化价值观颠倒一并加以清算。正如冯骥才所说，我们是从"文革"进入"改革"的。在文化上依然携带着对文化的"革命"（改革也是一种变革）意识。"文革"对文化进行的旧风俗、旧习惯、旧思想、旧文化的"四旧"清算，并未在改革时代加以拨乱反正，反而是继续沿袭。解放思想的春风，长期没有吹进文化思想的天地。对旧文化的清算不仅始于"文革"，它甚至在一定意义上也始于"五四"，并且因为始于"五四"，是"五四"伟大的功绩之一，故而更使"文革""破四旧"获得了更多的合理性、合法性。这也使对传统文化否定、摒弃之风不能及时中止成为一种长久的现实。我们在实践上缺乏辩证思维，往往习惯于一刀切、一窝蜂、一边倒。于是，改革开放中又出现了在追求现代化进程中，对文化上的非现代化事物的否定之风，即凡是旧的、老的、过时的、不是现代化条件下创造出来的都一概弃如敝屣。与此同时，伴随着农耕、农业而来的传统文明，在人们追求工业化、后工业化、后现代化、信息化、城市化中被极大地放弃和忽略了。我们乡土建筑、口头遗产、传统技艺、民间表演、老街、老城、老物件、老作坊等等，大量拆毁，大量摧毁，大量丢弃，大量破坏，大量消失。除了若干所谓国家文物保护对象外，我们的文化实物、文化符号、文化身份、文化环境、文化建造，迅速地烟消云散，绝大多数人对此视而不见，茫然无知。冯骥才是绝无仅有的文化呐喊者。他动用"文化拨打120""文化临终抢救""文化濒临灭绝""文化生命""文化痛感"等一系列触目惊心的概念对抗上述积重难返的文化麻木和文化不自觉。他号召全面普查，摸清中国人自己的文化家底。他在全面观察的基础上，提出了当前中国文化迅速消亡之中存在着六大文化濒危情势，并确定其为重点文化抢救对象。冯骥才是我国提出文化濒危并施以援手的第一人。他认定的六大濒危文化是：传统村落、民间文化传承人、活态的远古文化遗存、少数民族文化遗产、口头文化遗产、手工技艺遗产。

我们可以看见，这六大濒危文化，如果任其濒危下去，直至无影无踪，将对中华文明和我们今天的文化建设导致怎样的恶果：几千年的伟大的农耕文化从此踪迹全无，辽阔土地上的文化景观无从寻觅，文化多样性符号大大损失，犹如文化恐龙般的文化活化石、文化活奇迹在存活数万年后毁于一旦，多民族的文化图景失去了缤纷和斑斓，从未中断的古老文明失去了它最生动、最有说服力的文化证明，祖先的天才、祖先的智慧、祖先的创造、祖先的技巧技艺随风而去……文化的存在、传承、创造，一旦被置于濒危和离去的境地，人类的生存就必然发生危机。正如人类对核战争和环境恶化的恐惧一样，无视文化的濒危，等于在全球化中坐以待毙、束手就缚。在人们对此浑然不觉时，大喝一声，不仅是文化自觉先觉，更是文化的一种新启蒙。

2008年，四川汶川大地震，北川羌族自治县处于震中部位，因而遭受前所未有的灾难，自然灾难给羌族文化造成了前所未有的破坏，陷其于极度濒危之中。因为对文化有生命痛感，冯骥才在第一时间想到了地震灾难中羌族文化遗产的命运与羌族灾民的生死存亡的关系，想到了如何救援生命、救援羌族文化。他组织策划了一次前所未有的文化救灾行动：发出倡议，组织考察，调研研讨，设计救援，实施重建。一本《羌族文化学生读本》及时出版问世，一份《关于四川汶川地震灾后重建中保护羌族文化遗产的建议》及一篇《要想到建立汶川地震博物馆》在全国引发广泛关注，也得到党中央、国务院领导和中央抗震救灾领导小组的高度重视，许多建议纳入了相关的文件、规划、政策之中。联合国教科文组织也在人类非物质文化遗产代表作名录、濒危名录中采纳和采取了相关建议。这是人类历史上对突发灾难引发文化濒危、文化危机而采取有效举措的首个中国案例，是冯骥才文化濒危应对策略的一次极其生动、有益、有效的实践。当然，他组织实施的各种文化抢救与保护工程都说明，他的抢救濒危，不仅是呐喊，更是行动，是行动之后成批成片的文化成果。例如，2012 年年底，由国家建设部、文化部、文物局、财政部实施了中国传统村落保护工程，公布了首批《中国传统村落名录》。冯骥才在此一工程中任专家委员会主任。在此之前，他向有关方面提交了专项提案，并在公开场合受邀与共和国总理就传统村落保护进行对话。他在《人民日报》发表长文《传统村落的困境与出路——兼谈传统村落类文化遗产》，首先便历数此种遗产的濒危危局："在 21 世纪初的 2000 年，我国自然村落数为 363 万个，到了 2010 年锐减为 271 万个，仅仅 10 年内减少 90 万个，对于我们这个传统的农耕国家可是个'惊天'数字。它显示村落消亡的势头迅猛和不可阻挡。"冯骥才分析了如此巨量的村落消失的原因，他也指出了这类遗产保护的独一无二性，提出了一系列的保护举措和思路。此中，鲜明地彰显了"文化自觉"的思想。他指出："从遗产学角度看，传统村落是另一类遗产。它是一种生活生产中的遗产，同时又饱含着传统的生产和生活。因此，对它的保护是个巨大的难题。一方面是它的规模大，内涵丰富，又是活态，现状复杂，村落保护往往与村落的发展构成矛盾；另一方面是它属于地方政府的行政管辖，若要保护，必然牵涉政府各分管部门的配合，以及管理者的文化觉悟；再一方面是无论中外可资借鉴的村落保护的经验都极其有限，而现有的物质与非物质文化遗产保护的法规、理念与方法又无法适用。这是传统村落保护长期陷在困境中的根由。……如今，世界上还没有哪个国家对传统村落进行过全面盘点，进行整体保护。我们这样做，与我们数千年农耕历史是相称的，也是必须的。它体现我国作为一个东方文化大国深远的文化眼光和高度的文化自觉与自信，以及致力坚守与传承中华文明传统的意志。中华文明是人类伟大的文化财富之一。我们保护中华文明，也是保护人类的历史创造与文明成果。"

显而易见，抢救濒危文化，正在极大地促进文化自觉的实现。

其二，是对民间文化遗产的全面关注，着力普查，细心呵护，认真解读，发掘其价值与意义。

由于担任中国民间文艺家协会主席的原因，冯骥才的文化眼光更多地关注着民间文化。民间文化的特色在于它具有全民性，又多深藏民间，有很多奇异、新颖、别样的样式。他认为在全球化的背景上重新认识民间文化，这无疑是"中华文化的一半"。它的性质在于："民间文化是我们的祖先数千年来创造的极其丰富和宝贵的文化财富，是我们民族精神情感、道德传统、个性特征以及凝聚力与亲和力的载体，也是我们发展先进文化的精神资源与民族根基，以及综合国力中不可或缺的坚实的精神内涵。"（《庄重宣布》）这种文化认识无疑是对旧有文化价值观的颠覆，把下里巴人的一向不登大雅之堂的民间文化地位大大提升了。要知道，长期以来，民间文化对我们民族文化的基因性、根本性、特殊性，以及它对当代文化基本品质、特色、风格、气派的塑造作用，并不是广为人知的，迄今仍是许多文化人和普通民众中的文化盲点，他们从未见闻过此种文化的意义，或者仍有许多人不愿闻见乃至视而不见此种文化的意义。

在全球化时代，并不是所有人都能从民间文化中读解出冯骥才所描述的民间文化遗产的价值和意义的。相反，正如明清之际，面对中西文化交流和全球化进程之初，一大批中国学者、文人在放眼世界时，秉持着普天之下莫非王土的天朝心理，对西方文化、政治、科技的考察，都要竭力得出"西学中源"的结论一样，当今的许多知识分子在全球化视野下观照民间文化，大多取排斥贬低的态度，也主要是惧怕重蹈"西学中源"式的文化自大，担心热衷于传统与民间会妨碍文化眼光的广大、开放、包容。实际上，"西学中源"的历史，既有偏执的文化自傲，一味附会地将西学的源头引向中国的古代，也有认真的、科学的、有据的考辨、研究、比较，并且产生了十分有益的文化成果和文化思想，并在一定意义上扫除了西学中传的障碍，为西方科学技术在中国的传入及应用，起到了积极的作用；同时也刺激了文化学士对中国传统学术文化的重视。民族的民间的传统的文化究竟是我们现代化的障碍、包袱、负担，还是我们现代化的有益财富、精神资源、文化气质？"西学中源"式的文化自我观照，既可误入文化自恋的文化无知，也可走向文化自强的文化自觉。

文化识见的高下立刻在这里呈现出来。由此，我们也可以深切地体味到冯骥才文化眼光的深刻与锐利。它穿透时代的迷雾，先天下之忧而忧，见他人未见而见。他是我们这个时代少之又少、深之又深的文化先觉者。

2013.2.3

刊发于 2013 年 5 月 8 日《文艺报》。《文化先觉：冯骥才文化思想观》，阳光出版社 2014 年 1 月出版。

思想以火花闪现的方式出场

——序《冯骥才文化保护话语》

应该是从 2001 年开始，我与冯骥才先生有了长达十几年直至今天的近距离接触和了解。这十几年来，是他继文学创作取得文学界和全社会乃至国际性的重要影响之后，在文化保护上又开创了一次人生和事业的辉煌。他连任了三届中国民间文艺家协会主席。中国民间文艺家协会是新中国成立之初，在我国一批著名文化界、学术界人士的呼吁下于 1950 年成立的。首任主席（理事长）郭沫若先生，此后的历任主席陆续有周扬、钟敬文、冯元蔚。从那时起，抢救、记录、保护、研究、传承中国伟大的民间文化遗产就成为中国当代文化发展一条不可或缺和不能忽略的历史脉络。

但是，毋庸讳言的是，中国民间文化的重要性、历史性、文化性除了在本领域的专家学者中具有应有的科学和学术地位外，在社会范围，乃至在文化界、文学界、艺术界、学术界，能意识到和重视到民间文化价值的学人还是少之又少的。中国民间文艺家协会成立半个多世纪以来，与戏剧、音乐、电影、美术、曲艺、舞蹈等兄弟协会相比较，所获得的社会重视、社会影响是不可同日而语的。我记得 1979 年中国文联、中国作协开始恢复工作，在全国瞩目的第四次文代会上，新华社有一篇涉及中国民协的会议报道，用的题目就是指出这个领域的专家们从事的是默默无闻的工作，他们在此次会议上的被关注状况也是冷清的。这说明民间文化在社会上并没有获得应有的文化地位。二十世纪五十年代，在毛泽东同志对民歌与诗歌关系的特别青睐下，出现过一次轰轰烈烈的记录和创作民歌的运动。由于众所周知的原因，这场著名的民间文化运动并没有最终实现我们期待的对民间文化的重视，而是偏向于政治性和所谓的"民间创作"，最后因为其"非民俗""非民歌"，饱受诟病，不仅没有抬升民间文化，甚至还严重损害了民间文化的声誉。即使在当时民歌创作盛极一时之时，虽然也有郭沫若、周扬等出面在《红旗》杂志撰文评论新民歌和新民歌运动，但一般的读者都会认为他们是以诗人的身份（郭）和文艺理论家的身份（周）来发声，完全忽略了他们二人当时在中国民间文艺家协会的领导身份。所以，在研究中国文艺史、文化史时，中国民间文艺家协会在当时和后来都极少被人提及。

中国的民间文艺是十数亿中国人自己创造、自己传承的文化，中国的民间文艺是中国古老文明从未间断的一种文化传承。无论从中国历史之悠久还是从中国之庞大的群体所集体创造这两个角度，都应该给予中国民间文艺和文化以崇高的文化地位。郭沫若出任中国民间文艺家协会首任主席，以他历史学家、诗人、剧作家、文化学家的巨大影响力提升了我国民间文艺的文化地位，使中国民间文艺在新中国文化建设与发展中获得了一次庄严盛大的登台亮相。此后，周扬以中央宣传部副部长和最负盛名的文艺理论家身份接任中国民间文艺家协会主席，使中国民间文艺在党的宣传思想文化工作中的地位极大提升，并且令人关注其中的思想、理论、文化、学术价值。著名的学者钟敬文先生是这个协会的创始人之一，也是其学术工作、活动、研究的长期的实际操持者之一。二十世纪八十年代中后期，钟敬文先生接任主席，他长期致力的中国民间文艺学、中国民俗学、中国民间文艺三套集成、民俗学博士点教学等一并向广度和深度提升。接力钟敬文的是彝族学者冯元蔚，他的少数民族身份使中国民间文艺家协会所致力的对中国少数民族口头文化的搜集整理研究的成就与贡献得到特别彰显。这种文化传承、接力和影响力的扩散、提升、深化是显而易见的，也是功不可没、可歌可泣的。但是，这种以大众文化为对象的文化工作、学术工作、研究工作依然处于令人尴尬的小众化、边缘化、弱势化情形下。我们努力追求的人民的学者、人民的学问、人民的创作、人民的文化，在实际上又有多少是为人民所知的呢？人民自己真正知道他们自己是有文化的人吗？文化界、学术界、文艺界、知识界又有多少人真正看得上我们的下里巴人文化？

所以，进入二十一世纪以来，在现代化狂潮中，民间文化是遭受冲击最为显著的领域。民间文化的毁弃、濒危、灭绝，是一个时期最为突出的文化现象。也正是在这个时候，冯骥才先生接任中国民间文艺家协会主席，全面开始了他的一段全新的文化历程和文化事业，并且取得了与他个人在文学创作上的巨大成就一样的文化成就，甚至影响更加深刻深远、意义更加重大伟大。也正是在这段难忘的文化历程中，我们走到一条文化道路上，我也有机会作为一个目击者、亲历者，见证了他的文化作为、文化贡献、文化成就。

中国民间文化的发展进入二十一世纪，在面临前所未有的濒危局势时，也迎来了两个具有转折意义的历史契机。一个契机是联合国教科文组织自 2001 年开始公布人类非物质文化遗产代表作（俗称世界非物质文化遗产）。由于此前开展多年的世界文化遗产名录公布在中国产生过巨大影响，长城、故宫、孔庙、兵马俑、敦煌壁画、龙门石窟等等都是与金字塔、泰姬陵可以等量齐观的世界文化遗产，是历史创造的、可位列世界顶级文化的项目。此时，由于新增一种遗产与它们并列，一下子使非物质文化遗产及其主体民间文化遗产一跃而为人类顶级文化遗产，这无疑是对我们文化观的一次颠覆、颠倒，重置、重建。联合国教科文组织这一项目的实施，把中国学者费了九牛二虎之力和数十年努力仍不能普及、提升的民间文化观，一举得以实现，极大地推动了人民对自己文化创造的觉悟和觉醒。另一个契机就是冯骥才先生恰巧在同一个年度于 2001 年接任中国民间文艺家协会主席。经历过二十世纪八十年代全民文学热的浪潮，他的知名度不限于文学界而且具有全民性，他创作过一系列广有影响的文化性、民俗性、传奇性的小说，其中许多作品还被改编成电影、电视剧、京剧、舞剧、话剧等艺术形式。他有美术专业经历，对民间美术做过专业的调查和研究。他还有一系列全国政协、民主党派、国际民间艺术组织等社会兼职的身份和话语权。可以说，他是中国民间文艺家协会历史上身份最全面、最具专业覆盖性的主席。他也是最具行动性并使其影响具有最广泛的群众性、人民性、民间性的一任主席。二十一世纪以来，中国民间文艺家协会的工作是其协会历史上最具社会影响、最为国家重视、最受人民欢迎、最有社会地位、最具文化身份的时期。其中与冯先生为此做出的巨大付出、花费的巨大心血，与他的四处奔波、奔走呼号、身体力行，以及与他的各种各样的思考、实践、试验、撰文、提议、提案、编书、座谈、考察，与各级党政干部沟通，与最边远的农民艺人交往，与基层文化工作者和民众交流，是分不开的。正是这两个内外合一的历史契机的相遇和作用，才得以开创了一个全新的文化时代的到来，才有了今天如此如火如荼声势浩大的非物质文化遗产的大众全民的浪潮、大潮、热潮。正所谓，时势造英雄，英雄也造时势。如果没有这两个历史契机像撬动历史的支点和杠杆一样撬动了历史，我们很难想象会有今天的民间文化局面。

在冯骥才的文化保护事业中，保持思想的敏锐、先进、深刻、超前是他作为一名文化旗帜的旗手（这个称呼一方面与文化实际相符，并无夸张；另一方面最早是由国家领导人、民进中央的负责同志在公开场合提出的对冯骥才先生的褒奖）的最重要的特点，而且，长期以来，冯先生始终坚持、坚信和提倡这样一种主张：在全社会对民间文化蒙昧不知的时候，先进的文化思想理念是我们唤醒社会的利器；一旦党和政府、各级干部、专家学者、社会和人民都参与到民间文化遗产保护中来，人民团体的专家们最重要和最突出的贡献依然应该是他们的思想和思想对文化的引领、对实践的指导。

这十多年来，在民间文化保护实践中，冯先生著述不断，写作了一大批文化著作，其数量、体量、质量我以为一点也不输于他文学创作的成果。其中，相当一些理论与实践的成绩，是可以作为我们这个时代的文化标志、文化标杆、文化标准的，是可以彪炳历史、垂范时代的。比如，对国家非物质文化遗产保护体制、立法、名录等的贡献，对国家节日假日制度改革的贡献，对传承人口述史理论与实践的建立，对民间文化遗产抢救方法论的创新，对民间文学资料的数字化数据库建设，对灾难性和濒危性民间文化遗产抢救保护的理论与实践，对中国传统村落保护的认识和推行，等等。这些共同构成了一个庞大的、全面的、体系性的文化理论与思想。

冯先生的思想表达还有一个特点是往往以火花闪现的方式出场。在一篇文章或者一次讲演中会有一些极其光彩的语言和思想，令人震惊、震撼；或者在日常生活言谈言语中会透露出格言般的警句或简短的深刻的观点。比如，他曾经在一次参加国际萨满文化学术研讨会致辞时说，我国各地现存有许多萨满、东巴、老司、毕摩、傩这样一些巫文化，它们是远古的遗存，又曾经覆盖过人类文化，因而是我们今天的"文化恐龙"。这个比喻如此精辟、如此准确、如此新颖，让人过耳不忘。比如，他说长城是最大的物质文化遗产，春节是最大的非物质文化遗产，传统村落是最大的物质与非物质合一的另类文化遗产，把未被人重视的传统村落保护的意义一目了然地揭示了出来。比如，他在讨论建筑设计时，提出了"天人合一、古今合一、中西合一"的思想。这里面涉及中国传统哲学不可回避的天人关系、身心关系、古今关系、东西关系等。汤一介先生为此提出了"天人合一、知行合一、情景合一"的思想。冯先生的这一组思想范畴自有深意在。比如，关于东西方文化的前途，季羡林提出过三十年河西、三十年河东，认为二十一世纪将是东方文化的世纪。冯先生也提出了类似的思想，并指出了自己发现的历史奥秘。他认为，二十世纪已经完成了它的使命——东西方的接触与碰撞，随着二十一世纪势所必然的亚洲经济的腾飞，东方文化将进入一个新的历史阶段；东西方文化是人类左右两半大脑，如今西方那半边大脑发达，东方这半边大脑搁置未用，这是一种偏瘫的地球文化，一种不健全的人类文明。二十一世纪人类将变得聪明，它把东西方两种精神财富一起发挥出来，地球必然是太阳系中最繁荣和最明亮的星球。诸如此类，在冯先生的文字里可谓俯拾即是。

所以，除了冯先生目前已经编纂出版的若干种文集或选集外，出版一种思想集萃式的冯著实在很有必要。这就是我在这里向读者推荐的《冯骥才文化保护话语》。这本书以选粹的方式编选了冯骥才这些年关于文化保护问题的中心思想、核心观点、重要论断、关键话语，是他多年的思考，也是他的实践经验。书中涉及的问题十分广阔，对某个事项的言说又往往丰富深刻，给人以思想的启迪和享受，更可以看出当下中国文化实践中的思想指导和思想成果。由此，我们也可以真正理解和观察到为什么这些年轰轰烈烈的民间文化遗产保护会如此深入人心、振聋发聩。因为这些行动都是来源于隐藏在行动后面的先锋的、前沿的、锐利的思想。这本书是一个思想的记录，也是一个思想体系的结构框架，因而具有独特的阅读和研究的价值。我希望关心中国民间文化命运的同志们都应该关注这本书。创造和传承中国民间文化的人民群众，要真正获得对自己文化的自觉和文化的自信，也应该在重拾自己的文化的时候，关注这本书，从中获得文化自觉和文化自信的思想源泉。

是为序。

2017 年春节于京华

《冯骥才文化保护话语》，青岛出版社 2017 年 11 月出版。

民间文化的创造性传承和创新性发展

——以冯骥才主持现代社会转型期天津皇会研究为例

自从 2001 年联合国教科文组织首度公布人类口头和非物质遗产代表作（后更名为人类非物质文化遗产代表作）名录以来，这份作为非物质文化遗产的"世界遗产"名录或"清单"受到了全球性的关注，在中国更是引起全民性话题，成为连续多年的社会文化热点。抢救和保护非物质文化遗产进入了一个前所未有的时代。由于非物质文化遗产重点包括了各式各样的民间的、口头的、手工的、技艺的、游艺的、表演的、世俗的、民俗的文艺娱乐俗信技术，这些一向被认为是价值不高、意义不大、技艺不精、形式不雅的文化遗产被重新定位。这种价值再认，很大程度上是一种价值颠倒或价值颠覆。非物质文化遗产被全世界人民一起合力请进或抬进到人类文化的宝库和艺术的殿堂中来了。从二十一世纪以来，人类文化宝库和艺术殿堂中新添一种非物质文化遗产的品种和样式。这是人类文化史上的一次重大的观念变革，也是人类文化发展史上的一座里程碑。

2006 年，福建湄州妈祖祭典入选第一批国家非物质文化遗产名录；2008 年，天津妈祖祭典（天津皇会）入选第一批国家级非物质文化遗产扩展项目，成为"妈祖文化"的补充名录；2009 年，中国申报的"妈祖信俗"被联合国教科文组织批准为人类非物质文化遗产代表作（即"世界非物质文化遗产"）。我们俗称的妈祖文化在全球和全国性非物质文化遗产抢救保护中经历过的这几次大的"入遗"进程，包含着丰富的时代信息和深刻的社会变革投影。

2006年，福建湄州妈祖祭典进入中国国家级非物质文化遗产代表性项目，就具有极大突破性和示范性。这是我国国家级名录中较早出现的以民间信仰为核心的项目。在此之前，民间信仰由于其内容驳杂、形式复杂、意义繁杂通常被置于谨慎对待的境地，它们本身也与民间俗信、迷信、信仰、宗教、祭祀、崇信有着多样的关系和关联。要把这样的文化对象列为文化遗产保护对象，首先要从过去的"破四旧"的文化价值观中跳将出来，其次要改变横扫一切"封建迷信"的文化立场，再次要清醒地辨析文化对象的"主体""主流""主要"的文化意义，最后要深刻地意识到文化对象的传统价值、现代意义、普适内涵和永恒人性。"妈祖文化"从进入国家级非物质文化遗产代表性项目开始，到随即成为我国进入"世界非遗"项目中唯一俗信类代表作，显示了国家的文化选择、文化判断、文化价值和文化立场，也展示了国家的文明姿态、文化观念和文化态度。这里面最大的变化是国家对自己的文化传统的珍惜，对民间民众文化的尊重，对传统文化向现代化转型的自信，对文化传统复杂关系的清醒，对传承、继承、批判继承、判断选择、弘扬发展的辩证唯物主义的科学精神的坚守。

妈祖文化受到国家和世界尊崇是一个标志性的文化事件。这一事件在以后数年产生了许多重大的社会效益、效应和文化象征。妈祖文化源发自福建湄州，宋代以降它不断传播，影响深远。首先是向我国南北海岸线传播，中国大陆沿海各城市乡村几乎没有不见妈祖传播遗迹的，往北抵达天津时，更沿袭出一种独特的文化景观：天津皇会。往南越过南海抵达"南洋"诸国诸岛。只要是有中国渔民、渔船、渔人和远航远洋及远迁华人踪迹的地方，妈祖信仰和妈祖文化就在那里生根开花。其次，妈祖文化向东传播几乎覆盖台湾及诸岛，成为两岸同心同文同信同宗的最有说服力的文化表征。妈祖信俗在成为国家级非遗名录之前，两岸同胞，乃至香港、澳门同胞就多年坚持以民间的、自发的方式在福建、广东多地举办妈祖祭典活动。妈祖文化成为国家级非遗名录后，海峡两岸暨香港、澳门的民祭大多升格为公祭，在两岸民众中产生了共鸣和深刻影响。妈祖文化进入"世遗"，更是让海峡两岸暨香港、澳门和广大海外华侨欢欣鼓舞，可以说是一个具有全球性影响的事件。再次，是妈祖文化向内陆的广泛传播。这一传播路径，是随着沿海地区人们经商、从军、事功等各种迁徙带来的妈祖文化传播。在云南、在湖南、在新疆等等地方，妈祖文化从海洋传入广阔的内陆。

妈祖文化是中国海洋文明最重要的精神支撑。它与我国舟船发明、罗盘指南、天文天象观测一样，为远洋远航的人们带来精神寄托和情感依托。有宋以来，历朝历代帝王对妈祖女神多有封赐和加冕，使妈祖海洋女神的地位更加庄重庄严更加深入人心。这也是我国海上丝绸之路日益繁盛、海洋文明曾经高度发达的一种精神力量和精神保障。这是中国海洋文明的一种个性表达、个性塑造、个性特征。从这些历史现象和文化立场来看，妈祖文化的意义就是不言而喻的，妈祖文化成为国家级遗产乃至世界级遗产也是理所当然、当之无愧的。这就是妈祖文化作为一种俗信进入世界遗产的当下视角和当代价值。

包括妈祖文化在内的我国众多的民间文化遗产，是整个中国优秀传统文化的重要组成部分。民间文化传统还有它自己的独特特性。其中有两点非常重要：一是民间文化有许多是具有非常悠久的历史，有些甚至是传自于史前、传自于文明诞生之前、传自于文字产生之前的文化，这种时间的久远性和远古性，使民间文化弥足珍贵；二是民间文化往往都是具有广泛的民众性，是民众集体创造、集体使用、集体传承的，也是民众人人喜欢、代代相传的。至少从这两点来说，民间文化在中国传统文化中就具有举足轻重的地位。现在，党中央对中华优秀传统文化的继承发展高度重视，也达到了重视的前所未有的高度。这很重要。中国现在已经是世界上第二大经济体，中国能在数十年时间里迅速在经济上崛起，有很多问题要深入思考和准确定位。我们在经济上强盛起来，文化上一定要相应匹配，有硬实力也应有软实力。我们的社会经济成就首先归功和来自伟大的改革开放实践，另一方面它一定还有一种看不见的力量、"看不见的手"、看不见的作用，我以为这就是我们传承不绝的几千年的文明和数万年的文化传统。此外，我们要在全球化的时代进一步融入国际社会、扩大交往、深化交流，我们需要有自己的身份、自己的话语、自己的面貌、自己的姿态，而伟大悠久的中华文明正是我们的"天然"优势，是祖先留给我们最宝贵的遗产，也是我们确立基本身份、话语、面貌、姿态的文化基因和文化骨血。党中央号召全党、全国人民都有"文化自觉"的深远意义正在于此。习近平总书记在近年来一系列国际交往中强调文明对话、交流、和谐、和平、和睦的外交实践及其取得的重大国际影响和积极反响，也证明这是正确的文明选择和文化判断。

中国学术文化研究近来借鉴西方说法有将传统分为大传统和小传统的区分，无非是将主流传统和非主流传统进行区分。我们自己的学术传统中一直也有阳春白雪和下里巴人之别。现在人们的共识是：大小传统都是传统的互补性结构，庙堂文化和民间文化是文化传统的一纸两面。所以，当我们叙述中华文明、中华优秀传统文化时，我们不能将"文明""传统"只做片面、局部的解读。习近平总书记在叙述弘扬中华文化传统时，特别指出要系统梳理传统文化资源，让收藏在禁宫里的文物、陈列在广阔大地上的遗产、书写在古籍里的文字都"活起来"。博物馆里的文物、田野中的遗产、古籍中的文字（思想与哲学等）这三种形态的传统构成中华文化传统整体架构和面貌。从非物质文化遗产角度看，对其资源进行系统梳理也是必不可少和迫在眉睫。

在提及传统文化的创造性继承和创新性发展时，习近平总书记也对思想宣传文化部门提出了"四个讲清楚"的要求，即：讲清楚每个国家和民族的历史传统、文化积淀、基本国情不同，其发展道路必然有着自己的特色；讲清楚中华文化积淀着中华民族最深沉的精神追求，是中华民族生生不息、发展壮大的丰厚滋养；讲清楚中华优秀传统文化是中华民族的突出优势，是我们最深厚的文化软实力；讲清楚中国特色社会主义植根于中华文化沃土、反映中国人民意愿、适应中国和时代发展进步要求，有着深厚历史渊源和广泛现实基础。

实际上，这四个"讲清楚"的任务，在我看来，首先应该是学术界的任务。要完成这四个"讲清楚"，学术界任重道远。同样，在非物质文化遗产领域，"四个讲清楚"的任务也是十分艰巨艰难的。

而这，正是本书作为承担国家社科基金艺术学项目的重要原因。本书聚焦的正是"现代社会转型期天津皇会的研究"。天津皇会不仅是妈祖文化的重要样本，它也是作为传统文化典型样态的非物质文化遗产。天津皇会在天津是其文化底层底色性文化。在鼎盛时期，天津皇会曾经多达七百余道，可以想见它曾经的红火。虽然它至今余存不过百余道，但是一当它搬演之时，天津举城狂欢、万人空巷，依然显示出它与这个城市的深厚深刻的历史关联。天津皇会呈现出的竞技性、竞赛性、绝技绝活，也透露出天津这个水陆码头的城市性格：身怀绝技、闯荡世界、争强好胜、天不怕地不怕。这是一个藏龙卧虎的城市，是一个崇尚狂欢式自由精神的城市。妈祖文化传至天津，不仅伴随着天津城市化的历史进程，而且由于其拱卫京畿的城市地理位置，沾上了"皇家气象"，一方面崇敬皇权，一方面视京城帝王的称誉为崇高荣誉，妈祖文化披戴上了"皇会"的霞帔。虽然福建妈祖作为"始祖"也在历朝历代多有皇帝赐封，但是天津皇会只记住了帝王对自己花会的特别赞誉，他们为自己的光荣而光荣，为自己的独门绝技而自我欣赏、自我陶醉。天津皇会是妈祖文化中的独特景观。天津皇会是天津历史、现在、未来都必须正视的一个事实和存在。所以，无论是就妈祖而言，还是就天津而言，"讲清楚"天津皇会种种社会情状就是一个重大、严肃、必要的学术课题。

天津皇会在天津的存在历史也是一部复杂多样的历史，要把它的方方面面"讲清楚"的确不是一件容易的事情。承担本课题的是天津大学冯骥才文学艺术研究院的青年教师和博士。在着手本课题之前，他们在冯骥才先生的率领下，一方面各自在跟随冯先生读博期间就开展了相应的皇会课题专项研究，或者参与、主持过相应课题；另一方面冯先生率领研究院一干人马，用了几年时间，对天津皇会开展了一次系列的、系统的田野调查，调查成果汇总成集十余卷为一套的大型丛书《天津皇会田野调查档案》。在完成这些前期调查、研究之后，才胸有成竹地申报了本书确定的国家级课题。所以，我以为，这个课题的完成是响应习总书记"四个讲清楚"的一次重要实践和学术示范。本书主要"讲清楚"了以下重要问题：一、妈祖文化的历史沿革；二、天津妈祖与各地妈祖的关系和异同；三、天津妈祖或天津皇会的文化个性与文化丰富性；四、天津皇会的历史变迁；五、天津皇会传承的复杂性与正负价值；六、作为非遗的天津皇会的意义、价值、发展走向；七、天津皇会的文化表现及超常的技艺；八、天津皇会对天津文化的影响及它在天津文化中的表现；九、天津皇会的创造性继承和创新性发展的文化选择与文化路径，等等。

与许多大城市或中小城市一样，由于我们的科学的遗产观确立得太晚，所以大多城市在现代化进程中都毁掉了自己的"古""旧"风貌，结果导致了"千城一面"。千城一面是城市文化的一种偏执、滑稽、失误。但这个事情已经既成事实，并且不能因此否定我们的城市依然需要建立、保持、完善它的文化个性和文化丰富性。这种多样化的文化建设思路、文化资源、文化现实的可能性在哪里？出路就是每个城市不同的非物质文化遗产。我曾经留意日本的现代文明与传统文化的关系。我以为他们在"千城一面"、现代西方文明的外表下或空间中，用时间交替中的民俗、节日、祭祀、表演等等保持着城市的个性和不同。这可以给我们以启示。我们许多城市都有自己独一无二的非物质文化遗产，有独特的传说、风俗、表演、技艺、形象、建造、符号等等，像天津皇会一样，既有妈祖文化共性又有天津皇会个性，各个花会又争奇斗艳。这些是文化多样性的重要资源。如果把它们再丢失掉，其后果就不仅是"千城一面"，还要加上"千人一面"，那时我们的精神生活和文化生态就真正是危机四伏，走入穷途末路了。由此而论，抢救与保护非物质文化遗产真正是一项十分重大的事情。希望我们的国家、政府、学界、百姓都能充分地认识到这一点。学术界而且要做得更多一些，把这些遗产"讲清楚"，再把这种"讲清楚"传播出去，让人们普遍接受与理解，最终形成全民的"文化自觉"。这也正是本课题的追求与尝试。

2016 年 10 月

本文系《嬗变与传承：现代社会转型期天津皇会的研究》之前言，华文出版社 2016 年 12 月出版。

面对一个巨大的存在

——序《行走田野的智慧：冯骥才文化观念研究》

马知遥的新著《行走田野的智慧：冯骥才文化观念研究》即将出版，我很高兴能先睹为快，并在这里写下若干读后感为其作序。

记得是七八年前，我和知遥首次见面于山西介休的绵山，我们一起参加了在那里举办的清明节文化论坛。此前我隐约知道一点他的学术背景，但因从未谋面，基本上对他很是陌生。我记得他为这次论坛撰写了相关论文，而他的博士论文是做的现当代文学。做现当代文学研究的博士能对民间文化有较深入的研究和浓郁的学术兴趣，这是十分难得的。也因此，我对他这个人也产生了很强的好奇心。于是在会议期间便与他有过一些接触并留下了较深的印象。

那以后没多久，冯骥才先生所在的天津大学冯骥才文学艺术研究院由于新创，需要延揽人才，我于是向冯先生推荐了马知遥。我的想法是，冯先生是一个多才多艺的学者、专家、艺术家、作家，在冯先生处学习、工作、研究最好是有中文系的底子，是博士出身，有研究的基础，还能打通文学、艺术、文化的研究界限，甚至对文学文艺创作有所爱好和成绩。而知遥除了文学研究、评论以外，也曾是一名诗人，对诗歌创作有长期的实践和不菲的成绩。不久，知遥就到天津大学随冯先生开始了博士后的研究。现在这本书就是知遥博士后出站的成果。

天津大学冯骥才文学艺术研究院成立以后，冯先生也盛邀我为该院的博、硕士们讲课。我也多次向年轻的博、硕士们谈到这个学院的研究方向一要向外，二要向内。向外是研究社会化国际性的文化、文艺、文学的问题，向内则要研究冯骥才本人的文化、文艺、文学的成就与贡献。而就"近水楼台先得月"的便利来看，研究冯先生本身就是一个巨大的学术资源，有得天独厚的学术便利。我很高兴，知遥在此后若干年里，把博士后的课题锁定在对冯先生的研究中。事实上，这还是一个具有巨大挑战和面临特别考验的研究对象。冯先生在小说、散文、绘画、美术史、民间美术、文物考古、文化史研究、文化遗产保护、音乐品鉴、古画鉴赏、民俗学、民艺学、非物质文化遗产、敦煌学、遗产学、建筑学、文艺评论、文学理论等等领域都有涉猎，而且在这些领域都一一达到了顶级、一流的水平。早些年来，他在文学领域冲锋陷阵，是文学界的一员骁将；近些年来，他在文化遗产保护和民间文化遗产抢救方面更是一呼百应，影响波及国际，是旗帜性的人物。要把冯先生作为研究对象，没有点自信、没有点能力、没有点水平可能会是功夫白费。这就是我们看见的学界现状：有各种各样对冯先生作出的研究文章和文字，要么只说他的小说、绘画、散文，要么只说他的文化抢救和保护。比较全面、综合，打通其前后期和文学文艺文化成就的研究则少之又少。

当然，学术上的分工细化和术业有专攻有其合理性和必要性，可以把某一种创造类型的研究深入到鞭辟入里的程度。但是，对于一个复合型、有多种创造成就的人来说，对其研究因为这种学术分工就会显得碎片化、片面化，或者说只是一种瞎子摸象，不能让人得其全貌。这会降低我们对研究对象的总体评价，也不能理解研究对象的丰富性及其不同创造之间的深刻关联。这样的研究虽必不可少，但终究也是有缺憾和不足的。当然，冯先生这样的研究对象极其个别，并不普遍，所以似乎不成其为问题，也没有引起更加广泛的重视。但是如果这样的对象出现了，我们却未同步涌现出相应的研究者或创建一种新的研究观与方法论，是不是也说明我们对一种极其罕见的文化人才及其杰出的文化创造会有一种"视而不见"的历史缺陷呢？一个没有文化英雄的民族和时代是悲哀的，一个出现了文化英雄而对其无从评价的民族和时代也是可悲哀的。我觉得，就冯骥才研究而言，我们面对的正是这样一个巨大的存在。

知遥为这个课题是付出了艰巨努力的。他读遍了冯先生的各种文学、文字、文体的著述，由于冯先生著述极丰，出版作品多达千万余字，所以这个阅读量是非常庞大的。他还广泛涉猎文化遗产保护的各种理论，又兼及当代西方各种哲学思潮，同时还全面梳理了文学界、文化界这几十年来对冯先生的大大小小的研究、评论文章，全面搜罗了各种各样的关于冯先生的新闻报道和访谈。可以说，在资料搜集、阅读材料这两个方面他是做出了必要的努力，做足了功夫。本书附有知遥梳理的两个重要附录。一个是《冯骥才先生大事年表》，首次勾勒了冯先生的人生历程和创作写作著作的生命轨迹；一个是《冯骥才文化艺术思想研究的相关文章索引》，可见其搜罗广博，钩沉广泛。应该说这些基础性工作是做得扎实的，也为他的研究奠定了可信而可靠的基石。

知遥这部著作名曰《行走田野的智慧：冯骥才文化观念研究》，其实内容并不只是关于冯先生的文化思想研究。他是把冯先生的文学和文化打通与结合起来研究的。他把冯先生的文化思想溯源到他的文学思想、文学形象、文学动机里，从冯先生二十世纪八十年代以来的文学创作中发现了他后来一系列文化思想的萌芽、发展、定型。事实上，冯先生的文学创作和文化思想都是发生在中国社会全面转型历史长时段的过程之中，两者都是社会转型带来的刺激荡激撞击打击而引发的回应反应，所以，两者之间存在着深刻的关联是必然的。

面对冯先生丰富多彩的文学形象和博大精深的文化思想，知遥用精练明畅的叙述进行了评述和深究。他全面评述了冯先生的各种文化思想的核心意旨，指出其中一些重要特点。他认为冯先生文化思想的特点，一是在许多广为传播的重要观点都有一个早发声先发声的特点，他往往走在时代的前面，有先知先觉的前瞻性。比如关于城市文化遗产保护、关于非物质文化遗产保护、关于传统村落保护、关于地震灾害与文化遗产保护，冯先生都是最早发声、最先发声的文化人，有些甚至提前十余年就预见到后来的必然的文化选择，或者用十余年的努力，把一种呼吁变为文化现实。二是在提出系列具有重大现实意义的文化思想后能够身体力行，具有极强的行动力。这的确是冯先生在文化界中独树一帜的风格。冯先生不仅用思想促成全国性的民间文化遗产和非物质文化遗产的抢救保护热潮，他还亲自示范，深入田野，实际抢救、保护、研究。知遥详细解剖了冯先生对中国木版年画的抢救过程、细节、成果，充分证明后者的行动力的强度、特色、品格，具有很强的说服力。三是在推出自己的文化思想方面具有强大的影响力。这也是冯先生特立独行的显著特征。他的文化思想不是为了藏之名山，也不是为了自己孤芳自赏。文化既然是大众、民俗、群众的，就文化而得出的思想就应该影响他们。事实上，冯先生的思想不仅影响了民众，他更是通过舆论影响政府、影响各级领导干部、影响政策决策、影响文化界思想界、影响社会和国际。四是在对冯先生的文化贡献上明确指出了其中众多的重要的"第一"。比如，知遥指出，是他头一次提出对中国大地上的民间文化进行盘清家底的地毯式的普查；是他提出了中国的民间文化是中国传统文化的一半；是他提出了为传承人进行口述史访谈并为他们立传；是他通过自己长期的田野经验提出了"民间创造，精英挑选"的保护理念；是他提出了"把书桌扎根在田野"，提出了对中国民间美术进行分类、建立国家文化遗产日、春节假期提前到大年三十以符合民俗规制、清明节放假等；是他提出了遗产名录数字不能表明非遗工作的根本成绩，要建立非遗红黄牌制度，要及时将申遗变为审遗。知遥这些梳理对读者深入理解冯先生的文化思想具有引导作用。五是在描述和总结冯先生的文化思想情怀特征时，知遥个性化地使用了"圣人情怀"来表述他的认知。这是一个大胆的表述。但是我认为这是知遥最有创见的认识。以我自己长期的、多年的、贴近的、深入的对冯先生的了解、理解、认知、认识，我认为冯先生当得起"圣人情怀"这四个字，而且我认为在我的内心评价里，冯先生就是一个超凡脱俗、有真知灼见、敢担当有胸襟、深怀终极理想、具有使命意识和文化先觉的当代"圣人"。没有私欲、不计名利，心有大爱、眼界高深，目标坚定、无论得失。这些都是圣人般的情怀和人格。知遥的研究和评价，让我心有戚戚焉。这本著作还有很多可圈可点的研究特色，这里不再一一赘述。

尽管这本书可以说是目前第一部比较全面系统地研究冯骥才的专著，其中也集中呈现了冯先生的一系列重要文化思想，取得了值得肯定的成果，但是其中不足或者说不能完全令人满意的情况也明显存在。冯先生思想的博大丰赡、生动丰富的高度并没有得到十分匹配的具有深刻性的揭示，知遥在更多的地方显得囿于他人、西人的文化观点和哲学思想来比附冯先生的思想，缺少自己的更丰富深刻的深度思考和思想原创。关于转型期的论述，虽然宏大，但也存在过分认同、引用他人理论，而且又与冯先生的思想轨迹吻合不够，显得这一社会背景过于空疏。当然，我这些要求也有苛求之嫌，我总希望对冯先生的全面研究应该尽快有深度地展开，而这一工作却似乎刚刚开始。但是，无论如何，知遥这本著作有开创之功，虽然它也带着它初创时难免的粗糙。我们还是要感谢和祝贺知遥的努力及其取得的成果。

是为序。

2015 年 7 月 1 日

马知遥著《行走田野的智慧：冯骥才文化观念研究》，天津大学出版社 2015 年 12 月出版。

第四编

冯骥才与传统村落保护

文化遗产保护的后沟村范式

后沟村的发现

今年 6 月初，在我国第十个国家文化遗产日到来前夕，一场名为"中国民间文化遗产抢救工程巡礼"的活动在山西的一个偏僻的小村落隆重举行。这个小村落地理位置虽然偏僻，藏在一片广阔荒凉的黄土高原深处，但是它的名声影响却非同小可。它就是目前在山西古村落乃至全国古村落中都大名鼎鼎的后沟村。后沟村的准确表述是：山西省晋中市榆次区东赵乡后沟村。这次巡礼活动的一个核心项目格外引人瞩目，一批最早来到、发现、确认后沟村的专家学者在十余年后又重新回到后沟村聚首，重温当年的情景，回首此后的历程，展望未来的前途。这是一次意义非凡的文化重走和历史回放。整个后沟村一时沸腾，村民们敲锣打鼓夹道相迎，全国的民间文化学者专程来此踏访，新闻记者闻风而动一时云集。

这个偏僻的小山村为什么如此风光？

让我们回到这段历史的起点。

2002 年下半年，中国民间文艺家协会申报的中国民间文化遗产抢救工程被国家社科基金批准为特别委托项目。所谓特别委托项目，按国家社科基金有关章程的解释，就是由中央领导或国家哲学社会科学规划领导小组特别委托实施的项目，它是国家社科基金已知设立的各种立项支持资助项目类别中等级层次最高的一级项目，具有举足轻重的文化分量和学术地位。这是一个喜讯也是一份责任。如何启动和实施这项重大文化工程成为中国民间文艺界的紧迫课题。中国民协主席冯骥才此前向全国新闻媒体表示，我们将通过此一工程对全国民间文化遗产进行一次地毯式的大普查。为实现这一目标，他提出，在正式启动实施此项浩大文化工程之前应该找一个典型地点进行采样示范调查并在此基础上编撰适用于全面普查的《中国民间文化遗产抢救工程普查工作手册》。冯骥才后来在发表在《收获》上的一篇文章中记述了这时发生的后沟村故事的起源。他写道："在全国性民间文化普查启动前，我们在为一件事情而焦灼。即要找一个古村落进行采样考察，然后编制一本标准化的普查手册。如此大规模、千头万绪的举动，没有严格的规范就会陷入杂乱无章。但采样选址何处，众口纷纭，无法决断。突如其来一个电话，让我们决定奔往晋中榆次。来电话的是榆次区委书记耿彦波。他由于晴雯补裘般地修复了两个晋商大院——王家大院和常家庄园而为世人所知。他在电话里告诉我，他在榆次东北的山坳里发现一座古村落，原汁原味原生态，他说走进那村子好像一不留神掉入时光隧道，进了历史。他还说，他刚从那村子出来，一时情不可遏，便在车上打手机给我。我感觉他的声音冒着兴奋的光。"我那时正在中国民协任副秘书长并分管相关工作，于是冯主席的电话就到了我这里。他后来对新闻界回忆说：我和云驹我们俩为了抢救工程不知打了几千个电话。一番商议，定下如下原则：一、确定后沟村为定点采样标本；二、从全国遴选学术造诣高、有丰富田野调查经验的专家参加调查；三、专家组成员应来自多学科，即应有民俗学者、民间文艺学者、民间美术学者、文化史学者、民俗摄影师、电视纪录片采编摄专家、地方文物学者、地方志专家、地方建筑学专家、地方民间文艺学家；四、有地方政府领导参与；五、调查方法、技术、手段特别强调要由文字记录、口述调查、碑刻方志家谱文献调查、影像拍摄记录、民俗调查、民间文学调查、民间美术调查、民居建筑建造调查、民间信仰调查等等立体展开全面记录。根据这些原则，我们选定这些专家参加调查：冯骥才（文化学家、文学家、画家、文物学家、民间文艺学家、民俗学家、摄影家、文字书法学家）、乌丙安（辽宁大学教授、民俗学家、民间文艺学家、文化学家、文学研究家）、向云驹（民间文艺学家、民族学家、文化人类学家、文学研究家、民俗学家）、乔晓光（中央美术学院教授、民间美术学家、画家、剪纸研究家、文化学家、民俗学家、美术史论家）、潘鲁生（山东工艺美术学院教授、民艺学家、民间美术学家、民间工艺学家、画家、民俗学家、文化学家、美术史论家）、李玉祥（民俗摄影家、摄影学家、图像学家、新闻摄影家、视觉人类学家）、樊宇（山东电视台编导、纪录片创编、视觉人类学家）、谭博（山东电视台纪录片摄像师），等等，其他专家由地方政府选配。2012 年 10 月 30 日，调查组一行从全国各地会聚山西，开始了一次前所未有的调查。后来的事实证明，这个村落的确是让人像穿越时空一样回到了历史的深处。村民说他们家曾传下家谱，记载家世三十代。村里的观音堂里留有明代天启六年（1626）的重修碑记，那时刻碑者就说该村"年代替远，不知深浅"。村中戏台也有一通咸丰七年（1857）重修石碑，碑记这次重修距初建戏台"百有余岁"，可推出戏台建于乾隆中期。我们一行则在这个戏台墙壁上见到 1958 年 9 月 10 日至 13 日榆次秧歌剧团来此演出留下的演出和节目单墨迹。只不过现实的这一切都呈现出破落、荒芜、废墟的景象，村落里的文化精彩和精致都被厚厚的尘埃和表面的衰败掩盖了起来。

后沟村调查组的各专业的专家除了开展各自专业的调查外，还共同会商了对这个村落文化价值、文化个性、文化水平、文化特色等的定性和定位，与地方政府领导、文化部门、文物部门、旅游部门研究确定了调查保护原则，向地方文联、文艺工作者部署了全面深入调查村落历史、民俗、民间文学等的任务，记录摄像组用数月时间拍摄到婚礼、葬礼、年俗、儿童游戏、日常民俗等影像资料。此后，地方政府与专家组多次会商并迅速展开古建、民居、窑洞、庙宇、戏楼、作坊的修复，村民生活设施的改造，等等；专家们提供了调查成果，并就此次调查结合全国民间文化普查设计了民间文化全面的分类系统、问卷提纲、调查方法，民间工艺美术技艺调查提纲，村落摄影内容、方法、角度和各种技术参数，民俗影像摄制原则、记录方法、拍摄技术等。榆次文联组织完成了大规模的采访，并整理出系统的文字资料。冯骥才专门撰写了后来在全国引起广泛影响的长篇文章《抢救民间文化遗产：为什么做？做什么？怎么做？》作为手册序言。2003 年 2 月，《中国民间文化遗产抢救工程普查工作手册》问世公开出版发行。其中有后沟村有形文化和无形文化的完整呈现，在附录的光盘中，也收录有后沟村的完整的影像活态记录示范性资料。随后不久，中国文联、中国民协在北京人民大会堂举行隆重、盛大、庄严的中国民间文化遗产抢救工程实施启动仪式。党和国家领导人出席并讲话，中宣部、中国文联、国家民委、文化部等有关部委领导出席并讲话，联合国教科文组织驻东亚五国和驻北京办事处代表出席并讲话，无不盛赞此一工程功在当代，利在千秋。各界名人专家学者数百人与会，全国民间文艺工作者从四面八方赶来，海内外数百名新闻记者现场报道。《普查工作手册》在启动仪式上被隆重推介，后沟村图片与影像惊艳了全国和全世界。

随着中国民间文化遗产抢救工程在全国的深入推进和全面展开，后沟村也日益闻名于世。后沟村从原来闻所未闻一跃而成为全国知名古村落，全国各地游人旅人蜂拥而至，村民们的生活水平迅速提高并脱贫致富，村中传统民居古建庙宇作坊悉数得到重建修缮恢复。此后十余年，后沟村的发展始终受到民间文化界专家学者关注。地方政府多次就后沟村的建设规划听取专家学者的意见，2005 年，后沟村在村口大槐树老铜钟下为中国民间文化遗产抢救工程立碑，铭记此次示范调查。2008 年，作为保护古村落的典范，后沟村被中央电视台《新闻联播》现场报道。

后沟村的意义

作为文化遗产保护的后沟村范式，后沟村不仅产生了广泛的影响，也具有深远的意义。后沟村的意义可以从三个层面把握和理解。

一、作为古村落的后沟村的意义。

后沟村历史久远，保存完整，其外观样貌经过精心设计和建造，建筑风格统一，细节设计精致，布局合理，小巧玲珑，功能齐备，宜居宜人，是经典的样板的北方黄土地上的古村落。后沟村只有八十余户人家三百余人。村落分布在从山底河沿向上至半边山坡上。全村建造、选址、布局、造窑显然是有典型的传统的风水观和人文规划的。后山的依靠，左边的山势和水系，右边的山形和沟岔，以及村前的龙门河，构成青龙白虎、二龙戏珠之势。后沟村的建造规划不仅体现在选址布局中，也体现在它的庙宇布局形成的精神空间中。全村从村头入进，村口有关帝庙，庙中供奉关帝像，庙形有小型围墙和空白空间，庙虽小但形制气象很大。村头与村落隔河相望的是气势恢弘的观音堂，该庙依山傍水，庙墙巍峨，庙前台阶层层叠叠，营造出神圣、仰视、壮观的造型，堂内建造金碧辉煌，廊上木雕彩绘雕梁画栋，钟鼓楼暮鼓晨钟，古槐柏虬龙沧桑。村中核心广场东有戏台（旧称乐亭），西有玉皇殿，唱起戏来既献神也娱人，是为人神共乐。村北坡顶最高处是真武庙所在。此外村东另有文昌阁、魁星阁，村口有民间杂神祭祀的五道庙。各处庙宇供观音、玉皇、三官、龙王、真武、文曲、魁星、关帝、财神、盗神、山神、土地等等，是儒释道杂糅共处，正统宗教和民间信仰共存的村落和谐的精神空间。各种神灵在村中分布有序，使庙宇与民居形成有序穿插，节奏协调。特别值得一提的是后沟村家家户户每个院落都有一个自属的天地神龛,供奉天地神。神龛均为砖雕制作,其技法有浮雕、圆雕、透雕等等,造型有松鹤、梅竹、山水、花鸟、吉祥物象等等,仿佛不是神龛,倒像精美图画和盆景,与其说它们是神灵崇拜物,莫如说它们是精美绝伦的民间工艺绝品。这些天地龛在我们最初发现时很多还被泥糊浆盖着,正因此才保护它们躲过了"文革""破四旧"被毁灭的劫难。后沟村天地龛的砖雕风景和精湛精品堪称罕见和绝品。后沟村村落格局和布局的另一别具匠心处是它的独特的实用的村落排水系统。由于村落并不庞大,又是同在一面坡上,所以建村设计者设计了全村统一的排水系统,即从山顶平台台地开始设沟引流雨水,往下分渠分汊进入各家各户,又沿途沿坡汇集各处雨流排水,各水沟大多为埋在地下的暗沟,沟内四壁用鹅卵石砌成,纵横交错,勾连全村,泄入村底龙门河。如此匠心独具也是不可多得的个案。后沟村的民居具有北方民居的代表性风格和样式。一方面是四合院式的格式,另一方面是窑洞式建造。后沟村的窑洞民居有全窑洞式,也有半山靠式窑洞,还有窑洞与屋室结合组合的院落,样式齐全、结构丰富的窑洞式民居是后沟村建造的又一大特色和文化价值。这些民居分布在不同的山势、地形、坡土上,形成了充满几何线面、立体构图、建筑造型的美观与美景。其中,著名的吊桥院堪称经典中的经典,是极致之作。吊桥院依据一处险僻的半山造窑造院,将奇险、狭隘转换为防敌防盗防御的设计,门外打通山体挖出隧道,隧道尽头设计可升降的活动吊桥,深沟深壑与吊桥山洞为半坡峭壁再添屏蔽屏障。整个建造的设计,想象大胆,奇思妙构,精美绝伦,令人拍案称奇。此外,后沟村还有整套的多样齐全的乡村手工作坊,什么油坊、酒坊、醋坊、豆腐坊、磨坊、米面坊等等一应俱全,完全是自给自足、万事不求人的世外桃花源式的农耕小乐园。这里还有独特的据说旧时曾经成为贡品的小白梨、黑叶子枣等,村中饮食面食品种丰富,菜肴别具风味口味。村里民风淳朴,崇文敬德,还有丰富多彩的民俗、民艺和民间文学，剪纸刺绣巧夺天工。总之，这是一个从景观、建筑、民居、造像等物质文化遗产到生产技艺、生活方式、民俗风景、民间文艺、民众信仰等非物质文化遗产都经典精彩又共生共存合而为一的文化遗产样式或文化遗产集结地，是我国北方古村落的代表作，具有深厚的历史价值、浓郁的人文气象、精致的观赏价值、丰富的旅游价值。

二、作为保护样板的后沟村的意义。

后沟村是中国民间文化遗产抢救保护的成功范例，也是中国民协树立和确立的一个古村落保护的样板，更是文化遗产综合保护、立体保护、全面保护的一个试验和样板。从文化遗产保护的角度审视后沟村，评价它的此一价值和意义，我们回望和总结其中的经验，可以得出如下几点启示：

一是古民居修旧如旧的样板。后沟村的古建、民居、庙宇在十分破败的情况下，要恢复其光彩，就必须全面修缮修复。因为村子不大，又过于精彩而且得到专家们的高度赞誉，所以，榆次区政府全面介入、全资投入、全力主持了后沟村的重建修缮。这使得村民可以直接受益，专家意见可以得到充分尊重和贯彻，政府也可以因此探索一条新的文化遗产保护道路。因为有耿彦波的民间院落修复经验，有冯骥才长期主张文物保护修旧如初、修旧如旧的学术主张指导，后沟村改造工程完成后，不仅没有变样，而且古色古香、散发出本真原来的精彩和风采。所谓修旧如初、修旧如旧最重要的原则是要保持原来的规制、样貌，使用原来本来的材料和工艺。榆次区修复后沟村动用了全区的资源，确保了这些原则执行到位。

二是传统与现代融合的样板。后沟村修缮过程中，专家们在一开始就提出要改变提高村民的生活水平，才能使他们热爱自己的家园。所以，政府在改造中首先在保留传统排水系统外，全面设计铺设了地下管道、缆线等基础设施。同时为每个家庭、院落的内部设计了现代的卫生间、厨房、居室设施，极大地方便、改观、提升了村民的生活质量，也有效地保存了建筑的传统风格、样式、格局，避免了各家各户各自为战、随心所欲，把西方国家保护古村落的成功经验直接运用到实践中来，取得了良好的效果。

三是生活化传承保护的样板。在启动后沟村保护修复工程之时，后沟村的破败程度超出了我们的想象。那时，这里又苦又贫又穷，村民年均人收入才二百多元，男青年穷得娶不到媳妇，女青年穷得想赶紧嫁出去，年轻人都外出打工去了。许多家庭都搬迁了或空巢了，许多院落都长满了青草。戏楼几十年没演过戏了，玉皇殿成了小卖部，观音堂做了一段时间的小学校，学校迁走后，房子就荒芜在那里，房间里都已然杂草丛生。于是各种各样的保护方案提了出来，其中最有分量的是参考当时国内最有影响的某镇模式，把村民外迁另建新区，把旧村改建成完整的旅游景点——一个空巢的旅游景点。而且这种做法对各路企业公司极具诱惑力，甚至就是他们提出的方案，资金和投入可以因此迎刃而解。但是专家学者的观点与此完全相反。我们认为，空巢式景点式保护完全有悖文化价值和遗产性质。村落必须是活态的村落才是有生命力的村落，村落的建筑、布局、装饰都是为村民生命生活生长生产服务的，离开了活的生命、人的生活，村落不仅是一个死村、空巢村，而且也是一种人为置文化遗产于死地的保护性破坏。这种后果是我们能够看见和预见的，如果我们认同这种保护模式，那是对我们学术理想的极大扭曲和不敬。专家学者对此做了充分说明，并认为这是一条底线，决不能放弃和突破。最终，这个原则得到了政府的认同和支持，并且确定由政府全资投入保护。

四是村落调查与记录的样板。这次后沟村调查是多学科、多手段、多遗产综合一体的调查。这在学术上是一个巨大的突破。过去调查村落，建筑学界做他们的建筑调查，文物学界做他们的文物调查，民俗学界做他们的民俗调查，民间文艺学界做他们的民间文学调查，民间美术学界做他们的民间美术工艺调查，学科之间别看

146

都在民间的领域，虽鸡犬之声相闻却老死不相往来。不要说学科之间互不搭讪，就是工具手段虽有了科技革命，但依然是你绘你的图，我找我的物；你做你的笔记，我拍我的照片；你采你的形象，我录我的影像。这次不一样，既然都研究民间文化，大家就有共同的学术共识，各方合力，格局就新。文字、录音、摄影、摄像立体记录，文化遗产、非物质文化遗产综合保护，把村落视为文化遗产的综合载体实现整体保护。事实证明，这一调查方法和调查技术的运用，不仅是方法论的突破创新，而且是文化遗产保护理念的突破和创新；不仅对此后全国民间文化遗产和非物质文化遗产调查产生深刻影响，带来巨大效益，留下了更多样更丰富更生动更全面的资料，而且对全国的文化遗产调查、文物普查、传统村落调查等等也产生了巨大的推进和影响。2005 年，全国文物保护工作会议在山西召开。由于后沟村模式的成功和影响，此次会议特意安排全体与会者来后沟村参观学习。山西省文物局局长在此次参观现场后沟村感慨地对我说，你们做得如此成功，保护非遗的专家能把物质文化遗产保护做到让文物保护专家都佩服，实在难得。

五是新农村发展建设的样板。由于采取了全新的保护理念和运作模式，后沟村一举成名。后沟村迅速从贫穷落后的小村变成全国闻名的名村、富村，村民收入超速提升，几年间就达到人均收入过万元。我后来几次到后沟村回访，有一次一位在村口卖白梨的村民告诉我，她光卖土特产这一项一年也能卖一万多元。我还得知，村子出名了，民居值钱了，青年人也纷纷回来了。外村女子都愿嫁过来了，本村女子却舍不得嫁出去了。网络上也看见很多"驴友"自发写出的到后沟村的观感和赞叹。地方政府也不亏。他们彻底解决了一个贫困村的脱贫问题，他们创造了新的文化政绩，他们为山西新贡献了一个全国最具知名度的古村落。后沟村并不是山西最精彩的古村落，但它后来居上、一鸣惊人，却是最具影响力的古村落。地方政府后来又在后沟村引进了公司制旅游管理模式，据说因此获得巨大经济效益，投入获得了产出。后沟村虽小，但它的影响和效益却巨大。它证明文化有无可估量的各种各样的价值，保护利用好文化遗产绝不是我们的累赘和负担，而是我们的责任和义务，也是我们的利益和效益所在。

六是村落式文化旅游的样板。由于江苏苏州的周庄最早因水乡村落旅游成名，说到古村落旅游人们就会想到周庄，后来又有浙江古村落、福建古村落，以及以婺源为代表的江西古村落。北方古村落作为旅游品牌虽然出名不晚，但一直影响不大，精品不多。后沟村的发现和崛起，迅速改变了局面，为北方古村落旅游开辟了新的道路，开创了新的格局。后沟村经验，是民间文艺界用学术服务社会、服务人民的新探索，是文化界把文化遗产与旅游发展相结合的新实践。

三、作为抢救工程示范的后沟村的意义。

其一，中国民间文化遗产抢救工程是我国进入二十一世纪以来实施的超大型文化工程，它不仅涉及面广，参与人员众多，而且如滚雪球般越滚越大。这个工程契合了联合国教科文组织实施的全球性非物质文化遗产保护运动，在中国推动了非物质文化遗产保护的理念，是二十一世纪中国文化发展开篇力作。后沟村是这个文化开篇的第一页，是其扉页与题记。中国民间文化遗产抢救工程也是中国民协六十多年来实施的"三大战役"之第三大战役，后沟村调查是第三大战役的序曲。

其二，后沟村调查是中国民间文化遗产抢救工程普查工作手册示范标本及其采样，对以后十数年的抢救工程发挥了巨大的指导、规范、推进作用，其跨多种学科、用多种技术进行的首次立体性村落调查与记录方法，全面改变了民间文化研究的学术生态，改写了学科与学术发展的历史。后沟村调查之后，随着中国民间文化遗产抢救工程的全面实施，民间文化工作者对我国年画、剪纸、唐卡、皮影、节日、民歌、服饰、蓝印花布、布老虎、泥塑、陶瓷、史诗、长诗、民俗志等展开普查，其中以中国木版年画普查作为重点、先行、示范项目，高度遵循普查工作手册确立的后沟村原则，用多学科人才和多技术手段对年画的题材、内容、形式、体裁、功能、色彩、形象、技法、绘画、雕版、印刷、张贴、崇祀、店铺、销售、传播、艺人、传承谱系、口述史、作坊、民居、年俗、传说、歌谣、艺诀等等进行全方位全影像全事象的立体式地毯式调查记录，共发现并调查二十余个著名年画产地，最终形成和完成了由中华书局出版的共计二十二卷的大型丛书《中国木版年画集成》，一个产地一卷，每一卷都附有影像记录光盘。这种对中国木版年画的全记录和全呈现，不仅是开天辟地的、前所未有的，而且让一种世俗民间的文化从此登上大雅之堂跻身文明圣殿。这些成果震惊了海内外学界，年画集成图书在多个国际出版、图书竞赛中获得大奖，联合国教科文组织总部专家组来中国民协调研并给予高度评价，认为中国在抢救保护民间文化遗产的学术理念和方法具有科学性先进性，为全世界做出了示范。

其三，后沟村是迄今为止古村落保护中政府与学界最完美的一次合作，造就了一个全方位推动中国文化遗产保护的示范村，不仅其调查方法对抢救工程产生深远影响，而且其修复、改造方法对全国文物界产生重要影响。并且它在我国大规模保护文化遗产运动到来之前或之初，就预见和预设了十数年后全国大规模的传统村落保护，它是传统村落系统保护的先声。正是基于对后沟村的经验，冯骥才自 2008 年以来开始强力呼吁古村落保护。他指出，我国最大的物质文化遗产是长城，最大的非物质文化遗产是春节，最大的物质和非物质文化遗产集合体是我国众多的古村落。分布各处的各民族各地域的古村落是我国文化遗产最后的家园，决不能让千姿百态的古村落消亡而致广大农村千村一面，使我农耕文明古国黯然失色。由于他堂吉诃德般地呼喊，由于他多次与几任国务院总理就古村落保护对话，国家终于全面实施中国传统村落保护工作，他也出任此一国家工程工作的专家委员会主任。后沟村机制上升到国家机制。

其四，后沟村经验也为中国民协推进全国和全面的民间文化遗产工作树立了标杆，孕育了若干文化遗产保护的前沿性思想理念。如：古村落是非物质文化遗产的载体，皮之不存，毛将焉附；古村落是最大的物质和非物质文化遗产综合体，其抢救保护也必须全社会齐心合力；政府保护、专家抢救、民间传承；鱼儿要在水中看，文化要于生活传；试点先行，手册规范，示范指导，以点带面；价值阐述是遗产保护、文化自觉的首要任务，没有价值重建和价值观提升，就没有自觉自主自愿的民间认同和保护；只有最爱才有最美，只有自美才有自爱，自美其美是遗产保护最根本的动力和最关键的环节；有价值的、珍贵的古村落依然在被今人弃若敝屣，说到底是今人的美学价值、美学趣味、美学标准败坏、断裂和畸形的表现，这是美学上的今不如昔，是传统与现代断裂断开断绝的现实危机，是我们丧失文化身份和文化认同的实际例证。

总之，后沟村经验告诉我们：保护古村落就是保护先人的智慧、民族的审美和中国农耕文明安身立命的家园。保护古村落是事关我国农村、农业、农民这"三农"的大事，是事关中国文化传统、城乡和谐、历史记忆的文化乡愁和民族情结，因而也是民族生存大事、国家发展大事、人类文明大事。

2015年6月3日，在中国民协组织下，与冯骥才等最早参加后沟村调查者一行重回后沟村，这是在那里召开的座谈会上的发言。刊发于《中国文化遗产》2015年第4期。

中国传统村落十年保护历程的观察与思考

学术界的殊途同归

十年前，中国民间文艺家协会在浙江西塘召开古村落保护国际论坛，发表了《西塘宣言》。参加那次会议的有来自文物保护、建筑规划、民俗学、遗产学、旅游学等多学科的专家，也有各级政府的有关负责人。这样一个多学科专家参与的会议，在当时还是十分罕见的。正是这次会议标志着学界已经充分意识到传统村落的保护既是一个迫在眉睫的问题，也是必须整合各方力量共同作为方有效果的问题。传统村落保护的复杂性、综合性、艰巨性与它的迅速消失一起呈现在人们的面前。

在此之前，学术界基本是各自为战，像瞎子摸象一样分别在传统村落的一个侧面理解和介入传统村落的保护。文物学界对传统村落中的经典建筑、重要器物、造物和物质遗存用文物保护的方法登记造册并实施文物等级制保护手段；建筑规划专家对样板级的传统村落从人居环境、建筑风格、人文景观角度进行维护；民俗学界对村落民俗和非物质文化遗产开展调查和认定。但是所有这些努力都没有引起人们对传统村落整体价值的高度重视。与我国丰富的名胜古迹、巨量的地上地下珍贵文物、辉煌的庙宇和皇宫相比，村落文物保护始终处于无足轻重的地位，民居的遗产价值只有极少数极品被列入文物保护清单和名录。与我国城乡发展快速进入"洋楼化""城市化"进程相比，原汁原味的传统村落被视为陈旧、落后、封建、土气，被毫不吝惜地推倒和抛弃。与风俗移易、人口迁徙、农村空巢相伴而随的是古俗古风无所依附，民俗断代，民间技艺传承后继乏人，民间文艺人去楼空、人亡艺绝。

传统村落保护的理念更新、聚集合力成为一个崭新的时代课题摆在我们的面前。

若干传统村落保护的崭新模式开始像曙光一样出现在文化保护的天际线。

世界遗产名录中出现了安徽西递、宏村的范式。以完整的传统村落格局、建筑、规划、水系、传统生活、民俗传统构成的整体遗产风貌受到保护，使村落遗产不是单体地、个别地、局部地、静态地、"唯物地"被保护，一改文物或物质遗产保护的旧观念、旧传统、旧模式、旧方法，使人耳目为之一新。

以江苏周庄为代表的一批江南传统村落经过规划性的保护焕发出巨大的生命活力，成为全国著名的旅游景点和热点，极大彰显传统水乡村镇的文化、美学、历史、民俗、生活价值。

以山西榆次后沟村为代表的北方民俗文化和民居建筑典范经过民俗学和非物质文化遗产学界调查、设计、规划、保护，从一个默默无闻的村落，迅速名扬海内外，原汁原味的民俗生活样式、文化生态，活态的经典的农耕文明传统融入现代社会并放射出夺目的文化光彩。

学术界殊途同归地走上了一条具有高度共识、不谋而合的传统村落保护的独特发展轨道。

"三驾马车"的整合驱动

就我所知，以上三个领域三种途径三类模式的传统村落保护范式的殊途同归，最终在三位领军人物的牵手、合作、团结和互相支持下，促进了传统村落保护力量、理念、方法的整合。他们就是文物保护界的泰斗罗哲文先生，建筑规划界的名家阮仪三先生，民间文化学界的领军人物冯骥才先生。他们惺惺相惜，携手推进着中国传统村落保护向更广更深的范围延伸。

作为中国加入联合国教科文组织《世界文化遗产保护公约》的第一批倡导者和直接推动者之一，罗哲文先生在晚年对非物质文化遗产与文物遗产保护相结合的理念给予了大力支持和倡导，多次与冯骥才先生联手开展文化遗产保护工作。著名建筑规划学家阮仪三先生不仅创造了周庄、同里等传统村落保护的神话，还与冯骥才先生一起多次对毁坏传统村落的无知行为展开猛烈抨击。他还特别指出："古建筑物、古建筑群乃至古村落、古城镇，它们和墓葬、碑刻、古文化遗产等性质与保护方法完全不同。后者已经失去了实际的使用价值，它们的'生命'已经停止，而建筑以及城镇、村落，从一开始出现，就被人们所使用，就与人们的活动休戚相关，并且随着时间的延续而留存，因而古建筑及传统文化村落保护的具体内容和方法，也需要改变。"① 冯骥才先生在传统村落保护理念更新上贡献尤多。他最早响亮地提出传统村落是我国文化遗产中最大体量的一类，必须给予充分关注和重视。他形象地指出，万里长城是我国体量巨大和最大的物质文化遗产，中国春节是我国体量巨大和最大的非物质文化遗产，传统村落是我国体量巨大和最大的物质文化遗产和非物质文化遗产的综合性遗产。他进而指出，传统村落是目前我国被极大忽略了的一种形态完全另类的遗产，也是我们最后一种具有极大文化价值的遗产。如果再不保护传统村落，我们将重蹈千城一面的覆辙，沦入千村一面，而且我们将因此损失一大批珍贵无比的物质文化遗产和非物质文化遗产。属于农耕文化结晶的非物质文化遗产极大地依赖传统村落而延续传承，一旦传统村落毁坏，

---

① 阮仪三作《呼吁传统文化村落保护立法》，刊于 2016 年 3 月 18 日《人民日报》。

依附其中的非物质文化遗产必将随风而散。[1]

统计数字显示，我国村落从 2000 年的 360 万个，减少到 2010 年的 270 万个，10 年内消失了 90 万个，相当于每天消失约 300 个。其中毫无疑问有大量的传统村落。传统村落的保护已经是一个被现实倒逼不得不做的事情。

客观的现实是：传统村落的保护绝不是单一学科可以实现的事情，也不是单纯学界合作就可以作为的事情，甚至也不是政府的某一个部门就可以推动和实现的事情。这就是 2011 年 9 月 6 日，冯骥才与时任国务院总理温家宝同志进行古村落保护对话的背景。这次对话直接促成了中国政府全面启动多部委联合的传统村落保护工程。

全面普查获得的巨大成果

2012 年 4 月，住房和城乡建设部、文化部、国家文物局、财政部联合启动中国传统村落的调查与认定，对具有典型性和代表性的村落列入国家名录予以保护。冯骥才先生出任此一工程的专家委员会主任，笔者有幸忝列专家委员会成员，见证了此一工程的巨大成效。2012 年当年公布第一批国家级传统村落 646 个，2013 年公布第二批 915 个传统村落，2014 年公布第三批 994 个。三批共计公布列入名录的传统村落 2555 个。目前，第四批名录正在申报和审批当中。[2]

从已公布的三批国家级传统村落名录中，可以分析出如下情

---

① 参见冯骥才作《传统村落的困境与出路——兼谈传统村落类文化遗产》，刊于 2012 年 12 月 7 日《人民日报》。

② 据新华社贵阳 2015 年 11 月 16 日消息，住房和城乡建设部总经济师赵晖当天在贵州省黔东南苗族侗族自治州召开的 2015 年首届"中国传统村落·黔东南峰会"上表示，中国 2012 年起抢救性地启动传统村落保护工作以来，经过三年努力，传统村落快速消失局面得到遏制，开始迈入保护、改善和复苏的阶段。

况：一、云南 500 个，贵州 426 个，位列全国前茅，其中大部分是各少数民族传统村落；二、浙江 176 个，山西 129 个，广东 126 个，江西 125 个，福建 125 个，安徽 111 个，是几个传统村落大省，其中有较发达地区，也有欠发达地区，有沿海地区，也有内陆省份；三、东三省及江苏、山东、甘肃、河北等地硕果仅存；四、2555 个传统村落中少数民族传统村落占绝大部分；五、全国各省、市、自治区（不含港澳台地区）全部榜上有名；六、各种传统村落包括了草原、高原、山地、平原、沿海、边疆各个地域，建筑取材、村落规划、景观风格丰富多样；七、可见我们已经损失了大量宝贵的传统村落，但依然保存了可观的传统村落遗产，是一笔巨大的文化财富和文化多样性资源；八、许多村落因为总体风貌和完整性不达标未能列入名录，但全国散落着众多的次等级的传统村落，各种未达标的村落中散存着巨量的单体、小片区、局部分布、不成规模的传统村落建筑，切不可忽略对它们的珍惜、爱护和保护。

这是我国首次对传统村落开展全面普查获得的巨大成果，许多村落形态、样式、景观、风景、建筑、民居都具有无与伦比的美学、历史、文化、经济、科学、社会、艺术、民俗、工艺、地理等价值，应该将它们及早作为中华文明的重要组成写入我们的历史和教科书。要及时把这些文化遗产进行记录、拍摄、出版，加以广泛宣传（冯骥才正率领中国民间文艺家协会和中国摄影家协会开展图文立档并出版的工作）。要对传统村落中的经典建筑、遗物、器物、民俗器具等进行登记，对村落景观和生态进行有效研究和保护，对村落民俗开展村落志和民俗志的调查和撰写。应该探索适合不同村落保护发展的生产生活模式，形成各有特色的保护发展类型，找到成功的推广经验。也应该结合相应的旅游业发展规划，制定相对独立的传统村落旅游规划，串联起全国的传统村落，形成丰富的旅游路线，充分挖掘旅游资源。由此可见，建立名录之后，保护传统村落的工作还十分繁复、艰巨，困难和挑战依然十分严峻。

党和政府前所未有的高度重视

目前我国传统村落保护可以说正处于一个前所未有的大好机遇期。党和政府的重视达到了前所未有的高度，国家政策、措施达到了前所未有的力度，社会和民众也越来越具有高度和充分的文化自觉。

党的十八大以来，中央提出了建设美丽中国的目标，大力加强生态文明建设；同时，党中央对我国优秀传统文化的大力弘扬，使传统文化"活"起来，在与时俱进中创造性传承和创新性发展成为全社会共识。习近平总书记关于"绿水青山也是金山银山"的生态文明思想，关于建设美好乡村，让人们看得见山、望得见水、记得住乡愁的城乡和谐发展理念，极大推动了对农耕文明的传承和保护的理念。中央电视台连续推出《记住乡愁》系列传统村落纪录片，在全社会引起共鸣和反响，传统村落的美观、美德、美史、美文、美韵、美景，深入人心。

从国务院四部委2012年启动传统村落保护工程后，每年岁首一年一度中央关于农业农村农民的一号文件正式增加了有关传统村落保护的内容。2013年的中央一号文件指出："制定专门规划，启动专项工程，加大保护有历史文化价值和民族、地域元素的传统村落和民居。""努力建设美丽乡村。"2014年的中央一号文件指出："制定传统村落保护发展规划，抓紧把有历史文化等价值的传统村落和民居列入保护名录，切实加大投入和保护力度。"2015年的中央一号文件进一步提出："扶持一批具有历史、地域、民族特点的特色景观旅游村镇，打造形式多样、特色鲜明的乡村旅游休闲产品。""完善传统村落名录和开展传统民居调查，落实传统村落和民居保护规划。""以乡情乡愁为纽带吸引和凝聚各方人士支持家乡建设、传承乡村文明。"[①] 2016年的中央一号文件更加系统全面涉

---

① 参见2012年至2015年新华社公布的年度性中共中央一号文件。

及此一内容："大力发展休闲农业和乡村旅游。依托农村绿水青山、田园风光、乡土文化等资源，大力发展休闲度假、旅游观光、养生养老、创意农业、农耕体验、乡村手工艺等，使之成为繁荣农村、富裕农民的新兴支柱产业。……加强乡村生态环境和文化遗存保护，发展具有历史记忆、地域特点、民族风情的特色小镇，建设一村一品、一村一景、一村一韵的魅力村庄……实施振兴中国传统手工艺计划，开展农业文化遗产普查和保护。""加大传统村落、民居和历史文化名村名镇保护力度。开展生态文明示范村镇建设，鼓励各地因地制宜探索各具特色的美丽宜居乡村建设模式。"

由此可见，在党和国家的层面，传统村落的保护发展正在有效逐年推进深化，工作目标、措施、手段、政策在层层推进。假以时日，久久为功，以传统村落之美为标志的美丽乡村必然会在广大的农村田园开花结果。

传统民间美学回归的历程

观察和分析一下那些登录传统村落名录数量较少省份的现状，可以发现，这里的农村村落不管是富裕还是不很富裕，乡村的变化无不呈现出令人担忧的"千村一面"。个中原因多种多样。比如，富裕起来了，修新民居就很任性，或者模仿城里人的楼房和建筑样式，或者模仿外国洋人的洋楼，总之是舍弃了自家民居的传统。比如，传统工匠和匠艺（包括营造工艺和木雕砖雕石雕这建筑"三雕"）日渐稀少和失传，或者传统建筑材料资源枯竭，于是到处流行的烧砖、水泥、瓦块便取而代之，老民居的传统便不再流行等等。但是，其中最根本的原因还是人们的审美趣味和美学标准变形走样了。经历过长时间的对传统文化的放弃和批判，人们已经普遍地形成了以"新潮"为美、以"现代"为美、以"洋范"为美的美学风尚。这是我们很多地方拆毁传统建筑、放弃传统民居而毫不心疼的重要文化原因。许多年前，我曾经看见在某中央报纸上刊登过一组图片新闻。一张是一个农村新居，照例是千篇一律的新型小楼，一张是村民的旧居图，是北方精致的连片民居，各种精美砖雕门楼历历在目。显然这个村庄富裕了，他们把可以居住的精美房舍都舍弃了。报纸歌颂赞美这种变化和放弃。这组图片让我印象十分深刻。我们很多精致的传统村落就是在这样的社会氛围和美学趣味中被人为丢弃的。这个被报道的地方正是如今进入传统村落名录数量最少的内陆省份之一。

从二十世纪九十年代以来，费孝通先生提出了他著名的美学自觉的口号，大力宣传"各美其美，美人之美，美美与共，天下大同"的理念。他已经深刻地认识到文化自觉、文化自信是通过美学理念来体现的，是需要从美学传统的回归、美学趣味的多样、美学标准的包容才能实现的。[①] 一个文化学者用美学语言来阐释他的社会理想，这是值得我们深思的。而他提出的问题、开出的药方的确是鞭辟入里、入木三分、切中要害。我们许许多多的传统村落的破败也许某个时间是因为贫穷潦倒，但更多的情况下，是因为我们美学传统的坍塌，是我们美学趣味的破败。我们把几千年积累起来的美学传统和美学趣味丢弃了，把过去的美变成了现在的丑，把传统的美善变成了现代的丑恶。这不仅使我们每天以数百个传统村落消失为代价，也使我们今天硕果仅存的传统村落，绝大多数也都处在"剩余""遗存"的状况中，处在老旧与破败的景象里，很少有维护着传统民间美学风采又主动适应当代生活和现代技术的自觉和在保护中发展的自发的案例。这才是我们今后保护传统村落面临的最大障碍和难题。没有最爱，哪里有最美。只有最美，才能有最爱。"自美其美"是一个传统民间美学回归的历程。我们往往只有"美人之美"，而我们的"自美其美"几乎要丧失殆尽了。所以，保护

---

① 《费孝通论文化与文化自觉》，群言出版社 2007 年 1 月出版。

传统村落，懂得和欣赏传统村落的美是一个重要的问题，甚至是一切保护的先决条件，或者根本的内因和动因。我们的祖先用他们的智慧创造了美不胜收的传统村落，我们这一代却不能延续传承这种美，这不能不说是我们这一代的数典忘祖。

传统村落是居住者的生活家园，也是他们的精神家园。传统村落的美因而是生活的美和美的生活。它必须与它所处的自然相和谐，必须环境安全、生态和谐、便于生活，所以它应该是天人合一的产物，具有生态美和自然美。村落是民居的群落，它的布局、街道、路径、朝向、水系、水源，它与生活各个方面的联系，它与生产劳动的关系，它与对外交往的关联，构成它的景观性。它是自然中的人文景观核心，在它的周边，外围有田园、桥梁、道路与大自然形成过渡并且共同构成非自然在自然中的景观。在风霜雨雪和春夏秋冬的时序季节气候变幻中建构起别致的景观美。景观之美是生活其间人们的美学氛围、美丽风景、美学视窗、美观现场的潜移默化和润物无声的熏陶，奠定着人们的审美风尚和趣味。对于他者而言，景观之美就是一种美学的异域和异域的美学，是惊奇惊喜的美学奇观和陌生化美学，是美学多样性和丰富性，是"美人之美"的直观对象。传统村落也是生活美学和身体美学的具体样式。民俗的本质是一种生活美学。民俗是传统村落无形的纽带、结构、脉络、气韵、生机。村落是体、形、貌，民俗是魂、韵、脉。所有民俗性的生产、崇信、节气、祭祀、节日、宴饮、庆典、礼仪、行事、嫁娶等等都使村落功能充分展示，使村落也成为居民的精神家园。这也就是联合国教科文组织关于人类非物质文化遗产保护名录中的"文化空间"。传统村落具有空间美学的全部意义和生活美学、民俗美学、视觉美学、身体美学的全部形态和范畴。

与城市文明互补互美的田园美学风景

　　传统村落是一种同时具有物质性和非物质性的综合性的活态遗产。它是历史性的，又是当下性和未来性的；它是遗产又是活的生活；它是文化多样性的基石，又是全球化时代人类行旅的重要目的地。它是生产生活的屏障，也要不断接纳外来文化和文明；它具有生态性、原真性，又具有开放性、流动性。它是物质性的，是我国三农政策中的重要对象和因素，也是新农村建设、保护历史文化的名镇名村、生态文明建设、城镇化进程、美丽中国的目标，是绿色发展理念的元点，是绿色经济的资源和休闲旅游的重要构成，是文化与经济的一体化、生产生活与遗产保护的一体化、各美其美与美人之美的一体化、物质文化与非物质文化的一体化、生态文化与活态发展的一体化、物质家园与精神家园的一体化。它涉及全体村落居民，也关系村落管理各个政府部门，是政府工作全方位的内容，是居民生活的全体性在场。

　　早在史前时代，我国的村落就形成了因地制宜、就地取材的传统，半坡古村落遗址是北方半穴居式的民居，其风格遗留在北方民居的窑洞传统中；河姆渡古村落遗址揭示了早期南方杆栏式民居的建造，这种风格的民居在南方众多少数民族建筑中遗传。我国传统村落分布广泛、形态丰富、样式斑斓，有地域特点、民族特征、气候特色、历史个性、材料风格、形制模式。从原始的撮罗子演变而来的蒙古包到因民族迁徙而特创的围楼，从四合院到吊脚楼，从海草房到西洋式碉楼，等等，反映了中国文化历史悠久、民族众多、地域辽阔、地理丰富、生产多样、物产丰繁的中国风格、中国特色、中国气派。继西递、宏村之后，福建围楼、广东开平碉楼等传统村落民居样式陆续登录世界文化遗产名录；数十项以传统村落为生存空间和文化空间的非物质文化遗产纷纷成为人类非物质文化遗产代表作；农业遗产作为传统村落的又一文化特征受到国际国内广泛重视，相关普查工作正在我国全面部署实施；作为文化景观遗产的哈尼梯田也进入世界文化遗产名录；具有活化石性质的东巴象形文字成为世界记忆遗产。这些表明传统村落中蕴含着丰富的文化遗产样式和形态。保护好传统村落，不仅事关国计民生，事关三农大业，也关乎我们的文化传统、精神面貌、文明高度，关乎我们在与世界交往中有没有可以与别人一起"美美与共"的自己的"美"、自觉的"美"、自美的"美"。

中国人民从来就是一个爱美的民族并且具有自己优良的美学传统和美学趣味，中国传统美学一向就有山水诗学、田园美学的突出特色和风格。我们的传统村落是山水诗学、田园美学的发生地和品鉴对象，曾经哺育了丰茂的中华文明。今天，我们正在努力建设美丽中国，正在向着中华民族伟大复兴的中国梦迈进，我们的田园不但不能荒芜，而且应该弘扬、传承它的田园风光，与城镇化、现代化进程齐头并进，形成与城市文明互补互美的田园美学。我们坚信，这里一定会是中华大地最美丽的风景去处，是最宜人的诗意的栖居，是最温馨的自然深处。

刊发于《中原文化研究》2016 年第 4 期。

《西塘宣言》的诞生始末及其深远影响
——兼论冯骥才中国传统村落保护知行历程和思想渊源

《西塘宣言》的开创性和远见卓识

2006 年 4 月 22 日，中国民间文艺家协会第七次全国代表大会在北京闭幕。冯骥才连任协会主席，我则由原来的分党组成员、副秘书长之职，改任分党组成员、秘书长。大会之后，冯先生和我便代表协会一同奔赴浙江，4 月 27 日至 28 日即在浙江嘉善西塘召开了古村落保护国际论坛。这次论坛上，我主持了开幕式及主论坛会议，闭幕式上又代表与会代表宣读了由我执笔起草的《西塘宣言》。

这次论坛是冯骥才主席一手策划的一次重要的会议。根据 2001 年至 2003 年在山西榆次后沟村进行中国民间文化遗产抢救工程示范调查和在榆次召开全国抢救民间文化遗产县长论坛，以及在此间举行的与联合国教科文组织合作调查中国少数民族民歌的经验，此次论坛的参与者和组织结构上开创了同类会议的先河。会议选定在浙江西塘古镇，有一定的现场会性质；中央电视台国际频道同一时期在西塘现场取景进行专题采访并直播报道，将论坛宗旨进行了有效传播；联合国教科文组织驻北京和亚太地区五国办事处总代表青岛泰之专程出席论坛并致辞，提升了论坛的国际影响力；全国各地古村落行政管理部门负责人纷纷与会；日本民俗学界的重量级学者和越南传统村落研究专家参会并发表论文；国内建筑学界、民俗学界、民间文艺学界、文化遗产保护学界的重要专家出席论坛，浙江省省市区乡四级政府和学界人士踊跃参与。学科交叉集合、跨越国界和地域、强力推广传播，是此次论坛在保护传统村落的历程中具有里程碑性质的几个要点，这是冯骥才先生在本次论坛策划定位上的贡献。论坛结束之际，冯先生觉得有必要把会议成果和论坛的历史意义予以升华和加大传播，27日晚他将我叫至他房间，决定在论坛闭幕式上发布《西塘宣言》，我们讨论了"宣言"的内容和主旨，然后我回到房间马不停蹄地赶写出"宣言"，当晚交给冯先生审定并打印。这是我国文化遗产保护史上第一份呼吁全社会并联络国际学术力量保护古村落的"宣言"。它第一次隆重、郑重、慎重地向全社会发出保护古村落的国际国内学术界知识界的响亮的声音；它第一次既有深度也有广度地传递出参与论坛的各方人士对古村落价值的认同和共识，呼吁全社会和全世界高度重视独一无二又面临濒危的古村落文化遗产；它第一次把审视中国古村落的学术视野和保护目光投向了我国东西南北中、汉族各地域和少数民族各形态的古村落，呼吁全面展开调查、保护、利用，实现去蔽、解危、激活、焕彩；它第一次以"宣言"的方式警示中国农村发展必须谨记"千城一面"教训，严防"千村一面"的文化悲剧；它第一次明确提出优秀的美丽的传统古村落是中国农村发展、乡村振兴最坚实的历史和文化的基石；它第一次向人们昭示古村落保护的艰巨性和复杂性，是一项经济社会文化的综合工程，提醒人们要高度关切、艰辛探索、深入研究；它第一次前瞻性地展望了中国传统古村落的光明前景，准确地判断中国集群的古村落和它承载的璀璨辉煌的文明文化，既来自历史，更属于未来。[①]《西塘宣言》是论坛全体与会者的共识，也是全体参会学者的智慧概括和总结。它是中国传统村落保护的一枝报春花，后来至今的中国传统村落保护国家工程和社会热潮，都被它一一进行了警示、规划和预测。西塘镇对此念念不忘、

---

① 《西塘宣言》由笔者执笔，收入王恬主编《古村落的沉思：中国古村落保护（西塘）国际高峰论坛论文集》，第369—371页，上海辞书出版社2007年6月出版。

碑刻铭记，我认为《西塘宣言》实至名归。

冯骥才的演讲是西塘论坛及其宣言的精神标杆

《西塘宣言》是西塘国际论坛的一个综合性成果，是论坛精神的体现。西塘论坛上，冯骥才先生的演讲是论坛的精神标志和思想旗帜。他的主旨演讲题目是《古村落是我们最大的文化遗产》。当时间过去了十五年之后，我们今天重读这篇演讲，不得不惊叹这篇演讲堪可作为这次论坛的灵魂，是《西塘宣言》的精神本原。它的若干重要判断，迄今仍然是中国传统村落保护的关键和核心所在。冯先生演讲的重要贡献在以下几个方面：

一、首次在宏观的角度定位和判断中国古村落的文化地位。在此之前，文化界对古村落提出的种种保护建议、舆论、判断，都是针对个别古村落的保护，或者是局部的、区域的、群落的。冯先生这一演讲，是第一次发出的事关中国全体的宏大的判断。"古村落是我们最大的文化遗产"，这是史无前例的判断，也是振聋发聩的思想。一个"最大的文化遗产"却一直被我们熟视无睹，一直没有整体性进入文化遗产保护视野，这是何等的怪诞、荒唐和不可思议！冯先生的判断是有依据和说服力的。他对这个判断有三个解读：

（一）中国古村落的体量比万里长城还大得多。从时间上看，村落历史几乎与中华文明的起源同步或者是中华文明的起源。从空间上看，古村落遍布960万平方公里的中国全境，初步估计还遗存有经典性古村落5000余个（这个估计基本准确，2012年以来，中国连续公布五批国家级传统村落，共计6819个）。

（二）每一个古村落都是文化容器，五十六个民族的成千上万个村落或古村落，其中既有"村落规划、建筑群落以及桥梁和庙宇"这些物质文化遗产，还有"包括各种民俗，生产生活、婚丧嫁娶、商贸节日、信仰崇拜等等民俗；还有民间文学，神话、故事、谚语、歌谣，都是无形的、口头的；还有大量的民间艺术，民间戏剧、音乐、美术、舞蹈、制作工艺"，这些都是"村落的非物质文化遗产"，这些"文化容器"加上地域特色、地理特点、经济特色、历史个性，加上五十六个民族特色，加上其中的物质文化遗产和非物质文化遗产，难道"不比万里长城还大吗"？[①] 古村落是物质文化遗产和非物质文化遗产的双重叠加性遗产，这个观点也是令人耳目一新、史无前例的新观点、新认识、新思想。后来冯先生据此提出传统村落是一种"另类的文化遗产"概念，提出了超常规、超范围、超部门的保护理念、思路和方法。

（三）古村落的"最大"还有一个原因是因为它的重大的文化性质，这是国之大器、文化要害。他说："我必须大声说的是，我们中华民族文化的多样性在农村；文化的根在农村；非物质文化遗产主要在农村；少数民族的文化全部在农村。如果少数民族全住进华西村那样的房子的话，少数民族就没有了，我们就不是个多民族的国家了，我们民族也被全球化真正地全球化了。这是个多可怕的问题啊。这关乎我们民族的精神呵。"[②]

二、基于自己此前对七个省众多古村落的实地考察经验，他总结和推荐了五种古村落保护的模式，为大规模开展古村落保护提出了"一个村一个方法，绝对不能一刀切"的保护原则。这五种模式，一是西塘典范，特点是生态的、活态的、以人为本，"西塘做的是一个活态的典型"。二是婺源范式，是从文脉上注意它历史的延续，其历史建筑和新建筑整体上是一致的，很协调，历史特征十分鲜明。三是丽江市的束河经验，基本上是古罗马式的保护方式，即老区不动，另辟新区。新区很现代，老区保持原汁原味。四是晋

---

① 冯骥才作《古村落是我们最大的文化遗产》，见王恬主编《古村落的沉思：中国古村落保护（西塘）国际高峰论坛论文集》，第6—17页，上海辞书出版社2007年6月出版。

② 同上。

中大院形式，基本上是一种民居博物馆的方式，也是欧美国家常用的方式，或者将零散集中，或者易地迁移，或者拾遗补阙。五是乌镇和榆次模式，是一种旅游景区的方式，有利有弊，有成功之处，也有不足之处。由以上保护模式的中外经验和教训，冯先生得出的结论是：中国传统村落的保护"要根据自己的情况，从自己的文化、自然环境、老百姓的风俗出发"[1]。这个结论，至今仍然是不刊之论。

三、冯先生在演讲中提出了传统村落保护的方法与路径。主要有四点：一是开展普查，摸清家底。这是婺源的实践和经验，冯先生进一步明确，"古村落普查不仅仅是建筑普查，还要做非物质文化遗产的普查"。二是对普查后确定的古村落要科学地制定发展规划，其中还要特别防止出现"规划性破坏"，这是从惨痛的教训中得来的启示。所以，古村落的发展规划"要考虑它的历史形象、文化形态和它的独特性"。要把文化保护融入农村的建设中去。三是每个古村落要尽可能地有一个小博物馆。这种村落博物馆在日本、欧洲是一个重要的文化实践。四是统筹考虑古村落的民俗保护、自然特产保护、传承人保护与建筑、生活设施、旅游、文化、现代生活、开发旅游等方方面面的关系，使协调发展。

四、冯先生在演讲中还特别讨论了古村落保护和开发旅游的舆论关切热点，预测到这个问题将是传统村落保护历程中长期面临的困窘和困惑的问题。他比较了中国的失误和外国的先进经验，指出在中国开发商文化素质低下、旅游庸俗化背景下，致使这种旅游现在竟然是我们保护古村落的主要方式之一，怎么办？"我想我们要专门做些调研和研讨，研究古村落旅游的保护和开发，必须解决这个问题"[2]。

---

[1] 冯骥才《古村落是我们最大的文化遗产》，见王恬主编《古村落的沉思：中国古村落保护（西塘）国际高峰论坛论文集》，第6—17页，上海辞书出版社2007年6月出版。

[2] 同上。

冯骥才践行《西塘宣言》的壮行和壮举

《西塘宣言》发表之后，冯骥才先生也是身体力行、积极张扬此次论坛思想成果的实践者。他的传统村落保护历程拉开了大幕，由此演进出一场波澜壮阔的中国传统村落保护的历史大剧。我们可以从他 2006 年以后的年表中看出其中的历史轨迹和一次又一次的文化高潮。

首先，是他的古村落考察足迹。2006 年西塘会议后，4 月底至年底考察宁波、苏州、宁海前童古镇、南通、苏州桃花坞，前往河北邯郸、河南滑县、河南安阳等并在滑县李方屯作民间艺人口述史调查。2007 年赴浙江考察东阳木雕、龙泉青瓷、龙泉宝剑、廊桥、进士村、二都戏、丽水、温州、楠溪江，在苏州考察千灯镇、太仓，先后抵融水、三江、龙堆、阳朔等地考察桂北少数民族古村落等。2008 年赴山西考察光村等古村落，赴绛州考察，赴汶川地震区考察羌族受灾古村落，赴内蒙古考察草原文化，赴陕西考察华州皮影、宝鸡年画与泥塑和凤翔年画。2009 年赴湖南考察凤凰古城，考察隆回滩头年画、造纸和花瑶古寨。2010 年考察徽州、池州、歙县、宣城、泾县、铜陵等地。2011 年在天津对杨柳青南乡三十六村开展紧急抢救工作，赴山西考察张壁古村和长治市平顺县井底、西沟、经坊村、荫城镇琚寨村等山村。2012 年考察河南获嘉县照镜镇小杨庄，赴山西考察晋城郭峪村、上庄古村、长治古村落。2013 年赴欧洲考察儒勒·凡尔纳故居、苏格兰"逃婚村"、巴斯文化遗产及城市规划等。2014 年考察河北保定大汲村、忠义村等。2015 年赴河北考察邢台王硇村、绿水池村、大坪村，赴安徽考察绩溪村，赴山东考察崂山传统村落青山村、雄崖所，赴浙江考察宁波半浦村等。2016 年赴浙江考察绍兴新昌县胡卜村、鸣鹤古镇等。2017 年赴日本考察东京民艺馆等。2018 年赴广东考察荔枝湾涌老街区、番禺沙湾古镇，赴贵州黔东南考察施洞镇苗族博物馆，考察朗德上寨、西江千户苗寨、锦屏县九寨侗族文化博物馆、隆里古城、肇兴侗寨，考察榕江县三盘村，赴安徽考察黄山呈坎村等。2019年赴广州考察松塘古村，赴泰国接受"特别贡献奖"并参观长颈族、大耳族等少数民族聚居区和木雕村、暹罗露天博物馆等，赴苏州、无锡考察东山镇陆巷古村、惠山古镇、巡塘老街等。①

根据以上考察足迹统计，十几年间，他每年都会有古村落考察活动，共计有百余个古村落的考察经历，到过国内十余个省、市、自治区和十数个国家，还多次赴少数民族村寨调研。记录显示，他在众多古村落考察时还多次召开保护、规划座谈会。这些考察，为他在古村落保护方面发出有力的声音提供了了解现状的底气和充足的论据。

其次，是他对传统村落保护的强力推进。这个推进有几个特点：一是从民间到政府，二是从学界到百姓，三是从点到线到片到面，四是从乡镇出发逐级提升行政级别直至形成国家工程。这几个方向的推动和促进，冯骥才厥功至伟。我们也可以从其西塘论坛后的学术行踪梳理出以下思想轨迹：

2006年10月撰文《古民居放在哪里才"适得其所"？》，当年还撰文《保护传承人就是保护非物质文化遗产》，撰著《豫北古画乡探访记》等。2007年在参加全国政协十届五次会议时提交《关于建议重要的古村镇建立博物馆的提案》，撰文《文化空巢及其对策》，在天津大学建立跳龙门乡土艺术博物馆等。2008年发布《紧急抢救羌族文化倡议书》，发表《要想到建立汶川地震博物馆》。2009年在《收获》开专栏"田野手记"。2010年撰文《请不要用"旧村改造"这个词》。2011年全国"两会"期间提交关注古村落及其文化

① 参见《文化遗产抢救与保护相关事记》，载于《文化先觉：冯骥才文化思想观》，阳光出版社2014年1月出版。补充版《冯骥才文化遗产保护相关事记（1964—2020）》刊于《民艺》2021年第1期。本文其他述及冯骥才年谱性事迹，均请参考此两文。

保护的提案，在山西考察古村落时，在介休张壁古堡保护座谈会上讲话，在关于平顺古村落保护及开发座谈会上讲话。9月6日在中央文史馆成立六十周年座谈会上作《为紧急保护古村落再进一言》的主题发言，引起参会的国务院总理温家宝的高度重视，当场与冯进行了对话并表态将予以高度重视和支持。不久，事获推进，建设部（后改名为住房和城乡建设部）有关方面积极落实温总理指示，并多次专程赴天津大学冯骥才文学艺术研究院听取冯先生的意见和建议，同月，冯先生为建设部撰写《关于中国古村落保护的几点建议》，详述意义、方法和路径。2012年，参加"中国北方村落文化遗产保护工作论坛"（山东济南）并作演讲，9月，出席住建部召开的传统村落保护和发展专家委员会及工作组第一次会议，出任该专家委员会主任，作《让千年古树在未来开花》的演讲。与住建部相关部门及负责人多次讨论传统村落普查工作，11月7日参加"中国传统村落第一批名录审定会"并主持会议和发表讲话。12月7日在《人民日报》发表长篇署名文章《传统村落的困境与出路——兼谈传统村落类文化遗产》。2013年，天津大学冯骥才文学艺术研究院成立中国传统村落保护与发展研究中心，建立了学术委员会，当年7月参加第二批中国传统村落名录审定专家委员会并发表《关于传统村落评定工作的几个关键性问题》讲话，8月编写《中国传统村落名录图典样册》，12月与浙江松阳县领导交流并提出传统村落保护的真正主体是原住民。2014年全国"两会"期间作《传统村落保护需要国家作为》，6月在北京召开"留住乡愁——中国传统村落立档调查"启动仪式并发表演讲《行动起来，盘点我们文明的家园》，主编并出版《当代社会中的传统生活国际学术研讨会论文集》《中国传统村落立档调查范本》。2015年参加"全国传统村落立档调查工作现场经验交流会"并作《保护传统村落喜忧参半》的演讲，赴山西榆次后沟村并在那里发表《后沟村，有我们的文化乡愁》讲演，撰文《传统村落保护的两种新方式》，写随笔《太行山的老村子》，赴安徽出席"散落传统民居的抢救与保护座谈会"并讲话，编撰《中国传统村落历史档案选优》《20个古村落的家底》。2016年5月17日在《人民日报》发表文章《中国最古老的村落在哪里？》，在6月2日《今晚报》上发表文章《胡卜村的乡愁与创举》，参加"中国传统村落保护发展研讨会暨传统村落保护发展专家委员会扩大会议"并发言，在"住房和城乡建设部2016年第一期传统村落保护发展培训班"上讲话，出席"何去何从·中国传统村落国际高峰论坛"暨"为每一个传统村落留下家底——中国传统村落立档范本摄影展"并作主旨讲演。2017年主持"胡卜古村项目工作研讨会"。2018年出席"中国民族文化旅游暨中国传统村落·黔东南研讨会"并演讲，参加全国政协双周协商座谈会"历史文化名城名镇保护"议题讨论，与来访的意大利威内托大区古城墙城镇保护协会代表团交流。2019年在天津大学主办"乡关何处·传统村落'空心化'问题及其对策国际学术研讨会"并发表《积极地面对传统村落空心化的挑战》。2020年承担住建部立项的"中国传统村落遗产档案的制作规范研究"课题并于当年结项，9月22日在京参加习近平总书记主持召开的教育文化卫生体育领域专家代表座谈会，作题为《建立国家非遗保护的科学体系》发言。2021年3月6日，云南佤族古寨翁丁失火被毁，冯先生主持召开线上专家研讨，为其是否重建、如何重建、如何保护与发展献计献策。

以上时间轨迹和生命足迹，是又一幅中国传统村落保护的壮阔历史图景，不由得让人高山仰止！其中可见，为了推动中国传统村落保护的国家整体性工程，冯先生可谓呕心沥血。继西塘论坛上他把中国古村落定性为"最大的文化遗产"后，他的此一思想在继续深化和升华，此间在《人民日报》发表的长篇文章《传统村落的困境与出路——兼谈传统村落类文化遗产》是又一篇里程碑式的思想力作！他在文章中推出了"另类文化遗产"的概念，指出："传统村落却是与现有的两大类——物质与非物质文化遗产大不相同的另一类遗产。"[1] 他在文章中将中国传统村落作为文化遗产的特殊形态、特别困境都做了醒目的标识，呼吁和启示人们换一个角度审视传统村落，也只有这样才能认识到它们的巨大价值和巨大体量的意义，才能意识到国家层面保护的战略意义，也只有这样才能发现我们工作体制、机制上的盲点、短板和不足，以及是什么原因导致了中国传统村落一度以每天约三百个的数量急速消失，十年间消失了九十万个。

继西塘论坛后，冯先生对保护传统村落出现的危机感日益紧迫，他又发现了两个新的重大风险点：一个是数量上的急速减少，一个是被保护下来或者处于保护中的古村落出现了日益严重的"空心化"现象。这两大风险点与此前西塘论坛讨论并依然存在的旅游化现象叠加，以及意外的火灾、水灾、地震等自然灾害破坏的风险，传统村落保护形势依然十分严峻。西塘论坛提出的普查、档案、规划、博物馆等事项，无一例外都有重大结果。其中可以载入史册并且彪炳史册的是经过冯先生的无所不用其极的努力，他的实践和呼喊终于通过与国务院总理的对话获得了终极性突破，实现了体制和顶层设计上的终极目标。2012年住房和城乡建设部、文化部、国家文物局、财政部联合启动中国传统村落保护和发展工作，联合成立了专家委员会，启动了第一批国家级中国传统村落名录申报、审定、公布。自2012年以来，迄今中国已连续公布五批国家级传统村落，共计6819个。2014年，住房和城乡建设部、文化部、国家文物局、财政部联合发文《关于切实加强中国传统村落保护的指导意见》，使此一保护工作再上新台阶。也就是说，中国传统村落保护一方面新情况、新问题、新挑战层出不穷，另一方面学术界、社会各界和政府机构也在不断增加力度、提高强度。在问题、困境、挑战和解决困难的办法、措施、策略和政策之间，冯骥才是一个沟

---

[1] 冯骥才作《传统村落的困境与出路——兼谈传统村落类文化遗产》，刊于2012年12月7日《人民日报》。

通和桥梁性的存在。十五年来，没有任何人可以取代他的作用，也没有任何一个人能够像他一样对中国传统村落保护和发展发挥着如此重要的作用。

冯骥才保护传统村落的思想渊源和学术"挑战"

我们还有必要追溯一下冯骥才保护传统村落的思想与行动的激发点、原动力和理论源头，以便更深刻地理解中国传统村落保护的伟大意义和庄严使命。

一、冯骥才保护传统村落思想的源头之一是从中国城市保护的教训而出。中国是一个农业大国，在现代化进程中，城乡二元结构性变动，始终互相影响，成为中国发展的两个基本点。城市发展是中国从农业大国向工业强国和现代化国家发展的重中之重，也是改革开放的主战场。城市的发展，一方面吸引农村人口流动，另一方面也加速中国城乡二元结构的调整和比重的变化。这个进程始终处于加速度过程中，迄今仍在提速中。中国城市的发展速度和成就是举世瞩目的。不过其中也不是没有教训和遗憾。最突出的就是城市传统文化（特别是古建筑、古街道、古民居、古城墙、古景观等）的消失，已经被人们讥讽为"千城一面"。冯骥才是批评城市发展"千城一面"和反对建设性破坏城市传统的猛将之一。他在天津保护估衣街和天津历史文化的举动曾经震动全国。从反对和痛惜城市"千城一面"到预防、杜绝、制止可能出现和正在出现的"千村一面"，这在冯骥才身上是一个顺理成章和当然的逻辑。值得注意的是，文物、文化、建筑界反对和诟病"千城一面"的大有人在，但由此进而干预"千村一面"的人却凤毛麟角。所以，他的话就格外引人注目："二十年前，在中国城市的改造中'千城一面'的文化悲剧，很可能在中华大地的广大农村中再现。""由'旧城改造'到'旧村改造'会不会是一次荒谬的文化观新的转移？这种转移一定是很容易的。因为'旧村'看上去似乎比'旧城'还旧，更需要加大力度地改造和大拆大建。使我们担忧的深层原因是，上述的那种产生'旧城改造'口号的基因还在，文化的无知还在，粗鄙化的开发还在，政绩和发财至上的欲望还在，这个'旧村改造'的新口号很快会被叫响，被使用。"① 这个思想表达非常尖锐，也非常敏锐，而且深刻，一针见血。原因与结果一目了然，应该怎么做也明明白白了，传统村落保护问题因此必须摆在议事日程和国之大事上来。"改造"使村落同质化是一个问题，还有一个问题就是"拆除"，其背景是城镇化及其并村、去村、撤村、拆村。冯骥才为此指出："城镇化是政府行为，撤村并点力度强大，所向披靡；它直接导致村落消失，是近 10 年村落急速消亡最主要缘由。在由农耕社会向工业社会的转型中，村落的减少与消亡是正常的，世界各国都是如此。但我们不能因此对村落的文明财富就可以不知底数，不留家底，粗暴地大破大立，致使文明传统及其传承受到粗暴的伤害。"② 这里不是逆历史潮流而动和反对城镇化，主要是针对其中的简单粗暴，凡列入合并之内，最优秀的传统村落也不能幸免，并且不留任何痕迹，不做记录、档案、影像留存。这些都是我们国家、民族、文明、历史的重大损失。中国传统村落保护于是迫在眉睫，呼之欲出。

二、冯骥才保护传统村落思想的源头之一是从非遗保护而来，即非遗的载体在农村、农人、农居，村落是其"容器"。冯先生是国家非物质文化遗产保护专家委员会主任，又连任三届十五年的中国民间文艺家协会主席。"非物质文化遗产"这个概念就是我们在民协时期大力推动而成全国热潮、妇孺皆知的。中国民协是我国非遗保护专业专家最强阵容的人民团体。从 2001 年实施中国民间文化

① 《文化先觉：冯骥才文化思想观》，第 182 页，阳光出版社 2014 年 1 月出版。

② 冯骥才作《传统村落的困境与出路——兼谈传统村落类文化遗产》，刊于 2012 年 12 月 7 日《人民日报》。

遗产抢救工程以来，一开始就是从古村落入手和示范的。山西榆次后沟村就是我们新一轮文化出发的起点。后沟村也是冯骥才古村落保护思想形成的重要孵化基地。

非物质文化遗产与古村落唇齿相依的关系，通过 2008 年汶川地震抢救羌族文化遗产的经验，给予了一次猛烈的强化。大地震撞击了所有中国人的心扉。冯骥才当即从国外赶回国，旋即第一时间指挥中国民协团队与他一起投入文化遗产抢救，特别是其中的羌族文化遗产，受破坏程度大，一大批羌民族古村落，如著名的萝卜寨、布瓦寨、青溪寨、桃坪寨、通化寨、木卡寨、黑虎寨、三龙寨、阿尔村等汶川、理县、茂县的数十个羌族古寨被毁，幸存的羌民都要易地搬迁。这时候保护幸存者的生命、安置好他们的生活，与保护他们携带的非物质文化遗产就是三位一体的事情。没有古村落就没有重灾羌民的非物质文化遗产，没有非遗的文化空间，羌民的精神将无处安放并受到双重打击，形成新的次生灾害。安置这样特殊的灾民必须考虑重建他们的文化空间和精神家园，使其非物质文化遗产处于"活态"状态。冯先生领导我们向国务院提交了以非遗保护为核心的《关于四川汶川地震灾后重建中保护羌族文化遗产的建议书》[①]，得到国务院总理的高度肯定和重要批示，国家采取了一系列举措。这是世界救灾史上的一个文化创新。这也直接直观地诠释了古村落对非遗传承的本质性价值和意义。

古村落的空心化、空巢化现象也醒目地印证了古村落和非物质文化遗产唇齿相依的关系。众多村落变迁的历史都证明了非物质文化遗产只有在有人气、有生活、有人际的氛围中才是水中之鱼。古村落的损失绝不仅仅是古建筑、古民居的破败，而且直接影响非遗

---

① 《关于四川汶川地震灾后重建中保护羌族文化遗产的建议书》一文曾收入多种冯著文集，也见于多种集刊。最早收入《羌去何处：紧急抢救保护羌族文化遗产专家建言录》，新近收入《中国民间文艺家协会 70 年发展史》，第 325—331 页，学苑出版社 2020 年 11 月出版。

的活态传承能否继续。在抢救中国木版年画过程中，"产地"是一个重要的载体性构成，冯先生走遍几十个年画产地，经历和促成了无数个产地年画的起死回生，年画作为非遗项目对产地的在地性和根基性的依赖，此中是有切身感受和切肤之痛的。

三、冯骥才保护传统村落思想的源头之一是从古村落未进入保护视野因而濒危而来，即古村落既不是文物，也不是非遗，它承载着的文物和非遗都得到单方面的保护，而它自己在全世界都不是保护对象（单体的、个别的、局部的保护此处不论）。这岂不是咄咄怪事，却在全世界都被人们视而不见，无动于衷，无所作为。冯先生说："从国际性的《雅典宪章》（1933）、《佛罗伦萨宪章》（1981）到联合国教科文组织的《保护历史城镇与城区宪章》（1987）和《保护非物质文化遗产公约》（2003）可以看出，最先关注的是有形的物质性的历史遗存——小型的地下文物到大型的地上的古建遗址，后来才渐渐认识到城镇和乡村蕴含的人文价值。然而在联合国各类相关文化遗产的文件中，我们只能见到一些零散的关于传统村镇保护的原则与理念，没有整体的保护法则，更没有另列一类。至今还未见任何一个国家专门制定过关于传统村落保护的法规。"[1] 他为此就遗产的分类向世界发出了"挑战"，提出古村落是一种另类遗产，需要单列，更需要形成单独的保护理念和体系。他提出了四个方面的论据："首先，它兼有物质与非物质文化遗产特性，而且在村落里这两类遗产互相融合，互相依存，同属一个文化与审美的基因，是一个独特的整体。过去，我们曾经片面地把一些传统村落归入物质文化遗产范畴，这样造成的后果是只注重保护乡土建筑和历史景观，忽略了村落灵魂性的精神文化内涵，徒具躯壳，形存实亡。传统村落的遗产保护必须是整体保护。第二，传统村落的建筑无论历史多久，都不同于古建；古建属于过去时，乡土建筑是现

---

[1] 冯骥才作《传统村落的困境与出路——兼谈传统村落类文化遗产》，刊于2012年12月7日《人民日报》。

在时的。所有建筑内全都有人居住和生活，必须不断地修缮乃至更新。所以村落不会是某个时代风格一致的古建筑群，而是斑驳而丰富地呈现着它动态的嬗变的历史进程。它的历史不是滞固和平面的，而是活态和立体的。第三，传统村落不是'文保单位'，而是生产和生活的基地，是社会构成最基层的单位，是农村社区。它面临着改善与发展，直接关系着村落居民生活质量的提高。保护必须与发展相结合。在另两类文化遗产——物质和非物质文化遗产中，显然都没有这样的问题。第四，传统村落的精神遗产中，不仅包括各类'非遗'，还有大量独特的历史记忆、宗族传衍、俚语方言、乡约乡规、生产方式等，它们作为一种独特的精神文化内涵，因村落的存在而存在，并使村落传统厚重鲜活，还是村落中各种'非遗'不能脱离的'生命土壤'。①　在这里，可以发现，古村落保护不仅有极其特别的特殊性，也有极其复杂繁难的艰巨性。它不仅是"另类遗产"，也需要"另类保护"——需要一套完全不同的学理、政策、体制、机制，需要开展广泛的艰辛的探索和摸索。今年刚刚被大火吞噬的翁丁古村，有一个重要的教训就是在其列入省级文物保护单位后，用保护文物的办法保护古村落，保护起来捉襟见肘，甚至是导致火灾的隐患之一，而且，动辄与佤族村民的民俗传统冲突。当村民遇上凶死按俗拆房新改时，"文物"的不动（拆）硬规就显得十分尴尬。此时重温冯先生"传统村落不是'文保单位'，而是生产和生活的基地，是社会构成最基层的单位，是农村社区"的"另类遗产"的"另类"观点，真是佩服之至！我们保护传统村落的工作和各种参与、介入传统村落保护的人们、机构、企业、行政部门、专家学者，都应该细细体味、深刻理解冯先生"传统村落是另一类文化遗产"的重大学术判断和学术贡献，将它真正贯彻落实到传统村落保护实践中去，使之成为保护工作的灵魂。只有这样

① 冯骥才作《传统村落的困境与出路——兼谈传统村落类文化遗产》，刊于2012年12月7日《人民日报》。

才能实现我们对中国最大的文化遗产和世界遗产中"另类"的遗产进行保护和发展的伟大目标。

2021年3月17日作于京华，时值《西塘宣言》发表十五周年之际，应冯骥才先生和王恬女士之邀特作此文以志纪念。当年，正是我们的合作，才有了这一可圈可点的历史事件。

第五编

冯骥才与非物质文化遗产学学科建设

冯骥才"天大"的那些书事

冯骥才是我国著名作家和文化名人，他也是文坛艺苑学界的一位通才。他在文学艺术文化方面的成就与他的读书是分不开的，所以，他也是文化名家中又一个收藏和藏书大家。若干年前，天津大学以求贤若渴的姿态，盛邀冯骥才入教天津大学并特设天津大学冯骥才文学艺术研究院。此事终成。一个轰动京津的事实是该校为此学院专盖了一座新式大楼，除了教室、课堂、礼堂、办公室设施设备一应俱全外，还有多个大型展览室、厅、堂和大大小小的图书馆、图书室、书屋和写字间。冯骥才的各种收藏在这里布置出了佛教造像文物展、民间美术精品展、蓝印花布作坊展、年画作坊展、古代算盘衡器收藏展。此外还有冯骥才绘画艺术作品和著述陈列、图书馆内的个人图书收藏达十数万册。这些悉数成为公共财富，使天津大学这所我国建立最早、久负盛名的理工科大学平添一道最时尚典雅亮丽的人文风景。

在冯骥才这十数万册的藏书中，内容涉及人文社会科学的方方面面。其中又以文学和文化遗产图书为收藏之最。

从二十世纪七十年代末，冯骥才闯入中国文坛，整个八十年代基本上都是他们这一批文坛骄子的天下。在他写作井喷的时代，他一刻不停地写作和阅读，收藏了大量古今中外文学名著和当代中国形色各异的文学期刊。他自己出版了百余部小说和文学专集。他为部长诗人、著名作家、无名文人、业余作家写了各种各样的书序达数百部。这些都是他文学藏书中的精彩而有特色的部分。在他自己的著述中却从来都是自己作序、作跋,从未请名人为自己画光环。这是一个罕见的现象。但他又是那样热心地为他人作序,竭力为他人喝彩。从中可见他是一个古道热肠的人。

从二十世纪九十年代初开始,冯骥才在文学写作之外又增添了两项人生内容,一是文化遗产的抢救、保护、研究,二是绘画、书法和艺术创作。他的藏书中有一半的内容与此有关。其中文化遗产的图书可谓琳琅满目,内中相当一些书籍都是他亲自"作出来"的。除了自己写作了大量的遗产类图书外,他还主编、组织了大型文化遗产、民间文化遗产图书。他的此类著述有文化遗产思想学术类,有文化散文随笔,有田野调查考察记述,有文化遗产传承人口述史,有民间文学、民间美术、民间民俗、民间手艺的记录等。他主编的就更多了,有多卷本的《天津老房子》画册,也有《华夏五千年艺术不能不知道》丛书,有《中国结丛书》,也有大型巨制《中国木版年画集成》《中国唐卡艺术集成》《中国剪纸集成》《中国民间美术遗产普查集成》《羌族口头遗产集成》《中国民间文化杰出传承人丛书》《中国木版年画传承人口述史丛书》等,这些集成、丛书,少则五六卷,多则数十卷,大多都是举全国民间文化学界之力,耗时十年、数十年才获得的成果。冯骥才是所有这些图书和文化抢救成果名副其实的主编,是所有这些图书成果从普查、记录到编纂出版的设计者、组织者、指挥者。所有这些都是他和大家一起呕心沥血之作,是用双脚走出来的成果,是用手用脑用心一字字一图图地写作拍摄出来的。当然,此外还有全国民间文艺界学者送给他的各种民间文艺学术图书和各地民间文艺记录研究的著述,遍及全国,也因而形成他的藏书特色。因为他已连续三届历经十数年出任中国民间文艺家协会主席。这个协会有全国会员近万人,各省市县又有会员数十万,他又几乎在这十数年间走遍全国各地。他赠人图书无数,他也收到同道赠书无数。大概可以说,冯骥才是民间文艺界主编大型丛书最多的人并不为过。他的图书收藏的优势和特色也是一般个人藏书所不可比拟的。

冯骥才不仅爱书藏书编书写书，他也是一个用书展书的高手。他的这些藏书不仅陈列在书架上供人们阅读，他还常常让它们自己走出去亮相，引起社会的关注和阅读。在天津大学冯骥才文学艺术研究院有充裕的空间供他使用，他于是经常变着法子让这些书籍"活起来"。

前些年他主持的中国木版年画集成历经十余年完成了几十个产地的普查，又汇集了全国各地（包括台湾、澳门）和日本、俄罗斯等传承传播的年画作品，出齐了二十二卷大型图文集。恰值春节到来，他于是在天津大学办了一个大型的"以画过年"的年画主题展。展览展出了天津杨柳青和全国其他各地的年画代表作，还请来了若干年画艺人现场印制年画，又布置了多个年画作坊。用实物、文物、器物、图片、文献等呈现出一部中国木版年画史。同时，用展柜、展台陈列了年画集成、年画老版、年画口述史图书、年画图典画册等。数十卷中国木版年画集成集体亮相，皇皇巨制，壮丽壮观，海内外学者、观众无不为之震惊。几近濒危灭绝的民间年画从此起死回生。

自从冯骥才成为天津大学教授以后，他在他的文学艺术研究院就经常造出一些巨大的文化响动，让这个学院的师生乃至天津市民啧啧称奇，他在这里举办了意大利文艺复兴名家原作展，不要说天津市民天天来学校排队观展，连北京人都一拨又一拨地往这里跑。他还举办过名家书画展、长江摄影展、皇会遗产展，召开过国际性大学教育精神研讨、国际民间文化田野调查研讨等各种论坛，使天津大学一下子天下瞩目。那一年，为纪念中俄友好，他别出心裁利用自己珍藏的俄罗斯文学译本，又跑遍北京几家著名出版社借来许多译本，基本上凑齐了中国出版苏联俄罗斯名作家、名文学、名小说的各种译本，举办了一个搭建心灵的桥梁与对话、探讨苏俄文学中译的影响及意义的高端论坛。一时大家云集，成就了一段空前绝后的文学佳话。

冯骥才的研究院里，有一名为"大树画馆"的陈列大厅，里面除了长期展示冯骥才的数十幅美术作品外，厅中央是一长排展柜，里面陈列的是冯骥才所有的著述著作。其中引人瞩目的是他的创作图书多达数百种，其中又有数十种英、俄、法、日等国家的外文版冯著。这个展览让人了解了冯骥才的多才多艺，也让人惊叹他旺盛的文学创作与文化著述。

2012 年，冯骥才七十岁。他在北京举办了一个个人纪念展，名为"四驾马车"，即他的文学写作、艺术绘画、教育教学、文化抢救四个领域里的成果展。教育教学部分除了展示了他受聘天津大学教授后开展的博士、硕士和文化遗产学教学成果外，还展出了几十种大学、中学、小学课本和教材，这些都是冯的作品被收入不同年代、不同地区乃至海外华文课本的"课文"。从此可见冯骥才的文学作品对我国语文教育的巨大影响，可见他影响过并继续影响着一代代青少年的成长。这批图书都是他从自己的藏书中挑选出来的。这种图书展示，让人震撼之余，也更深切地理解和认识了冯骥才其人其文。

刊发于 2014 年 11 月 11 日《人民日报》。又收入上海图书馆中国文化名人手稿馆编《一纸繁花：文化名人藏书票》，上海书画出版社 2014 年 8 月出版。

研究方向和编写非物质文化遗产学教材

——在天津大学冯骥才文学艺术研究院的讲座（一）

冯骥才（天津大学冯骥才文学艺术研究院院长，博士生导师）：
向云驹先生是中国民协秘书长，也是全国著名的民俗学、文化学、遗产学学者，现在我们国内出版的为数不多的关于非物质文化遗产学的书，很多都是向秘书长著述的。向秘书长长期在民协担任领导，从全国民间文学三套集成的普查到中国民间文化遗产抢救工程，整个工程的推广、运作，以至于到最后的成果审读，均由向秘书长完成。他还主持多次民间艺术的学术会议，撰写多篇学术报告，是民间文化界和民俗学界公认的年轻有为的学者。今天请他来全面地谈一谈关于我们学院的发展和遗产学建设和遗产学教材的编写，希望各位老师能与他好好交流一下。欢迎向秘书长。

学院学术优势和发展建议

向云驹： 我先谈一谈对冯骥才文学艺术研究院学术优势与学科发展的若干想法。虽然我在大学里学习过七年，但是我关于学校体制和学科建设的想法中肯定有不太现实和不完善的地方，仅希望能给大家提供一些能够借鉴的地方，起到力所能及的推动作用。现在，天津大学十分重视学院的建设，人员和设施的配置都很齐全，我们又拥有冯骥才先生这样重要的学术带头人，这样珍贵的发展机遇和优势条件是其他很多学校无法企及的。下面我将从一个旁观者的角度提出自己对学院发展的参考意见。

一、冯骥才的文学、艺术、学术的优势与学院的发展。

我认为，学院具有两个方面的巨大优势，因此具有两个学术发展方向。第一，冯骥才个人的文学、艺术、学术的特长和优势。首先冯先生在国际国内多方面多领域都有重大影响，他是一个全面的人才和具有代表性的文化人物，这种全才型的大师级的人物在全国是罕见的。天津大学拥有冯先生这样一个名牌，我们学院直接以冯先生的名字命名，我认为这是我们团队具有的第一个大优势，我们应该经常围绕其进行讨论思考，从而确定学术方向。

在这个大的学术方向中至少存在如下几个具体的方面：

（一）冯先生的文学成就和学院文学研究的优势。冯先生不仅在文学上具有巨大的成就和影响，还兼任中国小说学会的会长，因此掌握着当代文学的最新信息和动向，认识小说创作和小说研究的人才，与一批优秀的作家和著名评论家都有很密切的联系，这些都是我们学院应该借用和统摄的资源。学院搞文学的几位老师应该借此开展中国当代文学的研究，将学院发展成重要的文学研究阵地，推出学术成果。

（二）冯先生艺术和绘画的成就和他所具有的美术资源与学院的美术研究、美术活动的关系。现在，关于冯先生绘画创作的研究、评鉴工作基本上没有展开，也没有专人来做。冯先生作品的层次是相当高的，作为一个职业画家，对他绘画的技法、手法的研究是没有问题的，但对他作品的境界、贡献和艺术地位的研究还是学术空白。其实冯先生在美术界认识大量的画家，拥有大量的关系，开展这一部分的美术研究也具有很多的便利和优势。在举办相关的美术活动方面，我认为在天津大学这样一个以理工科为主的大学里，作为文学艺术研究院应该做出特有的贡献。最直接的一个就是为理工科大学增加文化含量，增加文化氛围，活跃科学思维，补充科学思维。这在学院日常的操作中，包括以前举办过的多次展览、博物馆的开设以及开放式的参观中已经做得很好了。另一个是为学校的整体人文发展做出实际的贡献，这正是学院现在所缺乏的。怎样深层地影响整个学校的品位和品格，虽然学院以前也做过关于人文精神的学术探讨，开办过多次高品位的艺术展，但是我认为这方面的工作还应该有所拓展，继续完善和提高。应该进一步利用学院优良的硬件条件和众多的名人资源，涉及多方面艺术活动，为学校增加文化亮点。

（三）冯先生的非物质文化遗产的学术地位和学院的非物质文化遗产学科建设以及非物质文化遗产研究的优势。冯先生是现在国家非物质文化遗产保护工作领导小组的副组长，也是国家非物质文化遗产专家委员会主任，这个职位全国只有一个，他的学术地位是非常值得学校和学院借用的。当年中山大学建立非物质文化遗产研究中心时，最初就是找冯先生，找民协咨询他们应该开展的工作。当时，中山大学有王季思在搞古典戏曲文本方面的研究，另外也有一批学者在做民俗学方面的研究，但是他们还不清楚戏曲和非物质文化遗产之间是什么关系，只是知道第一批非物质文化遗产有昆曲。是我们建议他们古典戏曲的研究必须跳出文本，因为非物质文化遗产研究必须是活态的研究。后来，他们做皮影方面的研究也是我们给提的建议。从那时起，就有很多大学积极地联系冯先生，给他挂名，让他出主意，而我们学院就在冯先生身边，近水楼台，非物质文化遗产的研究绝对是我们学院工作的重中之重。冯先生本人对非物质文化遗产的学术建设很重视，目光也很敏锐。他很早就提出并论述过文化遗产学和非物质文化遗产学两个学科的建设，给省部级领导讲课讲的也是文化遗产日的意义，他还推动了文化遗产日的设立，在一些国家重大文化制度的改革上起到了核心的关键的作用。另外，冯先生还是国际民间艺术组织的副主席，因此具有国际影响。这些品牌，这些优势，都是我们可以直接使用的，我们要充分地发掘和利用起来。当然我们也不能只靠冯先生，在座的老师作为一个团队，在学院的管理运作、学术建设和学术活动中，要主动地设想，提出建议，积极与冯先生交流。这样不仅能更好地利用冯先生的资源和优势，而且能在与他的讨论中得到迅速的反馈和提高。思想要活跃，学术要自由，老师们一定要调动起自身的积极性和创造性，去思考自己的学术发展和学院的整体规划，促进学院建设和学术建设，争取在冯先生的带领下把事情一步做到位，利用冯先生的品牌建立一流的学科。现在在非物质文化遗产研究方面抓得比较紧、站得相对靠前的中山大学，从外围调配了很多相关方面的专家和学者，召集了很多人才，所以我希望在座的老师能积极给冯先生关于学科建设和人才建设方面的建议，使学院聚集更多的学术力量和学术人才，尽快推出非物质文化遗产学，从而站住学术的最高点。另外，学术背景方面，《中华人民共和国非物质文化遗产法》即将出台，作为中国仅有的两个文化方面的法律之一，它的出台将对相关学科建设起到巨大的推动作用，学院一定要抓住这个发展机遇，在非物质文化遗产学科建设中占据核心和带头地位。中国民协过去借助冯先生做了很多事情，现在冯先生的关系全部转到天津大学了，他自己对这一身份的转换也是非常看重，非常希望能做出一番事业，学院老师一定要积极思考，经常交流研究，做出相应计划，包括短期的、中期的、长期的，个人的、学院的课题计划，利用好各种资源，把握住重大的机遇和转折点。

（四）关于冯骥才民间文化遗产抢救保护的巨大成就和影响以及关于民间文化遗产的学科建设。非物质文化遗产和民间文化遗产有交叉的地方，但也可以作为独立的一个方面进行研究。非物质文化遗产学作为一个新兴的学科，它的理论化程度很低，学术没有完整定位，进行理论研究有很大的空间，而且容易马上出成果。民间文化遗产学研究的是一些具体的问题，比如，冯先生对木版年画的研究和乡土博物馆的设立从大的层面上服从非物质文化遗产学的统筹，但是可以由此切入，开展一些民间文化遗产学方面的具体学科。中国民间文化、中国民俗文化遗产的门类非常多，而每一个门类都缺乏深入的研究，把每一个门类拓展深入下去都可以形成一个独立的学科。比如已经有的神话学、民间叙事学、歌谣学，和可以创立的年画学、剪纸学等。由于这个领域的学术空白很多，可发掘的内容很多。而且，我认为中国民间美术正处于螺旋上升期，现在民间美术研究的起点和视角都很高，已不再是单纯进行民间美术研究和为文人创作提供民间美术元素，而是充分挖掘作品的文化内涵和背景，上升到艺术哲学、文化哲学和非物质文化遗产学的高度，且具有国际化的视野。但是现在正在从事这方面研究的学者大多数都在孤军奋战，不成学术气候，如果我们学院能做好整合，形成学术梯队，就能在这一方面拥有崛起的空间，占据领军地位，发表重要的学术成果。

（五）充分发掘和运用冯先生的国际化视野，开展学院中西民间文化遗产和人类文明的研究。冯先生的视野相当开阔，他曾对很多国家的文化遗产进行过实地考察和比较研究，并在此基础上产生了很多对国内文化的想法，这又是学院的一个学科优势。如今国际国内都很少有人进行非物质文化遗产的比较研究，这块领域有相当大的学术空白。非物质文化遗产的保护是一项国际运动，我们有一批世界级的非物质文化遗产，研究这些世界级的遗产之间的关系并进行学术比较非常重要。目前我们对国外的非物质文化遗产知之甚少，比如我们只知道韩国申报了端午祭，就开始反对、游行签名，但是我们并不知道韩国的端午祭和中国的端午节之间到底有什么关系，这种同类的遗产保护之间有什么共性和特性。非物质文化遗产的比较研究一旦提出，就可以指导国际非物质文化遗产保护，而且联合国教科文组织特别谈到希望有一批具有国际视野的专家学者能参与其中。从事这一工作的人员要求具有良好的外语基础，并且有可能被派到其他国家进行国际性的人类学调查。日本在这方面工作做得很深入，他们一直在与中国民协合作进行中日的民俗比较研究，即植根田野，在一个村落连续调查四年，再回到日本互相交流，每年召开一次学术会议。这种系统的、对外的、国际人类学田野的研究，我们国内目前只有极个别的学者在做，但是随着我们国家的强大，我们要在非物质文化遗产方面有所影响，必然要推动这方面的研究。我在最近发表的一篇名为《论文化空间》的文章中提到了这样的思路。现在国内大学校际交流渠道很广泛，校际交换很频繁，与国际组织社团之间的联系也越来越紧密，这为开展国际非物质文化遗产比较研究提供了很多便利；而且以我们国家现在的人力、财力来看，这方面工作的开展不会再面临太大的问题。对于我们学院的老师来说，冯先生对法国、意大利等国家的非物质文化遗产已经有过观察和思考，我们可以在他思考的基础上有意识地往非物质文化遗产保护方面进一步深入探讨。而且联合国教科文组织在非物质文化遗产保护方面设立了专家委员会，该委员会成员从今年开始面向社会由专家推荐确定，这就要求我们国家要有一批具有国际影响的专家学者，作为中青年学者，应该以此为目标和方向，有相应的积累和准备。

（六）关于冯先生对国家文化政策影响的研究。冯先生对国家文化政策的影响也是不容忽视的，大家以前可能关注度不够。我举两个例子，奥运会开幕式结束后，新华社就请冯先生发表言论，冯先生对张艺谋打一百分，这实际上就代表了文化界乃至于国家的声音，能对国家重大的事件及时发出评论，这不是一般人能够做到的。四川汶川大地震发生后，冯先生积极推动保护羌族文化遗产工作，并指出保护过程中的问题，提出建立羌族文化博物馆。这都是颇具远见卓识的。另外，冯先生的许多观点、思想、言论对整个文化界文化制度的变革都产生过实质性的深远的影响。这些既是冯先生的学术成就，也是我们要主动拓展和运用的资源，要将其变成"天大"的品牌和优势，要做到当有重大的历史性事件发生时，能从"天大"发出声音。我们不仅要借用这个优势，还要研究为什么冯先生能够发出这样的评论，这方面的研究以前进行得非常少，而且历史上很少出现这样的人物，现在出现了，就应该进行相关的学术研究、学术分析、学术记录。

二、对冯先生文学、艺术、文化思想的研究。

以上六个方面是向外的走向，每一个方面都可以推动冯骥才文学艺术研究院建设发展，提高它的国际国内知名度和影响力。另一个大的学术方向是向内的方向，即对冯先生文学、艺术、文化思想的研究。

（一）文学方面要对冯先生文学的成就进行再认识和深入研究。这包括他的小说的成就，散文的成就，散文诗的成就，文学理论的成就，文学与绘画比较研究的成就。小说方面，描写"文革"的《一百个人的十年》里面有很多思想我们还没有跟上，其价值还需要深入认识。现在国外已经形成了"文革学"，"文革"是在中国发生，但是"文革学"的研究却在国外发展。国内有一些学者不服气，也想要做这方面的研究。由此从纯文学、哲学和历史的角度看，《一百个人的十年》的学术价值远远没有揭示和发掘出来（它可以为国内"文革学"的研究提供很多参考）。另外冯先生的民俗小说、寻根文学、小人物的小说和文化小说也值得特别关注和重新认识。散文方面，文化散文是非常重要的一个部分，冯先生散文诗的成就也相当高，我们可以用它与国际国内名家的作品进行比较研究。文学是一个重新发现、重新评价的过程，它有再认识的价值，甚至历时越长，发掘出的新的文化价值越高。将冯先生的文学作品与其他作家进行比较研究，具有很大的学术空间。而且冯骥才文学艺术研究院是由冯骥才挂帅的，我们更应该研究冯骥才，拿出我们的研究成果，不应该让他自说自话。我在为《灵魂不能下跪》写后记的时候就曾提到，冯先生的文学转向和鲁迅的文学转向是可以比较的，这一观点后来得到了复旦大学中文系主任陈思和的认同。这只是开展比较研究工作的一个窗口，把这个窗口打开，我们就能得到一个宝库，可以做大量的工作并得到丰硕的学术成果。

（二）冯先生作为画家的艺术前景。我认为其中包括如下几个方面。第一，冯先生美术和绘画的成就。第二，冯先生本人开展的美术研究的成就。第三，冯先生对敦煌研究和敦煌写作的意义，《人类的敦煌》这本书是花了心血的，而且是很有深度，很具有学术和艺术价值的。冯先生作为你们的导师和学术带头人，下面的学生要紧跟上先生的步伐。每个大师下面的弟子都要维护师道尊严，必要的时候要能挺身而出，阐释先生的学术。这是一个普遍的学术传统，这个传统是能够促进学术发展的。可能学院现在还没有意识到这一点，但是我们必须尽快建立起这个认识。第四，对冯先生的文化收藏和鉴赏力的研究。第五，冯先生的民间美术的思想和研究的成就。第六，对冯先生艺术评论、文化评论和美术评论的研究。我举一个艺术评论方面的例子，即冯先生对韩美林的评论，写得非常有学理，非常讲究，一般的评论家写不到这样的高度。冯先生的评论里含有丰富的思想，要靠我们学生从中整理出框架结构，建立体系。在整理和研究过程中如果有不清楚的地方，可以非常方便地和他讨论。我认为在学院里工作的人，起码要把冯先生的著作都看一遍，从中选择一个或几个方面，进行深入研究，得出成果。

（三）冯先生文化学术的成就，即关于文化理论的问题，如关于非物质文化遗产的学术思想、民间文化遗产的学术观点，以及城市遗产观、民俗的遗产观、民间美术的遗产观、民间传承人的学术观、文化遗产学的观点、域外的文化观、民间美学观。每一个都是非常大的学术课题，每个课题在冯先生的写作里都有丰富的蕴藏，我们一定要做有心人，要去开掘。冯先生的写作涉猎很广，兼容并包，在全国绝无仅有，他实际上就是我们身边一个很好的研究对象，如果我们把他研究好了，能够得出很多学术建树和学术成果。

三、对冯骥才研究的几点建议。

以上是学院研究的两个大的方向，第三个部分是关于开展冯骥才研究的几个具体课题，我有如下几个建议：

（一）做好冯骥才研究的资料汇编工作。第一，编制关于冯先生写作的评论集。前人的评论是后人研究的重要基础和可借鉴的资料，凡是作家都应该有专门的评论集。我们学院应该率先把这个工作做好，建立冯先生从事创作以来的所有作品和评论的数据库，并对数据库中重要的资料进行研究。第二，建立冯骥才作品的争鸣集。冯先生有几部很具有争议的作品，越有争议的东西，就越容易出新的观点，也越容易引起社会效应。比如《三寸金莲》，由于我们很长一段时间没能正确地认识传统文化，与传统文化有很深的隔阂，冯先生在写作《三寸金莲》的时候，以艺术家的直觉提出了疑问，他的观点已经超越了当时的社会观。在今天这个思想相对开放、众说纷纭的时代重新评价这本书，将会得到更新的认识。而且三寸金莲作为中国历史上独特的文化现象，它为什么会产生，又会对社会产生什么样的影响，冯先生在书中均有阐述，需要我们重新发掘和整理出来。进一步展开来，将这个现象放到国际的平台上，从而进行关于世界各国脚的历史的研究和文化比较，将会大有发展空间和作为。第三，编制冯骥才作品的改编集，收集根据冯先生作品改编的电影的光盘、剧本，电视剧的光盘、剧本，京剧剧本，话剧剧本等，将它们编成册，作为我们的基础资料，根据这些资料形成一个课题。从文学到影视是个再创作的过程，可以对创作过程中的得失加以评论和解说，进行反思，从而得出文学改编的基本规律。第四，尽快着手冯骥才创作年表的编写工作，对重大的作家和名人是肯定要做这项工作的，学院要尽早规划，跟踪记录冯先生各方面的创作。

（二）考虑建立冯骥才的评传，首先应该从文学评传做起。评传的编写有两种情况：一种是对某个作家感兴趣，然后进行研究，编写评传，另外一种就是作家的学生承担这一任务。这不仅是值得深入的学术实践，也是我们学院的重要任务。

（三）进行冯先生写作的专题研究，如从民间文化的角度研究文学或者研究冯骥才。我们知道巴赫金研究狂欢化，其理论的出发点就是民间文化。但他研究文学的同时，又能提出自己的理论。一般人看来陀思妥耶夫斯基的写作与民间文化毫不沾边，可是巴赫金从民间文化的角度入手，把他溯源到狂欢化，自成一说。他对拉伯雷的研究更是直接与文艺复兴时期的民间文化联系起来。研究冯先生的写作，民间文化是一个非常重要的切入点，但是我们的研究至少要追求达到巴赫金那样的高度和深度，不能停留于肤浅。

（四）及时对冯先生的文化创造和文化活动进行跟踪记录。冯先生的讲话是很光彩很宝贵的，但是很多都没有被记录下来。李泽厚去了国外，回国来他的一帮弟子跟着他走了一圈，真正做到了有文必录、有言必录，最后将其整理成书。李泽厚本身是个说话有分量的人，对事情的点评很有方法、很到位，但是从中也能看出他的弟子对先生和学术的恭敬程度。我们身边也有这样的人，冯先生的讲话很出彩、很震撼，但是这些东西都遗漏了。所以我认为如果给冯先生配助手，要全程跟踪记录，要借鉴别人的正确方法。

四、对学院建设的几点建议。

第四部分，我再对冯骥才文学艺术研究院的建设提几点意见。

（一）我认为冯骥才文学艺术研究院至少有三大学术品牌和三大学科建设，分别在文学、艺术、文化方面。

（二）教材建设。包括非物质文化遗产学、年画学、文化遗产学。从实践操作、保护、遗产对人类的价值等角度，文化遗产在纯理论上建立成一个学科是可行的，可以从几项遗产类别入手，自然遗产、文化遗产、文化与自然双重遗产、景观遗产、记忆遗产、非物质文化遗产，在每一个遗产里都有一整套的学术理念，还有一整套的保护方法。物质文化遗产和非物质文化遗产的保护方法可以相互借鉴，保护的原则也有很多共通之处。比如前不久我在参加加拿大关于博物馆研究的国际学术会上就提到过，博物馆学正在向非物质文化和数字化的方向发展，即把有形的无形化虚拟化，而非物质文化遗产研究、保护则竭力把无形的有形化，它们在技术上有可合流和共通的地方。还有我以前和冯先生讨论过的中国的民间美学，冯先生提出了这个概念，美学界也零星地有人在做研究，大家也意识到了民间美学的巨大价值，但是这个学科如果不接触民间，深入民间，是建立不起来的。还有中国民间艺术学，虽然以前有中国艺术学，局部的民间工艺学、民间美术学，但以现在的观念看，以前的体系思路都很陈旧，并不注意学术的影响和价值。教材建设在学科建设里是非常重要的一块，我们要趁现在非物质文化遗产学群龙无首的状态，尽快占住权威地位，争取我们编写的教材能成为大学教材，占领全国的教材市场，从而提高学校的学术品位和社会地位。

（三）人才建设。建设一个活跃的学术群体，现在学院从人数上已经可观了，基本上每个学科都有相应的老师，不过还需继续发展壮大。因为要有几批扎实的学术成果，要有几本开创性的和有全国影响力的教材，有几个优势的学科，又要有若干重大重要的学术活动和会议。如果没有一个优秀的学术团队，是无法完成的，凭导师孤军奋战也不可能在学科上打出一片天地。我们必须依靠团体和群体的力量。据此，我给冯先生提个建议，基金会除了扶持外面的学术建设和相关活动外，还要考虑扶持学院的学科和学术建设，一是辅助学校扶持学院必需的基础建设，二是设立冯骥才民间文化学术奖。我也是受到国外一个基金会的启示，这个基金会在中国资助了一个学术成果出版项目，每年保证出版十本书，这十本书完全从社会上招标，通过独立的评审委员会认定后编成一套丛书，由三联书店出版，已经出了三四集了。我们仅凭自己的力量可能还不够，要是能把社会上的成果变成我们的成果，让他人的学术为我服务，也为他人服务，建立一个平台就好了。不过这个建议的可行性还有待商榷。

（四）进一步发挥冯先生名人名家效应，实现跨越式的发展。

要明确人才梯队建设的格局，从而根据格局配套更多的人才，引进一批有实力的教师和博士。如中山大学非物质文化遗产研究中心，从广西、云南吸引了好几个做相关方面研究的学者；还有东北某大学，挖了几个专家过去并给他们相应的待遇。类似的好的人才建设和学科建设的例子，我们一定要学习借鉴。

（五）提高研究生培养的数量和质量，尽早设立博士点。设立博士点是学术建设非常重要的一个目标，也是各个学院非常看重的一个事情，非物质文化遗产研究的优势我们学院都拥有，冯先生应该多和学校、教育部沟通。多几个博导，多带一些研究生，趁着现在非物质文化遗产研究的热潮，地方对我们培养出来的学生的需求还是很大的，多培养一些从这里走出去的学生，也能够扩大学院的社会影响力。现在大学的规模已经跟过去不一样了，多一些学生，多做一些课题，这是现在大学办学的特色和特点。

（六）积极参与学校本科生的人文知识教学活动，为学校的科技人才的培养增加文化修养和艺术思维。科学和文学相结合是李政道、杨振宁、钱学森等众多科学家所倡导的思想，现在综合性大学和理工科大学应该注意这方面的事。目前做得比较好的是清华大学，它在文化方面也发出了很多声音，它曾从北大和其他大学挖过一批人才，早期人才流失严重，新加入的人也需要有个磨合过程，但是这个思路是对的。后来清华大学逐渐稳定，在人文学科上逐渐恢复社会影响。

关于非物质文化遗产学教材编写的想法和建议

接下来我再来谈谈关于非物质文化遗产学教材编写的整体想法。现在我们编写的这本书究竟应该叫讲义还是教材还需再琢磨，讲义会偏重于教学性质，教材更标示出学科的独创性。我先前已经提到过，在相关国家立法马上要出台，全社会高度重视，有一系列学科学术体系有待完善的背景下，这个教材的建设是非常重要的。现在各个大学都在关注这方面教材建设的问题，不排除有一些大学已经开始着手工作。陕西师范大学教授傅功振专门召开了一个关于高校非物质文化遗产学的教材的研讨会，有的学者提出了非物质文化遗产学教程的概念，但是我认为这个教程不是真正意义的文化遗产学，它只是非物质文化遗产学本身的实践性的一些东西，如怎样申报、分类，并没有涉及学科建设，还没形成一个学科框架。我们要做的就是把冯先生最早提出的非物质文化遗产学建立成一套完整的理论体系。以前，联合国教科文组织提出非物质文化遗产并不是从学科和学术的方面提出，而是从保护、实践、抢救等方面提出并开展工作的，当工作开展到一定阶段，必然具备建立一个学科的基础和影响。而且这个工作本身是一个学术对象，必须要有科学的方法和学术理念来指导操作，盲目进行的话会造成保护性破坏和抢救性破坏，必须要坚持科学性，这是建设这一学科的客观条件。我在写非物质文化遗产相关书籍的时候，也在做一些深入的思考，今天看到这个提纲，就把这些思考带进去了。

先说大的框架方面，如本体论，我们必须先从做学术学科的角度把它研究的对象确定出来，弄清楚学科学术的任务是什么，它的理论基础和逻辑起点在什么地方。在第二章里面，它的逻辑起点要放在文化保护、遗产保护中间，它不像其他人文学科是从已有人文历史发展的角度入手的，它是后介入的，是在已有文明的基础上形成的一个学科，它的逻辑起点是人类的文化遗产和世界遗产的保护。

我再说说自己关于第四章的想法，第一章和这个方法和理论有一些联系，以前我提到了狂欢化理论，提到了生命美学和身体美学，提到了民间审美和生态美学，提到了口述和表演理论。非物质文化遗产从哲学上来说，它和人与物的关系、身体与行为的关系，应该在哲学上找到它的本质和出发点。相关的学科已经在关注和研究身体美学，身体美学从哲学理念上和非物质文化遗产学思考的问题是共同的，它具有形而下的特点，但是又做形而上的思考，从它和身心的分离和关系上面，从有形和无形的关系上面，我们可以提出相关的体系。一定要借鉴它的美学方法和美学理论。包括行为学，民俗是一种行为，如果我们上到非物质文化遗产学的角度，一定要把文化行为和行为区别开来。行为有行为学对其进行专门研究，我们可以将行为学研究的想法和思考纳入到我们的体系中，作为重要的方法和角度。生态问题也是，非物质文化遗产不可能离开生态，背离生态环境。现在的生态文化、生态美学都是非常前沿的学科和学术活动，非物质文化遗产学要从这些角度提炼出一些新的理论武器，要有学术和理论支撑。另外关于非物质文化遗产的混沌模型，一定要把握非物质文化遗产和非物质社会之间的关系。现在有很多概念如非物质经济，和我们的非物质文化遗产的非物质，有很多可以交叉、可以借鉴的地方，要思考物质和非物质的关系，研究其不同的载体。这几个想法是值得深入阐释的，非物质文化遗产的物质性、文本性、生态性、生命性、身体性、整体性，这些详细的、深入的、体系化的思考，在目前的非物质文化遗产研究中，我们还没有看到比较全面的深入的阐释。

当然要建立一个学科，还要把它和其他遗产之间的关系解释清楚，我前段时间写的《论文化空间》一文里就说道，文化空间里存在多重多遗产交叉重叠，这个现象在实践中已经发生了，在学理上它确实有很多遗产形态相互交叉、相互转换的现象。一个杰出的民间传承人所做的东西，在传承人还在世的今天是非物质的东西，要是明天他去世了，大部分的东西就变成了物质文化遗产，这些观点要打通和关联起来。要理清楚我们的学科和民俗学、民族学、人类学、人种学、语言学、历史学、社会学、文学、美学、艺术学、自然科学（特别是传统科学方面）之间的关系，才能确定学科的特色和学科重点。

另外关于悖论这一章，我认为是很有意思的一个部分，我们现在面临很多的悖论和困境，要把这一系列的悖论解开或是阐释出来。我们现在有一些局部的研究非物质文化遗产的悖论问题，而系统的研究目前还没有展开。如果我们的教材要在这个方面有独特的理论阐释，就需要关注一些重大的哲学问题。包括方法论上的，比如说冯先生写《一百个人的十年》时就已经有了文学的口述史的实践经验，和他后来的工作是有必然关联的。口述史本身从九十年代以来到二十一世纪初，在历史学界是新兴的热门的研究方法，我们要把这些不同的口述史的实践，与非物质文化遗产的口述史相结合，形成一套独特的方法论，这是我认为别人在考虑方法论时没有考虑和想到的地方，我们把它打通后会非常有意思。

总之，我觉得，这个教材的编写要有一些新的理论贡献，要从本体、方法和保护等方面搭建一个完整学术框架。过去我写的书由于时间仓促，只是大概从基本原理、形态方面做了一些研究，没有什么值得满足的地方。今天我提醒大家注意的几个地方都是我这几年一直想写的东西。比如，我一直想写从美学的角度看非物质文化遗产保护的相关问题，现在美学最活跃最前沿的几个美学理论：身体美学、生态美学、生命美学，日常生活的审美化，这些都是非物质文化遗产最有权威、最能够说得透彻的地方。还有比如关于游戏的研究也是美学研究非常经典的一个话题，但是我们要从民间民俗的角度来切入游戏，再把它往美学的关系上发展，将会得出很独特的学术成果。这里面学术的出发点太多了，需要充分调动我们的想象力，从小课题、从局部做起，最终变成一个宏大的构架。我们现在从已有的思考就可以做一些学术贡献了。这些是非常有趣的、很新鲜的话题思考，不同角度的写作。兴之所至，就讲这些。

提问、交流部分

听众一：我有一个问题要请教向老师。教材提纲的第二章，非物质文化遗产理论基础和逻辑起点，西方和中国都是从遗产保护开始的，遗产保护是时代转型的一个产物，因此这个学科具有一定的时代意义，即在这个时代它是前沿的，同时这个前沿性也决定了它的局限性，一个学科因为这个时代而产生，而发展也因为时代所局限的话，它长期发展的突破点在哪里？这是我的第一个问题。第二个问题是关于第六章，非物质文化遗产的混沌模型，我们入手研究的方面，从保护的方面，从立法的方面总是有一个强调的方面，它的混沌性说明非物质文化遗产和物质文化遗产是合一不可分割的，我们要建立一个非物质文化遗产学科，为什么我们不能说同时也是物质文化遗产学说呢？还有第九章，非物质文化遗产的悖论，向老师看得非常准确，如果有这么多悖论存在的话，枝节的悖论和整体的架构是一种什么样的关系？如果每一个悖论都可能是致命的话，我们整体的架构是一种什么样的形象，我们怎样去设想它的未来？

向云驹：实际上你的第三个问题和第一个问题就有一些相关，因为如果悖论解不开，学科就没法往下发展，我认为要建立这样一个学科，可以预想到随着现代化的进程，非物质文化遗产保护力度的加强和紧迫性会是相当长的时间里的文化运动，并不是一个短期的行为，这个学科会随着保护的实践不断地深化和完善。这个学科应该在不断总结实践经验的基础上来完善学科的建设，它不是纯理论的研究，它来自实践，它要随着实践发展和完善。在不断的发展和完善中就是要解开这些悖论，比如关于全球化和本土化的最大的困惑，一定要寻找一个出路，最后有一个结点，不然就什么都不能做了，这实际上也是学科发展的一个动力。我们现在要把这些悖论提出来，在学科发展的过程中关注它们，如何突破一个个的悖论，这是一个学术的问题。关于混沌理论，我觉得应该这样理解，它并不是遗产和遗产之间的混沌，非物质文化遗产和文化遗产之间是不混沌的，我们一般认为的文化遗产是指它的物质性，这种物质性不一定能列入物质文化遗产。例如，剪纸具有它的物质性，如果魏晋时候的剪纸，那就是物质遗产，当代的剪纸就不一定是物质遗产，这和它的载体有关。

听众二：学院刚开始定格的时候也是按着文学、艺术、文化这三个方向走的；人才建设作为比较重要的方面，这几年筹备队伍时也是在给冯先生配备学术梯队。我认为你提到的要做的几个事当中，关于我们学科发展和教学内容的建议给我留下了很深的印象，因为我们现在一直在提教学内容改革，我们现在有两个硕士方向，博士方向是明年开始招生，现在已经开展的两个方向一个是文学方向，一个是美术方向。2003年申报时是仿照以往的专业，按照已有的课程体系设置的，原来学院不具备这种条件，就根据第一年招生的情况顺着走下来了。现在我们也一直有这种想法，就是这两个专业中应该体现我们学院自己的风格，就像你提到的这个学院既然是挂的冯先生的名，怎样让学生能学到比较鲜明的东西，也许就是因为我们缺了整体的对冯先生的学术关照和学术分析。我们也讨论过几次，在研究生的课程改革当中，把冯先生的一些作品加进去。我想将来有机会的话，因为你跟冯先生在一起的时间长一点，有好多东西可能比我们对冯先生的研究更多一些，包括看过冯先生所有的作品，对他一些东西的理解。对冯先生的研究是一个长期的过程，类似于冯先生的学术记录之类的工作首先要由学院来做，虽然有好多工作可能工作室已经做了，但是真正进行学术归类，作为一个教材或是课程给我们研究生上课，选择哪几个点，放在研究生课程改造当中还没有展开。另外还有一个问题，现在学院的老师中有很多是一毕业就留下来了的，只是片面地想着学科建设，但是很少考虑这个学科建设怎样和冯先生本身连起来。现在我们后三年的工作计划都有了一个"985"项目定向，那里面涉及一些硬件建设，包括做传承人口述音像室、做数据库等。原来我们只考虑了文化遗产保护方面的东西，作为学院建设的大方向来说，应该及早把对冯先生的研究归入到我们的科研计划中来。另外我们在三年工作计划中跟宁波有一个期刊，我们让文学组的老师参加进来就是想增加对冯先生的学术研究。我们有的时候思路还是比较窄，面也打不开，很多时候只是冯先生提一点做一点，对冯先生只限于了解，但是并没有把研究冯先生作为一个课题，没有想到把它作为学院的科研项目，从大项目也好，或是小项目分段一个一个研究也好。甚至我觉得我们学院的活动局限性太强，其实我们就可以搞一个比如《三寸金莲》的研讨会，或者针对冯先生某段时期某个作品的研讨，结合着学术活动也搞起来了。总之，听完向秘书长的讲话，我觉得深受启发。

向云驹：这一块你们一定要研究，你们不做的话，别人就会去做。

听众二：我们其实应该首先去做。我们以前总是局限于想做什么活动，没有把对冯先生研究这一块工作列进去。

冯骥才的总结

冯骥才：今天的谈话接近尾声了。我听一个人讲话主要听两个方面，一个听视野，一个听心灵，我不听他特别具体的问题，某些特别具体的问题可能我也感兴趣，但并不是最重要。头一个就是他的视野，他的思想视野、文化视野，他的视野是非物质的、无形的，他看到了什么，我们没看到什么。这些年我们一起做民间文化抢救时有很多想法，李长春同志在提到政协的作用时说道：七八年前我们根本不知道什么是非物质文化遗产，就是因为冯骥才他们首先提出，政府现在才明白了。确实这些年来，知识界走在前面了。刚刚我在接受中央人民广播电台关于改革开放三十年的采访的时候，我也想到这个问题。知识界、知识分子的作用就是应该具有先觉性。我记得"两会"期间，在江泽民同志参加的关于文艺界的座谈会上，我就讲了知识分子的功能和价值。知识分子必须具备三个特点：第一，知识分子必须要有独立的判断立场，不能因为你是领导者，我是被领导者就盲从你的意见；第二，知识分子应该具有思辨性的思维，思辨性有的时候是逆向思维，它的价值就是提供一种思辨性，思辨的可能、思辨的空间；第三就是前瞻性。曾经有一段时间，在大环境的现代化的疯狂冲击下，中国的民间文化处于弱势。我记得当时和向秘书长在北师大参加一个会议时，启功先生还健在，启功、余光远、季羡林等四位学者开会时，我说了一句话，也当着北师大很多年轻的博士生的面，我说你们在谈民间文化，谈这么多的理论，你知道你研究的那个对象已经要死亡了吗？你就像医生一样，只在那里坐而论道，谈生命谈医学，可是你面对的那个生命就要死了，你不去碰一下这个生命，你还去谈生命的高贵，谈医学的重要，谈用什么样的方法，那都没有用，最重要的是那个生命，你最重要的对象都要死亡了。从那个时候我们呼喊起来，向秘书长起草了一个呼吁书，余光远、季羡林、启功几位老先生都签了字，民间文化抢救就是从这个会议上开始。后来我在"两会"上有一个很大的发言，丁关根同志听到了我的这个发言，把我叫到中宣部去让我讲了自己的观点，后来关根同志说做这件事，中央支持，马上就写到十六大报告里了，十六大报告里马上就有了国家文化遗产保护的问题。我为什么请云驹来讲一讲这些东西？在文化问题上，我们所面对一个文化问题并不只针对某一个文化的本身，而是要针对在一个时代变革时期，我们民族的精神传承问题，是一个更形而上的思考。但是传承民族精神的载体要没有了，无论是物质的非物质的载体都要没有了，因此需要我们抢救和保护，这是毫无疑问的事情。而是我们的生命，我们跟文化的命运拧为一体了，文化一疼痛我们就先有感觉。我记得我是在斯洛文尼亚知道地震的发生，地震是两点二十八分，斯洛文尼亚是早上八点二十八分，我们九点钟知道的地震，同时知道北京也有震感。我马上打电话到天津了解情况，然后就给罗杨打了电话。我说地震了，我们做什么，我们文化遗产要做什么，你赶紧跟向秘书长开会研究。我们首先想到的是我们的遗产是不是受到破坏，我们知道被破坏了以后，按照我们的原则，濒危优先，我们先把抢救民间文化遗产的重点转到羌族文化上来。这一路做下来，文化部老跟不上，跟不上的原因是，他们没感到疼痛。他们把这作为一件事做，或者作为一个政绩来做，他们当然不会感到疼痛。所以我想这里面就是一个视野的问题，视野到最后就是一个人的境界。文化给了我们什么？文化给我们一个是视野，一个是气质。你有没有文化，就看你的气质。你的气质，不看你穿什么戴什么，就看你的精神气质、你的品味、你的境界。

　　刚才我听向秘书长的谈话，关于我的部分并不重要，因为我可以跟大家非常坦率地说，我在这个学院里的时候，很长一段时间有一种孤独感，因为在这个地方没有几个人能跟我谈话。其实我涉猎的面非常广，但是我跟谁谈文学？我跟谁一块评赏文字？我跟谁谈艺术、谈美、谈绘画？我跟谁谈当前的文化问题？刚才向老师说人才梯队，现在谈不到梯队问题，你的思想要有跟你呼应的你才有梯队。你做一件事情，他马上就觉得很重要，而且他敏感，和你一起行动，你才可能有一个梯队。你告诉他了，他还不知道怎么回事呢，他只是把这个当成一个事情做，就不可能有一个梯队。我问过周立民，我说你跟陈思和关系到底怎么样，他说他跟陈先生经常聊得非常晚，就一个问题往深处探讨。我非常羡慕陈思和周围能有这样一批杰出的研究生。我为什么现在要着急让大家深入学习？其实我现在着急的是不希望我们目前的人被新来的人顶替掉，我们人员只有那么一点。我既然要到一个地方来做事业，我不希望费太大的劲来做，比如打一场球，我希望换了衣服穿了球鞋就能踢，我不希望先替你来个按摩、治疗，帮你锻炼，最后才打球去。得一呼而起才行，要一个团队有一个共同的责任、共同的追求、共同的境界、共同的价值，有一个共同的学术的气氛、学术的境界，这样才能形成一个真正的团队。

　　所以我觉得向秘书长讲得非常好，我们中国文联一共十一个协会，在这十一个协会里，中国民协是做得最生龙活虎的。一开始民协都快边缘化了。九十年代末，土地全都开发了，农村的人都忙着赚钱了，谁还管你民间文化遗产，唱一段老戏，说一段故事？全都被扫荡了。我们把文化做到这个地步，做到今天非物质文化遗产已经变成了一个时髦的关键词，实际靠的是对这个时代的敏感，靠的是一种思想，正如我最近正在编的一本书，我给它起了个题目，叫"用思想站着"。我对绘画、文学、艺术有太多的想法，我有太多的事做不了，我也不能转给别人。我从来不愿意教写作和绘画，因为我始终认为这两样是不能教的，完全是自己感悟来的，我只能跟你聊天，和你一起欣赏，把一些悟到的东西告诉你。老师教你怎么画那是工艺美术。艺术也不能遗传，除了大仲马生了一个小仲马，这小仲马是遗传外，别的好像没有遗传，艺术是不能教给别人的，艺术最重要的部分全是感悟来的。但是我有大量的关于艺术的理论等需要研究的东西，我没有那么多时间研究，我把这些工作给了你以后，你就能找到一个门，能做出些大学问来，可是我怎么跟你聊呢？前两天，我给你们推荐了包括《浮生六记》之内的六七本书，一个多月以后，我会找大家聊，这些东西都是必看的，经典的不看，你看什么呢？知识背景架构不共同，你也没法聊。我记得八十年代初，在南开大学演讲的时候，我在台上讲小说，讲一段以后一问台下，没人读过。只能把小说讲一遍，再演讲。我说，这样讲太费劲了，我给你们写一个应该读的书单吧，后来我就给他们写了一百部必看的世界名著长篇、一百部中篇、一百部短篇，这些起码的应该看了，我才好给你讲。没有同样的基础和平台，没法一起工作，大家一定要利用现在的机会多看东西，多学东西。千万别相信电脑，电脑只是能查一点资料而已，它只能给人一些信息碎片，电脑不能够修养一个人。所以我认为大家要多看书、多修养、多熏陶，我们学院是一个很好的环境。另外，大家一定要往一个地方去想。我今天请向秘书长来，就是想传递一种思考，我们在思考什么，我们是怎样思考的。我希望大家再回味一下向秘书长今天讲的东西，最后再次谢谢向秘书长。

时间：2008 年 10 月 21 日。

地点：天津大学冯骥才文学艺术研究院二楼会议室。

参加人员：冯骥才先生，向云驹秘书长，学院全体老师。

博士研究生的学术视野及学术方法

——在天津大学冯骥才文学艺术研究院的讲座（二）

马知遥（天津大学冯骥才文学艺术研究院博士后，主持人）： 今天是开学第一天，我们请到向云驹老师。向老师是在民俗学界相当有成就的青年学者，而且在非物质文化遗产保护的事业上一直和冯骥才先生并肩作战，是中国非遗保护中令咱们羡慕和佩服的前辈学人，所以咱们开学第一讲，冯先生有意邀请向老师来给咱们开课，一方面是可以让向老师给我们带来北京丰富的信息，另一方面也是通过向老师在非遗保护第一线尤其在《中国艺术报》这样的一个前沿领域，把其更开阔的视野、更丰富的知识传递给我们。所以借这样的机会让我们欢迎向老师畅所欲言，把他丰富的知识传递给我们，也感谢冯主席给我们提供这样的机会来学习。

冯骥才： 今天，我们来听课的还有一些新来的同学和工作人员，不太了解情况。我再介绍一下。向老师是我们天津大学的教授，和我的关系极其密切。密切在哪儿呢？大家都知道，中国民间文化遗产抢救工程就是我们一起干起来的，从 2001 年，当时我们向国家提出来，后来被国家认可，后来我们就做了民间文化遗产的抢救。在抢救的时候，我在民协做主席，向老师是民协的秘书长，我们俩的关系是最密切的，密切到了每天会有一个甚至两个电话的程度。每天会有各式各样千头万绪的事项，全要在那儿紧密地联系着。中国民间文化遗产抢救是从无到有，是中国历史上第一次对民族文化遗产作一个全面的普查，对家底的整理，然后做成档案，同国家联系起来。向老师在理论上有非常多的建树，我国最早的非遗理论著作是向老师写的。所以这么多年我们在思想上、行动上有非常多的联系。而且向老师有非常丰富的田野考察的经验，一直在第一线，亲自领导中国民协的抢救办。后来因为他的能力非常突出，加之他原来有在《中国文化报》工作的经历，所以被中国文联党组任命为《中国艺术报》的社长。《中国艺术报》是中国文联的机关报，相当于中国艺术界的一个喉舌。而且这一年多办报以来，他取得了非常突出的成绩，使报纸整体改观，具有很强的理论性、思想性、前沿性，也受到广大艺术界的关注。所以我想新的一年新的同学来我们这儿学习工作，和向老师学习是非常必要的。所以今天尽管他很忙，我们还是把他请来跟大家见见面，讲一讲。

向云驹： 非常感谢冯主席的器重。今天和大家见面，主席已经约了我很长时间，日期不断地调整变化。首先要表示歉意。下面讲几个问题供大家参考。

要了解中国就要了解世界

我在主席的信任下，在咱们"天大"冯骥才文学艺术研究院占了一个教授的虚位，没做更多的工作，总是感到很惭愧。所以每次主席需要我为咱们学院做一些工作我都是特别高兴的，尤其是和我们这些年轻的同学经常接触是非常受益的。我们中国艺术报社也全都是一批年轻人，刚毕业的研究生。我和他们说，你们都是年轻人，思想都比较活跃，思想都比较新，一定要发挥你们的长处。应该充满朝气，充满想象力。不要让你的想象还不如我的想象。有什么问题我们可以讨论，但是你不能没有想法，不能越走越缩回去。所以年轻人的思想具有活跃、新锐、前沿这些优点，对新媒体运用掌握，信息来源多样，这是我们这一辈所做不到的。我首先就是要这些年轻同志解放思想。以前我们的管理非常封闭，什么也不敢写，不敢做。我就和他们说解放思想，敢说敢干，出了问题我来承担。只要你有想法。这个时候是年轻人成长的一个非常重要的阶段，这个时候没有想法就把想象力萎缩了，将来的发展就会受到很大的限制。在想象力最活跃的时候要把想象力保护住，然后再积累更多的东西使想象有更坚实的基础和实现的可能性。所以和年轻同志工作的过程中我也学到很多东西，把思路打开以后，本来我们的报纸起点比较低，原来周一，去年变成周二。一个星期办一两期，要死不活，新闻都成了旧闻，然后版面又有限，几个画家的专版一搁，基本上没法看。所以我第一步上来就是让机关的同志都爱看，然后再说外面，连身边的人都不看，这报纸办得还有什么意义。所以我用了一个半月的时间把周二变成周三，然后每期由四个版到八个版或十二个版，工作量和各方面压力都是空前的。但事实上也是非常的顺利。实际上也就是那几个人。但是我们也有北大的、人大的比较好的人才。现在就业形势比较严峻，但是对于一个单位来说，它的可选择性就强了，不愁人才，人才流动也不怕，想来干事的年轻人有的是。这都是过去没有的现象，过去我十几年前办报的时候，人才也不行，找资源也找不到，整个环境都不一样。那么现在既然环境已经改观了，我们就要在新的环境里做工作。当然这里面有个非常大的背景，就是我和主席在民协一起干了十一年，我的境界也大不一样了。你们能和主席在一起学习，这是一个非常非常好的环境、非常好的学术背景，千万要珍惜。我和冯主席这十几年，从他那里偷到、学到、模仿到、观察到许多的招数、想法、诀窍、技法、思想。我最大的体会是，从主席那儿学到了很多的东西。有这个底气。如果没和主席走这一段，那么现在也没有这个底气，也干不到这个份上。在主席这儿培养了很高的境界、很宽的视野，还有一种情怀。对文化、对事业、对要干的事情的情感。我越来越感觉在工作中迸发的一些想法，这种新的思维方式也是从主席那里学来的。主席最大的特点，看问题非常敏锐，另外可以把一个很低的问题提升到一个很高的高度，然后从一个很新颖的角度去看去表述它。文学家、艺术家的思维方式和灵透的感觉还有思想家的深刻，这几种素质结合在一起，这是我们最重要的素养。掌握得越多，做得越多，走得越远，这都是我在工作中的深刻的体会。

我的体会是可以和主席学很多东西。但是你不能每天等着主席来和你讲，你必须平等对话，去交流。每一次同主席的交谈中都能感受到一些新的东西，都能够学到东西。所以这就需要你去做一个有心人。我曾经也说过，主席平常的讲话中很多即兴的东西有很多的火花，我们在身边没有记录，非常可惜，一定要把它记录下来。这些东西都是非常精辟的，有些东西当然可能会反复呈现，有些他自己也会忘掉，但是记录下来后你会发现得到很多的收获、很多的启迪，所以你们一定要在工作中多了解这些。另外，上次我曾经给同学们说过咱们学院研究的方向、重点和特色，学术的定位，那个东西也整理了，新来的同志建议看一看，当初的讲法应该还没有过时。在这个学术领域里，可做的事情还是很多的，一定要有学院派里基本的能力、实力、方法论，要掌握这些；还要把主席这种更加有特色的社会性的思考，包括超越学院派的、象牙塔的、纯学术的思考记录下来学习。作为青年学者来说，学术的纯粹度还是要有，但是要放开眼界，学术要应用。主席在这方面有非常丰富的事业和经验，接触的范围和了解的东西非常开阔，特别是国内国外这样大的视野，这也是我们一般专家、思想家都很难做到的，这种全球化的视野、气度、胸襟、眼界，实际上是知识。没有这样的国际视野，很多的东西根本就看不透。要真正了解中国就要了解世界，在没有充分了解世界的基础上是很难看透中国的。

条件具备，数十年间可出大师

人类学就是看"他文化"的，就是从研究"他文化"着眼，再反思本土本国的文化、人类文化。这是人类学基本的学术立场，是它的一个重要出发点。这个出发点在我们思考文化的情况下，而且在全球一体化的背景下，特别的重要。没有这样的视野和角度，根本不可能研究问题。真正的大学者，都是有全球知识背景的。现在的大学者，必须在大背景的基础上才能产生真正的学问，才能产生超过以往时代的学问。"五四"时期那一批学者，我们现在想超过他们基本不太可能。因为我们这个时代虽然外语好了，但国学底子差了。那个时代他们国学也好，外语也好。后面的时代巨人一定还会出现，但是我们这个时代能不能出现巨人不好说。这个巨人的出现，一定要有全球知识体系背景，有多语言的能力。光英语好，最后就成了工匠，没有思想没有多国文化的背景。真正的大家是几头都吃透的。我们自己也知道一门学问要吃透都做不到，还要把外语和外国文化吃透，更难。所以大师出来有难度。也正因为有难度才能称之为大师，这是一个时代性的难题。我个人发现，一些著名的学者也就是在一二十年间迅速地把学问掌握了。所以，理论上说，任何时代任何个人都是有机会和可能成为学术大师的。我们很大的不足就是国学底子太薄，可能古代汉语基本能力都没掌握，所以古代典籍就进不去，进不去就不能拿中国最典型的思想、话语去和西方对接，互相阐述。做不到这些是学术难题，要解决这些需要时间，不解决这些可能几代人也出不了大的人才。这是一个很大的问题，搞学术还是要思考这个问题。另外在现有情况下，学问掌握多少是多少，要充分利用现有的条件。达不到最高的境界，往第二梯队去努力。外语不能吃透所有的，吃透一门，实在不行把要去了解的东西嫁接过来。这样在原来的基础上肯定是不一样的，肯定是上升的境界。所以要根据自己的特点设计学术方向，条件基础比较好的可以把面架构得宽一些，根据自己的年龄和学术背景设定自己的学术方向。要根据学术方向、特长、特色、专长，再根据学院整体的学术架构的基础，找到自己特色的点，找到一个研究方向。我们的同学要思考这些，当然前提是对冯先生的东西要吃透，然后结合自己的兴趣特长和学院整体要推进的东西结合到一起去。这里面有个人的规划，也有学院小部门的规划、大方向的规划，这个学院要做什么样的事情，要达到什么样的境界，在学校是什么样的功能，在社会和同类的学校比它是什么东西，或在整体的文化格局中它是什么样的一个点，我想这些东西不能等着冯主席一个人去思考，大家都要学会思考，贡献你的思考。这个东西有时靠群策群力，需要很多的智慧一起来推进学院的发展。在这个过程中，学院发展的成就和个人的成就都是捆在一起的。事业追求、工作环境这些东西都是一体的规划。这些东西不能等着一个人去思考，现在年轻人在主动性上、在高度上有所欠缺，但不能等着到四十岁时才去突然考虑得很成熟，这都是一个逐步积累的过程，需要这样一个过程才能拿出独立的思考，这都是需要我们在学习工作生活中去体会的。

我再提一些我个人的体会。我自己和冯主席这么多年，说老实话，我在中国民协最大的想法，最没有放弃的追求就是，一定要从事一些专业性的东西，不能把它当成纯官场的东西去做。另外就是一定要思考，做任何事都要思考对我的工作、对我的研究、对学术有没有价值。我当时在协会跑得比较多，坐下来的时间比较少。那么我就想这样工作的优缺点在哪儿，比如时间比较少，可能没那么多时间读书，但是不读书恐怕是不行的。我读书最基本的方法，有几块重大的领域，我是去跑书店，最新的出版成果我要留意。然后我要找几个重点的学科去看，美学我是必看的，人类学我必看，文化学我必看，文学理论我也必看。有时候艺术理论也看一下，有时候新的理论出来我要扫一眼，哲学我要去看，哲学我重点是看西方哲学，传统哲学我关注得比较少，因为那个钻进去我出不来，因为我的学术底子是有局限的，我找我的特点，就是跟住学术进程，不脱离它，最好的方法就是跟进出版物。我发现一些搞西方哲学的博士生，弄的东西还是很前沿的，而且学术含量在博士论文的层面上，搞西方哲学的要比其他学科的强。我也参加过一些其他学科的博士论文答辩，水分还比较多。还有，重要的学术观点、学术论文，一些重点的刊物，如《中国社会科学》《新华文摘》，重点的学报，重点的期刊，还有一些特别有影响、思想、能力的作者，新锐的同一年龄段的学者的学术成果、学术论文要经常关注。这样就是了解别人最前沿的成果。我当时受限制是顾的面太多，我是多个领域作战。也有好处，这是受冯主席启发。光在一门学科里面，很多东西打通起来就不行，比如非物质文化遗产，光从民俗学出发根本就不行。昆曲就不行，因为根本不懂艺术。光艺术学搞非物质文化遗产，再往前也走不通。相反，我这几个学科都接触过，这样我能把它捡起来。我个人认为接触的学科很多不一定是坏事。当然，起点很高，在某一个学科一直往深处走也是一个办法。如果知识面铺得很宽的话就可以选择另外一套思路。所以我当时的选择就是走各个专业都打通的背景，我自己回顾我的学术道路。比如音乐，音乐我本来不是很懂，但是我跟着我女儿学钢琴，从最基础的五线谱开始学，十几年，所以现在所有钢琴曲的经典我是很专业地了解过的。我把这门学问通过这个方式解决了。我干过十年文艺，我自己演过戏跳过舞，有实践经验，这几门学问知识，有垫底的东西。美术，我在中国美术馆待了十五年，虽然不能说很深入，但是每天在那儿看，总是对美术界有一些了解。所以，这几个方面知识汇集了。后来我又用很少的时间把书法的常识掌握了。就是说这些文学艺术的方方面面的知识，不能留下大的空白。因为我最早的出发点是搞理论，理论就要接触许多的实践。同时，对重大的艺术门类不能有盲点，重大的艺术门类一窍不通这个说不过去。比如说搞美学，一方面是纯粹的哲学，一方面也和实践结合起来，所以，艺术所有的门类如果有空白点那么前进就有巨大的障碍。所以，找个机会就要把它拿下。到中国民协工作对我曾经是一个巨大的痛苦，我以前在《中国文化报》搞理论，写评论，写言论，做得很顺手，突然要把这些放弃去换一套东西。但这个东西有吸引我的地方，我以前在读大学的时候对艺术起源很感兴趣，因为那时候的艺术起源都是从美学去做研究，从哲学角度。但是国际上研究艺术起源的都是文化人类学家，而且他必须从考古的角度以外，有民俗学民族学的活态的东西才能弄清艺术究竟如何起源。所以这个时候就有意识地把几个学科开始在打通了。

到了民协，我感觉首先是人类学的底子，它的民间文学和民俗学本身是一个大学问，这两个学问很有意思。我一上来就把钟敬文先生那一套先通读了，然后就给钟先生写了个东西，钟先生一看很满意。实际上我以前就写过一篇《人的生产与艺术的起源》，参加钟先生的学术研讨会，所以这方面也保留了一些兴趣。在民协的范围内，一个是学术上的深度，有一大批民俗学的学者可以接触，这个是优势。还有就是它可以接触大量的田野的东西，这个在学校里没机会接触到。所以我在民协这么多年，所有的省份都去过。当然跑的地方多就局限在一个事务工作者，我得把跑得多见得多这些对象作为学问的素材，这是学院派里得不到的，我的优势就出来了。而且我有个特长，一直保持对理论的兴趣。有理论的底子我就很好进入新的工作。所以在民协里，我也开始写一些论文。所以等到非物质文化遗产一来，所有的储备都用上了。用很短的时间就写了一本书，写了这本书后，认为这是一个学科，那么接着再往下写，再往下进行一些研究。在民协这么多年的思考积累，一方面运用在工程的运作，文化抢救和保护这种民族所需要的大的事业上；另一方面，这个工作它需要学术背景，带有专业性的工作没有学术的背景，没有学术的含量，没有专业性，那么做出来的都是文化垃圾，都是人财物的浪费，实际上对不起自己的良心，也对不起国家的资产和财产。那么把这个东西结合起来，这也是协会的性质，它是个专业性的人民团体，做专业的东西就需要学问。我当时最朴素的一个想法是在这个岗位上，不懂专业是没法说话的。所以这里专业还有发挥余地，我就能够踏踏实实做下去。后来还有非常重要的因素，特别是冯先生过去当协会的主席以后，干得非常有劲头，能学到很多东西。我的原则就是，我在一个地方，只要能学东西我就高兴，我就能一直待下去。否则我也待不住。我最大的人生体会就是，跟着有思想有内涵的长辈，人生能走很多捷径。所以在学校里就是要听这个学校里的大师大学者讲的课。我给你们举过霍金写博士论文的例子，那就是一流的物理学家定出的课题就是一流的。那时候我们民族大学的费孝通先生、杨堃先生的这些课，只要有，赶紧去听。那都是终身受益的东西，一辈子没聆听过几个智慧到顶的人的言谈举止，那成不了大气候。冯主席身边都是高人，可以蹭很多东西，受益匪浅。这是重要的经验和体会，这也是我现在办报还有点底气、敢说话的原因。

非物质文化遗产学如何成为可能

前面这些感想是我走过来的一些经验，那么回过来咱们再说学术问题，研究方向和研究课题。关于非物质文化遗产，我现在比较体系化的著作还是那本《人类口头和非物质遗产》，到目前为止我看也没有几个超越的。这是我获得的重要学术成果，后来在这个背景下做了一些不同样式的东西结合起来，后来还有一本《世界非物质文化遗产》，把国际上的一些非物质文化遗产信息做了一本书。后来又出了一本《解读非物质文化遗产》，是一些论文的结集。现在中华书局要出一本叫《草根遗产的田野思想》，封面设计都完了，我比较满意。三十万字，把我田野的工作整编了一下，弄了十章。目前正在做的是非物质文化遗产学这块，看到许多学校都成立了非物质文化遗产学科，许多人也转到非物质文化遗产来做，改行过来的有搞文艺理论的，也有从人类学过来的，也有民族学、民俗学、音乐学、艺术学过来的。各个学科过来的都有，但是现在还是缺少体系化，缺乏有深度的独立成学科的东西，所以我一直在弄。通常是用节假日的时候，边看书边思考，到长假时就集中时间写作。有时候比较慢，但是随手来的比较多。重点是关于非物质文化遗产的若干哲学问题。第一篇是论非遗的非物质性，第二篇是再论文化空间，第三篇是论非物质文化遗产的身体性，第四篇还有一个关于他者的眼光来理解非物质文化遗产。把这些弄完想再出本书，这样非物质文化遗产哲学这样一个大概念，为它搭一个哲学基础。我们现在的研究都比较肤浅，缺少一个哲学基础。冯莉是非物质文化遗产学的博士，她碰到的最大的困惑是，她也去北大等学校去听课，和老师专家去讨论，当然她讨论的对象不一定对，因为其他人不懂非遗，在不懂的情况下，通常他们是否定的，这样对她的自信心是一个打击。所以我要给她解决这个问题。首先我要写出一些东西，它有不同的哲学基础、方法、问题，我要在哲学上为非物质文化遗产搭建一个基础。其次我要为非物质文化遗产学搭建一个框架，围绕什么是非物质文化遗产学，从理论上给它一些知识的建构，同时要打消它不成学，说明为什么成学，这些学包括哪些内容，是什么样的知识体系。我想，非物质文化遗产学不应该停留在概论上，还是要做些有深度的思想的这么一个学科。这个问题是这样的，既然国家颁布了非物质文化遗产法，这是国家在用一个法律的概念来统领这样一个领域，而且我们文化立法中间，还有一个文物保护法。所以从国家的层面上，六十多年过去只有两个文化上的法律，应该调动许多学术力量为法律体系的建构来服务，因为法律干预这块，至少说明这个对象有独特性。比如文物保护法，促进在文物保护领域形成了很多的学科，考古学、博物馆学，文物保护的修复这块也有专业的学科、专业的技术，包括法国的文化遗产学院，很多的大学、很多的研究机构、很多的政府职能部门，它形成了一整套体系。以此类推，在非物质文化遗产这个领域，它也会建构起相应的学科队伍、学术机构、专门的学问，所以你不做，一定有人做。还有一个很大的背景，它不是一个国家的行动，而是一个国际化的学术行动，我们选择非物质文化遗产完全是来自联合国教科文组织的全球文化行动，是一个国际化的文化性的事业，整合了文化遗产学、文物保护、考古、历史、美术史等等相关的学科。那么非物质文化遗产学也是整合了人类学、美学，整合了各种艺术门类的专门的学科，民族学、民俗学都是在非遗保护中间，相关的专家对这样的文化活动起到了推进和促进的作用。非物质文化遗产保护是有学术背景的，基本上是从学术上出发的，从学术上把它普及到社会性的、全球性的文化行动。所以它学术上是有来头的，政治上和社会发展上它是有背景的，所以它不是一个起点很低、很狭隘、很局部、很地方、很小的事件。既然它有这样多种学术来源，这样大的背景，在我国又有这样大的地位，那它成为一个学科、一个学术发展的方向，成为一个很专业的学术操作、学术运作，甚至是学术运动，或学术研究，显然是说得过去的，是要很多人去做这项工作的。所以实际上不仅是咱们"天大"，很多的高等院校都在抢占这样一个地盘。那么我们的学科设置上，我们的国家社会科学基金立项的项目设置里面，都有对非物质文化遗产研究的课题，一个是资助，一个是直接出选题，另外有好的选题它也直接采纳和资助，包括我们中国文化遗产抢救工程，一直在很高的层面上在运作。现在各种各样的研究，有些学校也在研究每年学术论文的量，分析研究的方向，分析哪些方向的课题被关注、被呈现，得出了什么样的学术观点和学术成果，这些东西你们也要更多地去关注它。专门的学术期刊也在弄。比如中山大学的《文化遗产》，艺研院有《中国非物质文化遗产》这样一个院刊，重要地方的省级社科院的社科期刊，各种论文集的集合出版，这种学术势头，吸引了越来越多的学者。但是目前这块空白也比较多，我算是一直在思考这个问题的，算是一直在研究一直在深入，另外有些地方他们也有学术交叉或各自的侧重点，像北京师范大学就在民俗学民间文学方面集中他们的学术力量，在这方面保持优势，原来钟敬文先生打了一个很好的基础。现在社科院的少数民族文学所，那里集中了一些比较新锐的中青年学者。这些人都在哈佛大学学习过，也有一定的眼界，他们的方向是对的，就是要形成自己的特色。真正的少数民族的研究他们是干不过中央民族大学的，中央民族大学每一种语言都有专家，都有很好的田野基础，而且配套得很完善。少数民族的研究不懂语言是没法开展的。社科院少数民族文学所，一个语种一个人都还不到，所以要形成一个很完整的学科，这方面他们是先天不足的。但是他们的优点是，从西方弄了一些口头传统，口头文学这样一个新的、活态史诗这样一些新的东西作为他们的学术特征。这是一个比较明智的选择，所以这是他们的学术特色。

我们正面对无穷的学术生长点

说这么几块的意思是，我们天津大学需要重点发展的地方在哪里。我们说过，围绕冯先生所涉及的领域展开的工作，来把他的资源、影响发挥好。那么应集中在文学、艺术和非物质文化遗产方面。非物质文化遗产我们已经开始带更多的博士生。我自己的体会是集中精力从学术上做非物质文化遗产，但是我的学术背景是，从文学艺术上打通和集合，从中间抽出非物质文化遗产这样的学术观点、学术立场、学术体系。或者在这些知识背景下建立一个非物质文化遗产的学术，在这方面我们有冯先生的影响力，冯先生对国家这方面制度的建立又产生了这么大的影响，他自己也还有一些深入的思考。当年我为他编《灵魂不能下跪》，这里面就有很多很多东西，那么这一块里面，我们一般容易淹没在他的作家表达中，但是我觉得这里面很多是有学术思想、学术化的操作。这是冯先生的特色，他用文学的表达，但是提供深层次的学术思想。这里面，韩少功也是一个例子，他对学术很关注，他属于有学术背景的，但是他所有的表达都是文学表达。冯先生还有一些更学术化的阐述，我当时的考虑就是把这些东西集合起来，通过这样一本东西来表达冯先生是有学术情结的，有学术角度的，是具有学术表达的。所以书的题目和副题也体现了冯先生的学术角度，在这个基础上很多问题是可延展成为学术话题的。冯先生有很多观点，有时候是一句话，但提供了很多的学术问题。我记住了几个问题，一个是民间美学，这是一个大的课题。冯先生提出民间美学，并且用几篇小文章阐述了民间美学的思想、民间美学的价值。我们远远没有发挥出来，没有解释透，我就一直想做一个民间美学这样的大的课题。这个材料太丰富了，思想观点可以总结出很多，一定会从材料中生发出美学理论和美学特点，所以一定要掌握丰富的民间材料和智慧，老百姓的美学语言要在这个基础上体系化。这个做起来是很难的，但是做出来是非常有价值的。这是一个很大的学术空间。一个是非物质文化遗产学，冯先生也提出来了。他预见到这是可以做成一个大的学科体系的。中国年画学也是冯先生提出来的，在民间美术或非物质文化遗产学中一定会伸展出许多小的学科。有许多小的学科生长点的学科，它才是一个大的对象。在大的学科里，许多小的学科和其他学科稍微嫁接就可以冒出一个新的学科。一定是充满嫁接性，充满嫁接可能的。我们的民间文化遗产，就是这样的。在我们的研究对象里，任何的一个对象都可以上升成一个学问，这个学问的可能性是几百个、几千个，或者说有多少个研究的对象，就有可能有多少种学问在里头。比如剪纸，这几年间写中国剪纸史的有若干部，研究剪纸美学的也有，剪纸本身是一个大学问，那是没问题的。以此类推，年画，是不是一个大学问、一个大学科，是不是有一整套的东西把它总结出来？而且我们调查了那么多丰富的东西，我们不能止于调查，调查本身是有学术成果在里面，但它还可以上升为更多的学问。包括中国年画学，这里面大有文章可做。我们要做的东西，这个学术对象里，有许多研究不尽的课题，而且弄出来都是新的，都是前所未有的、开创性的，而且做出来都是有国际背景的。年画这样一个小小的东西，它的传播具备国际化。它审美的表述和传达或是接受，是可以国际化的。它自发地流传，而且在国际化的背景下外国人是很喜欢的，在审美上有普适性。另外它相关的学术背景，跟版画艺术的关系、民间表达、民间造型，都是一些国际化的背景。比如我们的木版画和浮世绘的关系的深入研究实际上还是没有。从鲁迅时代开始，我们版画的发展也跳不过年画这样一个内容。实际上版画在中国的风格是一个世界性的现象，很有意思。它的内容里包含了中国整个的道德伦理、艺术样式。这是一个龙头性的民间艺术，确实具备龙头性宏大的文化背景，它成为一个学科是轻而易举的，只是我们做不做的问题。这些我们能不能跟上，这些都值得我们去思考。照此分析，问题太多了。所以在这个领域里面，"天大"的学院里面，非物质文化遗产是一块，这一块学术生长点是非常非常多的，我们需要更多的专业知识、更多的人才、更多的这方面的成果，来把它形成学术特色和学术优势。我们在不断地整合力量，形成一个学科梯队，一方面冯先生部署了一些课题去做，另一方面你们的阅读，冯先生《灵魂不能下跪》里面可以展开的东西我们还是要更多地关心，要把这个形成比较体系的研究。实际上我刚才提到冯先生已经提出了好几个大的话题，我希望你们也可以把一个课题架构起来，能够做出东西。有些东西不用很多积累很多准备，都已经是现成的了。有些就直接把它体现出来、表达出来，把它形成一套学术理论、思想体系。要学的东西很多、很紧迫，这是一个。

另外一个，我们现在已经形成了很多学术方向，这些东西要把它进一步深化、做好。比如说拿一些重要的学术课题，拿一些重要的奖项，在学术界逐渐形成一些影响。自己留下很好的一批东西，在这方面要做很好的部署。在前期经过的田野训练，越有眼光越能在田野里发现东西，如何在田野里研究得更细更深，需要自己逐渐地摸索。田野工作是做文化遗产，做人类学的基础。接触的东西多，有深刻的东西，也得有全面的东西。没有眼界和广泛的接触，片面的见识和接触是不可想象的。主席有丰富的收藏，年轻的学生对这个领域是很陌生的，但是这个环境提供给你，就要迅速地掌握。这也是重要的一点，前期的训练，后面要有专题性的研究对接。要有想法，要接触田野，要有观点，要研究问题。或者做一些功课，带着积累在田野中印证和思考。比如我们正在研究的天津皇会，涉及的问题是很多的，你在里面是可以发掘很多有价值的研究成果。皇会是一个大的现象，它和节日都有很大的结合。我们怎样去表现它？不要止于最基础的调查和呈现，一定要深入地研究。要有理论意识，比如巴赫金的狂欢理论，全球化的理论。研究皇会至少要看看巴赫金的理论，从中找出一些东西。所以没有思想，没有观点，这些材料就非常可惜。从一个社会现象的学术表达，变成一个前无古人的大的学术智慧，产生影响世界的理论。我们现在有很多的课题都在展开，这个课题就要做出一个国家水平的课题。这样我们既能做深入的田野，又能研究出一些有价值的理论和学术成果，这是一个想法。

另外我自己还有一个想法，就是非物质文化遗产，到现在我认为有几个学术点还是特别值得关注的。比如说传承人和传承，就是一个非常大的话题。这个要从传承人说起。实际上日本的民俗学对传承理论有系统的研究。但是运用到非物质文化遗产里面，如同我写《人类口头和非物质遗产》的理论时，提出它是一种传人的文化，我当时写时，在用身体还是人体概念时，犹豫不决，当时用了人体。现在我用了身体遗产，就是非物质文化遗产是一种身体遗产。下一步我要展开的就是关于非物质文化遗产的哲学体系的建构，这个架子搭完了以后，可为它奠定一个非常好的哲学基础。

还有一块就是非物质文化遗产学。我们现在绝大部分非物质文化遗产学所呈现和表达的，文化遗产学和非物质文化遗产学，都没有"学"。把一个对象作为一个学科了，对象是对象，学术是学术，这个没分清楚。我现在讲课时，这两个问题必须搞清楚。那么"学"必须是对象怎么去研究它，从研究得到了什么，最后成为思想性的东西。非物质文化遗产学，一定是在遗产学里，一定要和遗产保护联系在一起。在文化遗产学里，有物质文化遗产学和非物质文化遗产学。这是我搭建起来的图景，非物质文化遗产学需要在这样的树状结构之中。否则就会变成关于某个对象的介绍，很浅层的东西不配成为学，所以形成学问一定要有它独特的哲学基础。我认为这是一个非常有魅力的值得我们去建构的学问。希望你们去做的时候要有理论思维。没有理论思维，陷入事务性的工作，可能就会成为一个匠人。这个地方，冯先生有个精辟的观点，"民间的东西还要超出民间的人去发现它"。民间的东西有大智慧，但是它自己不一定能解读，你还要有眼力，能够阐释它。著名的美学家王朝闻曾经对民间的东西非常关注和欣赏，钟敬文先生也是对民间阐释得非常透彻的学者，这几个大家的民间的观点你们要学习。冯先生这几个观点也是非常深刻的，能够把民间的东西放在很高地位的人是很有眼光的，因为一般人是赶时髦，不懂装懂，从骨子里说好的人才是真好，而且还能看出它不好的地方。

最后，我简单介绍最近的一个想法，不展开了。就是最近我研究非物质文化遗产，提了很多很多的问题，大众的问题、政府的问题、学界的问题、哲学的问题、非物质文化遗产法的问题，有机会我们再探讨这里面的问题。特别是学界的问题，这里面涉及学术界整个的现状，还有哲学的问题到底涉及哪一些，这里面有很多哲学武器，我们要拿来用。在这个过程中，我看了后现代哲学，看了后殖民的，研究了空间哲学、身体哲学，研究了很多美学中的感性美学、活的形象美学，还有乡村美学、生态美学、身体美学、实用主义美学、生活美学，所有这些都应该是研究非物质文化遗产的武器，都可以借鉴。还有列维·斯特劳斯、弗洛伊德的理论，都是和对象相关，从中生长出的一些著名的学术流派、思想、体系。还有视觉美学、生命美学、时间美学、空间美学等等，理论武器非常多，但我们把它利用起来还远远不够，我认为我们的理论武器比较单一。非物质文化遗产是各种各样的，把它打通一定要有更高的概括，一定要有更多的理论手段去解读它、阐述它，把它协调起来，它的对象太丰富了，不能用单一的武器去对待它。

冯骥才的总结

冯骥才：听了云驹的讲话，我觉得挺过瘾。最好的讲话就是把你脑袋里关着的门啊窗啊，都给它打开，对你有很多新鲜的启发。刚才云驹讲话里用了一个词：视野。我想云驹这几年修行得不错，特别是到了《中国艺术报》之后，放宽了他的视野。去年获诺贝尔奖的南美的作家略萨，他说了一句话很有意思，他说："关键不是看你做了什么，而是看你的视野。"就是你的视野有多宽，你可以产生出多少东西。当然我说的视野，不单单只是眼睛看的东西，更多的是思想的视野。我想今天提出了很多东西，有很多东西实际上我都把它放一边了。像民间美学问题，实际我认为民间美学是个太大的话题，太应该做了，是个太独特的体系了，而且太包罗万象了，它实际是应该从大量的纷繁的文化现象进入哲学化，然后理论化这样的过程。你不进入哲学这个领域，就不可能成为一个学。当初故宫郑欣淼想成立故宫学，请我帮助论证，那时我没有完全否定他的想法，近几年各地想成立各种学而找我的人很多，比如山西想请我去做晋学的顾问，我在作为顾问的讲话时说："按照行政区划究竟是有边缘的，建立一个学的对象，应该是深不见底的、横无际涯的，是一个非常广阔的东西。"比如说年画，看起来只是年画，不完全是，因为年画后面还有年文化，还有我们中国特殊的年俗，还有我们民族的文化心理，那是非常广泛的深厚的东西。比如说蒋艳一直拉着我做民间色彩学，她做得不错，写得也差不多了，研究得也够深，这可能是民间美学里的一部分，是一小部分，但也是必须要钻透的东西。我每天想到的东西非常多，可以做的东西很多，我电脑里就经常有很多的题目，我忽然觉得这个话题特别好，我就把它列一下。但是因为实在没有时间做，最后也就放在一边。学术上，实际上刚才向教授说了，就是想象力，做学术和搞创作一样，也需要想象力，你的能力很大，一方面也表现在想象力上。契诃夫文集中有一集很有意思，契诃夫偶尔写的一句话，这一句话就能成为小说。当时跟着契诃夫有个女孩子叫阿维洛娃，她在契诃夫死后写了一本很薄的小书叫《回忆契诃夫》，她说有次吃饭的时候，契诃夫说随便给我什么东西我都能写出小说来。契诃夫一生写了一千个短篇，你给我根火柴，明天我就给你篇关于火柴的小说，火柴之外全是人赋予它的。就像我写的《神鞭》一样，从来没有辫了功，实际我是从鲁迅时期写的辫子出发写的这本小说，其实全是我赋予它的东西，但是大量的生活是真实的，人物的心理是真实的。所以我觉得想象也是特别重要的事情，但是目前我们的学术力量和学术基础很差，向老师提的这个东西我觉得还有一个距离，这就给我们博士和在职人员们一个巨大的压力，就是不能只是我和向老师的想法，有些想法就应该给你们，你们去把课题做出来。你们需要把这些问题做研究，完成它。这样才真正能成为一种梯队，一种学术力量，才能形成一个集体的力量。其实我每天想的问题很多，但是我社会活动太多，其中不断地有各式各样的话题，比如我马上就要提一个文化自觉的问题。温家宝总理找我座谈，我要谈一个城镇化对古村落的破坏。所以我们做非物质文化遗产，除了刚才说的视野问题，必须始终站在现实里做。就是我们的理论思考也不能离开这个现实，因为非物质文化遗产本身就是活态的，它是一种生活形态，你本身是在民间文化之间的，不是在民间文化之外的。它不像其他学科，它不是一个对象，而是你进行研究时把它对象化了，但是你又在它之中。所以你离开它了就无法去感知它，也无法更深刻地去认识它。我们之所以能够引起社会的关注，因为我们把民间文化当作生命了。我曾经对我们的民俗学界说："你们研究的对象，每分钟都在消亡，你们做的对象在疼痛在流血，你们居然能安心地在书桌上去做研究，我觉得你们应该把书桌放在田野里。"所以我当时说这几句话的目的就是已经想好了，要做全国的民间文化的普查。因为我们对我们的文化生命有情感，而且我们深知我们之间是生命之间的关系，所以我们到了文化之中做文化研究，所以我觉得我们永远不应该离开我们的现实。在现实里我们会想到单纯在书斋里想不到的问题，比如说，我们前段做的临终抢救，我们前十年做的民间文化遗产抢救，到现在又回到原点，应该重新抢救了。因为在城镇化的过程中，很多古村落拆了。很多的非物质文化遗产都在古村落的平台上，村落一拆民间文化遗产马上就消失了。一消失就要用另外一个办法去解决它，这个办法到底是什么办法，我最近一直在想，基本上想得差不多了，在最近的全国会议上我要把它提出来。我觉得我们的民间文化到了一个重新要消亡的原点上了。所以不在现实之中，我们的民间文化研究永远没有力量。我想这些问题我们今天不可能都说得很清楚，有时间我们再细细地说，但是我心里有点着急，就是希望你们快成熟起来，希望你们活跃，希望你们有想象力，希望你们内心有张力，希望你们和我们一样感到紧迫。我说我们的文化对象是有生命的，就像医生和病人在一起一样，它是特殊的。所以做民间文化的研究和理论都有它的特殊性，所以我特别希望你们赶紧成熟起来。有时候我有些话题只能想一下，有些需要讨论一下，比如最近我一直在想，非物质文化遗产和民间文化到底是什么关系。原来学术做的是民间文化，这些年民间文化基本上被非物质文化遗产代替了。实际上非物质文化遗产是一个政府的提法，还不是一个学界的提法，一旦是政府的提法，那么非遗就要项目化。因为政府主要是为了保护，但是项目化其实又肢解了民间文化，而民间文化本身又是整体的，这里有很多问题需要研究的。更多的理论问题希望你们去做，因为我实在头绪太多，我还有文学创作、艺术创作。我想庆幸的是身边有向老师去帮助我想这些问题，但是他也被报社的问题纠缠着，被各式各样的事情纠缠着。所以我们的在职研究人员，应该放开视野，你们要努力使自己触类旁通。我们面临的问题就非常多，我还特别希望你们不要太依赖电脑，我们的问题是有专家没学者，没有通透的思想。所以，你要有通透的思想，就要有宽阔的视野，触类旁通，必须有思想的想象力，还要勇敢。我觉得在大学是没有问题的，我们提倡的就是个性，思想个性。另外我希望今后我们再在一起讨论的时候，我特别喜欢问题式的交谈，而不是灌输式的。探讨式的、挖掘式的、深入的交谈比较好。想成为好的学者就需要不断地有疑问，反驳，争辩，这样学院才有一个良好的学术风气。今天我要感谢向老师的开学第一课，我都觉得很有启发，也很久不在一起开会了，谢谢向老师。

2011年9月1日，于天津大学冯骥才文学艺术研究院。

他是"非遗学"的首倡者

——《非物质文化遗产学博士课程录》引言与跋

引 言

本书是我关于非物质文化遗产学研究的博士授课成果。而实际上，虽然我曾多次参加一些大学的博士论文答辩，也在多所大学为博士生开过讲座，但我并不是人们通常知道的、为教育部认可的所谓的博士生导师。那为什么又有这样一部博士课程录呢？所以有必要先说说个中的原委。

自从 2001 年联合国教科文组织正式在全国公布首批人类口头和非物质遗产（后改称为非物质文化遗产）代表作以来，这种遗产迅速引起全世界的关注。那时，我正在中国民间文艺家协会任分党组成员、副秘书长（后任秘书长），因为工作之需和工作之便，可以说是国内最早接触、了解、研究联合国教科文组织施行非物质文化遗产保护缘由的学者之一（从 1986 年以来，中国民协就开始了有关的国际学术交流、交往、合作）。随着国际代表作名录颁布、中国昆曲率先进入国际名录等渐次展开，非物质文化遗产开始引起国人的广泛关注，国家有关部门也高度关注和重视国际上这样一种遗产的保护行动和理念。从 2001 年开始，冯骥才先生当选并出任中国民间文艺家协会主席，我们开始一起为抢救与保护中国民间文化遗产殚精竭虑、乐此不疲。也是在这一年，我们设计了一项大型文化遗产抢救工程：中国民间文化遗产抢救工程。这一年，国际和国内同时推出了这样两项轰动世界和中国的文化行动。如何借助国际行动的影响力、号召力带动中国的民间文化遗产抢救，是我当时考虑得最多的问题。于是，在不同的场合开始宣讲、介绍、推广联合国教科文组织的非物质文化遗产保护理念。2002 年、2003 年是非物质文化遗产概念日益普及直至如日中天的年代。也正是在 2003 年，我开始利用工作之余的所有晚间时间写作《人类口头和非物质遗产》一书。2003 年当年写完，第二年出版，第三年又加印了若干次。这是我国最早一部关于联合国教科文组织人类口头和非物质遗产行动与理念，它的学术概念、学科传承、学理原则，并将其与中国的学术和保护行动加以沟通、共建的学术著作。这本书写作完毕，我将书稿寄给冯骥才先生审读，并希望他为之作序。若干天后，冯先生告我序已作好，同时对拙著大加赞赏。冯先生在序中已将这些夸赞做了精彩表述，并将此序率先送给《人民日报》发表。就是说，在书尚未出版之际，它的序已经公开发表了。冯先生在序中有很多夸赞之词，但其中最关键的意思是，他认为这本书是在为非物质文化遗产立论，已经具有非物质文化遗产学的气象与框架了。应该这样说，正是冯先生在我国和全世界率先想到了需要有一门非物质文化遗产学的学科，提出了此一学科建立、建设的设想与任务。

自此以后，对非物质文化遗产展开全面的研究成为我近十余年来的最核心的学术任务，又陆续出版了《世界非物质文化遗产》《解读非物质文化遗产》《草根遗产的田野思想》等个人专著。此间还参加了国家非物质文化遗产法的立法领导小组工作，多次审改国家法的文本；参加了国家版权战略研究的专家组工作，重点介入了其中的民间文艺著作权、版权、知识产权保护的研究与论证。我们一方面强力推广与实施中国民间文化遗产抢救工程，一方面发表大量著述、论文、演讲宣传推行联合国教科文组织的非物质文化遗产保护工作与理念。此间经历千千万万，这里不赘。

与此同时，冯骥才先生在文化遗产和非物质文化遗产方面做出的一系列贡献，使他成为中国文化遗产保护的一面旗帜。他发出了一系列抢救与保护文化遗产的强大呼唤，他的声音总是独到、深刻、尖锐，掷地有声，振聋发聩。不久，天津大学专门为他成立和修建了冯骥才文学艺术研究院。承冯先生美意，天津大学也聘我为该院特聘教授。一开始是偶尔在那里为该院教师和硕士研究生做一些讲座，以后由于工作关系，来往日益密切。这里基本上成了我的思想演练平台，但凡有了想法、做了专题、甚至写了论文，大多都要在这里做一些交流。2008 年，冯先生首次招收非物质文化遗产学的博士生，承蒙先生信任，要我在为该院硕士生讲课的基础上，也为其博士生讲非物质文化遗产学。冯先生的第一任博士冯莉女士是一位勤奋好学的学生，在她的追问下，我只好认真讲课。她呢，把它们都录音并整理出来。这就是本书中的前三讲。为这个课程，在冯骥才先生的建议和指导下，我还设计了一个《非物质文化遗产学讲义》提纲。此前，冯先生希望研究院编写一本教材，并且希望我来主导此事，也讨论了若干次。我个人本来也是要就此写一部系统的专著的，由于写作时间不系统，只靠业余时间写作实在不行，于是未果。给冯博士的讲课也断断续续，讲了几次后也未能坚持。同时，我也觉得要写就非物质文化遗产学的专著，进而编写出高等教育的教材，还有若干问题必须先行做一些研究，把重要的重点的问题理清了以后才能进行整合统摄。于是，陆陆续续写了一些专题论文，并经常就这些写作与"天大"的年轻老师和博、硕士研究生交流。这就是这本博士课程录的缘起。显而易见，本书之所以名之为《非物质文化遗产学博士课程录》还有一个重要的原因，是所涉问题都是这一学科比较深层次的问题，这些内容意在引导博士们深入思考学科本位，思考这一学科为何而在、意在何为的元科学问题，引导他们向更深广的学术深处去思考和研究。当然，我个人以为，以非物质文化遗产保护运动如此广阔的国际背景，国家为此专门立法（《中华人民共和国非物质文化遗产法》）这样的"大动作"，各级政府普遍重视的体制性机制，是应该尽早建构专门学科来应对这些现实的需求和现状的。

本书各编、各讲章基本上都是在天津大学冯骥才文学艺术研究院讲课、讲座、讲演而成。有些是先写成论文再作口头讲演，有些则是先讲座后根据师生的录音整理成文。像中国木版年画价值再确认、民间美术分类研究、记录的方法论等都是为在该学院举办的专题学术会或国际学术会准备并发言或讲演的内容；此间，还应冯先生之邀，专门就"天大"冯骥才文学艺术研究院的学术建设问题做过两次学术报告，听课者是该院全体师生，每次讲完后，冯先生都做了精当的点评，这里一并收录。在回过头来整理这几年在"天大"的相关博士课程讲授时，我把它们分为五编。第一编是关于非物质文化遗产学的基本定位的。这一编最需要讨论的问题是，什么是非物质文化遗产学？目前已有的各种各样的关于非物质文化遗产的种种著述，有些直接论述非物质文化遗产学，有些名为概论，但总体看来，似乎都还不能称为严格意义的非物质文化遗产学。其中重要的原因是没有分清非物质文化遗产和非物质文化遗产学的区别，把二者混为一谈，把研究和研究的对象混合不清了。由于非物质文化遗产是一个新出现的概念和名称，所以大家都忙着对其进行解释，结果，大家说的都是非物质文化遗产本身，而不是它作为一门学科的可能和不可能。尽管有很多学者一直在呼吁建立非物质文化遗产学，但这样走下去，我以为问题多多。我于是企图搭建非物质文化遗产学的基本框架，试图厘清它的上一级学科、姐妹学科和下级学科等等，作为一门学科它的可能和如何可能，以及建立一门学科必须解决的一些基本问题。第二编是从哲学上阐述非物质文化遗产的若干问题。非物质文化遗产的名称、概念、认知、事实、行动、政策、法规、法律出现后，社会热度极高，其间的混乱也前所未有。我们缺乏对非物质文化遗产的最基本的哲学概念、观念和原理的辨析。这个问题不解决，非物质文化遗产学的建立是不可想象的，非物质文化遗产的保护也不可能健康发展。这一编的几个话题的研究让我花费了大量的心血。但也是我觉得最有挑战、最具刺激的学术研究。发现的快乐是一言难尽和不言而喻的。其中关于非物质文化遗产的非物质性、关于非物质文化遗产的身体性、关于非物质文化遗产的文化空间、关于非物质文化遗产的他者哲学等等，都是让我一度深陷其中的论题。这些话题都以论文的形式公开发表过，无不获得学界好评，被多方转载和收入论集中。第三编是非物质文化遗产美学方面的一组话题。美学问题其实和哲学问题一样，是非物质文化遗产学需要解决的大问题。许多问题未及展开。我在宏观和微观上都做了一个先行的尝试。其中关于木版年画的价值研究，可以说是集我近十年木版年画抢救经历和经验而得，一发表就被《新华文摘》转载，引起很大反响。说明这里的学术空间极大但也极难，不是轻而易举可得的事。第四编是方法论问题。其中两讲曾在多个场合讲演，都有很好的效果。对记录的研究曾有一副题：非物质文化遗产保护的一个重要命题，被《河南教育学院学报》置于头条发表，学报负责人表示，十分赞同我对问题重要性的判断。这一编还收有我不揣浅陋对天津大学冯骥才文学艺术研究院的学术发展所做的分析和观察，这几次讲课，冯先生亲自主持、出席，并作点评，对青年教师和博士硕士们产生了较大影响。第五编是向博士们介绍如何研究冯先生的学术与文学上的成就而做的具有示范性的研究。这几篇研究，在学界都有很好的反响。一些著名学者对我对冯先生的评价甚表赞许，冯先生也对我对他的文化和文学研究的结论、观点和评价表示了由衷的认可。最后，附录了最初设计的讲义提纲、给博士们推荐的阅读书目，及本人新近发表的与冯骥才研究和非遗研究相关的文章。除极个别篇什曾收入本人此前已出版的《解读非物质文化遗产》《草根遗产的田野思想》中以外，其余都是首次结集。

总之，这本书里呈现的是一个比较完整的非物质文化遗产学的学术框架、结构、问题，同时也呈现的是我在冯先生的启示下，在天津大学与冯先生的学生们一起在非物质文化遗产学的建构中做出的一系列努力之缩影，是我作为一名学者为冯骥才先生的博士教育工作做的一些辅助性工作。书中若干章节曾在《中央民族大学学报》《民间文化论坛》《文化遗产》《广西师范学院学报》《河南教育学院学报》《文化学刊》《文艺报》等公开发表，有的还被《新华文摘》转载，有的被分别收入多种大学、科研单位或著名学者主编的专集文集中。因为是最新的研究成果，大多也是我用力很大的研究课题，在学界和社会的反响还是不错的。本书在标题上做了处理以统一体例。

跋

2012 年春节，趁着难得的这一大段可以个人支配的时间，我开始着手整理自 2009 年以来写作、演讲、发表的关于非物质文化遗产方面的专题文章。这些文章是自 2009 年出版《解读非物质文化遗产》后，一直没有中断写作而又有了的很多的积累，其中部分收入《草根遗产的田野思想》，大部分则有待编辑。这些写作、演讲、文章全部都与天津大学冯骥才文学艺术研究院，与冯骥才先生本身有着这样那样的关联。它们在学理上是这几年一直尝试并努力于把非物质文化遗产研究的哲学问题、哲学深度向前推进或独辟蹊径的阶段成果；在学科上是这几年一直尝试并努力于建构出科学的非物质文化遗产学的框架的建构；在学术上是这几年一直尝试并努力于带动一批博硕士把非物质文化遗产研究引入一个更加前沿、尖端、深入的学问境地的记录。它们发生的背景都是天津大学冯骥才文学艺术研究院，也反映了我的学术研究的一种特别的视角和"在场"。"非物质文化遗产学博士课程录"的书名一下子就从文稿中跳跃而出。这让我很是兴奋了一阵子：一是可以荟集我这几年非遗研究的成果，而这几年的研究也是我用力最多、用心最专、用意最深的时段，特别是关于非物质文化遗产若干哲学问题的系列研究，吸引我投入颇多心血，是大量阅读、长久思考、广泛观察后展开的；二是可以形成一个教材体系，把非遗学术引入教育范畴，把非物质文化遗产学的面貌、理念、框架向学习者加以呈现；三是可以阶段性地展示我和冯骥才先生的思想共鸣、学术互动、情感相通的历程。

这些想法一旦形成，我就禁不住抄起电话向冯骥才先生倾诉。他一如既往地给予了理解、认同、肯定，并希望我尽快把编好的文稿送他。经过一番编辑，文稿不久送到冯骥才处，立刻获得他的高度肯定，并列入他的学院的学术成果予以资助出版。冯先生还为本书作序，向读者推荐。想到当年（2004）我出版国内第一本非物质文化遗产学术专著时，就是他作序，给予热情鼓励、支持的。这一次同样如此。这份情谊不是语言可以描述的。借此机会向冯骥才先生表示衷心的感谢！

2012 年 6 月 17 日

此书由中华书局在 2013 年 4 月出版。

论确立科学的非物质文化遗产观

　　党的十七大报告用了一个章节的篇幅论述了当前的文化建设问题，向全党全国人民发出了"推动社会主义文化大发展大繁荣"的号召。在这些论述中贯穿着一个全面的科学的文化发展观，体现着我们党对我们这样一个泱泱文明古国怎样对中华文明在继承与创新中实现新的辉煌的清醒把握，为中华文化的繁荣兴盛规划了宏伟壮阔的图景，指明了文化发展的前进方向。

　　作为一个民间文艺工作者，我们可以发现，党的十七大报告对我们提出了许多重大的历史使命和时代课题，值得我们深思与深省，并化为我们更加自觉、更加主动的文化追求。

　　首先，作为一门独特的社会科学，民间文艺学负有强固民族精神、保护民族文化资源的丰富性和多样性、激发全民族文化创造活力的文化职责。我们必须用科学的文化发展观全面定位民间文化、民间文艺和非物质文化遗产的文化地位。当今世界，一个全球性的保护非物质文化遗产的热潮正在席卷而来。中国是世界文明古国，中国是世界文化遗产大国，中国也是人类非物质文化遗产的丰富遗存地。民间文艺作为非物质文化遗产的重要构成，自它跻身"世界遗产"行列以后，就标志着它不登人类文化大雅之堂的历史一去不复返了。党的十七大报告第一次在党的政治报告中使用了"非物质文化遗产"的概念，把非物质文化遗产推向了一个新的历史文化高度。与物质文化遗产和典籍遗产相对应，非物质文化遗产或口头遗产在我国伟大的文化遗产宝库中占据了半壁江山。我国文化遗产中有一半的内容、一半的形态、一半的样式是非物质文化遗产。可是我们真正把非物质文化遗产作为我们光荣的文化历史，作为我们伟大而杰出的文化创造，作为我们的文化珍宝和杰作，从 2001 年引发全国性申报人类口头和非物质遗产代表作热潮起，才不过六年时间；从 1950 年中国民间文艺家协会成立，聚集起一批学术界、文艺界大家关注并搜集整理研究我国各民族民间文化遗产，才不过半个多世纪；从二十世纪初新文化运动兴起北京大学开展歌谣征集与研究活动算起，也不过九十余年的光景。这与我国经史子集编纂与研究的学术传统，与长城、兵马俑、青铜器、故宫等文化遗产的历史地位不可同日而语。"文化大革命"兴起破除旧风俗、旧习惯、旧思想、旧文化的"破四旧"的风暴，非物质文化遗产首当其冲，遭受空前厄运。所以，当非物质文化遗产在今天这样一个文化昌明的时代，从长期处于卑下和底层的地位而一跃成为人类文明的标志的时候，我们还远远没有为它们整理出一份完整的清单，我们还家底不清，我们还没有完成最基础的普查与整理。假如我们要把这一份珍贵的遗产保护好传承好利用好，使它与其他文化遗产一样真正与其"半壁江山"的文化地位名副其实，非物质文化遗产必须补上"整理国故"的一课。这也就是我们中国民间文艺家协会当前实施"中国民间文化遗产抢救工程"最本质、最核心的文化意义与文化价值所在。

非物质文化遗产是传人和传承的文化，是生命的文化和生活的美化。它的核心是民族的精神、民族的情感、民族的凝聚力，它的表征是民族的身份和民族的标志。"当今时代，文化越来越成为民族凝聚力和创造力的重要源泉，越来越成为综合国力竞争的重要因素，丰富精神文化生活越来越成为我国人民的热切愿望。"在这一时代的文化课题中，非物质文化遗产的现实功用和社会功能也占据着重要的文化地位。我们必须在整理国故的基础上，积极投身于非物质文化遗产的现实传承与发展，要把不合时宜、不可持续的部分请进博物馆，让它发挥认识历史的作用；要科学地开展移风易俗活动，厘清精华与糟粕，坚持文化发展的先进方向；要培植民族根基与命脉的文化生态与文化基因，维护文化多样性，为人们全面而自由的发展构建文化基础；要深入阐释和激活民族文化资源，为构建和谐社会、激发全民族文化创造活力、提高国家文化软实力、促进文化事业和文化产业的发展，提供强大的传统文化支撑。

其次，作为我国伟大农耕文明的结晶和八亿中国农民的精神家园，优秀的民间文化遗产具有巨大的精神文化价值。我国农耕文明具有八千余年的漫长历史，我国以高度发达的农耕社会为核心的封建历史延绵了两千多年，这是举世罕见的文明奇迹。民间文化遗产就是在这样的历史传统中，口口相承、代代相传。我们拥有人类全部历史全部形态的口头遗产和非物质文化遗产，我们的任何一种民间文学和艺术样式，都在它的历史单行道上走向了顶峰和极致，我们也不缺乏任何一种递进发展的文化样式。我们有傩戏、木偶戏、皮影戏和千姿百态的戏曲，乃至昆曲和京剧，我们有中国式的绘画，也有独特的书法艺术，我们有全套的神话、史诗、传说、故事、歌谣、寓言、谚语、谜语甚至对联，直到散文、诗歌、小说、戏剧，我们也有剪纸、年画、刺绣、风筝、泥塑、陶瓷、玉器等等精湛的民间手工艺，我们的传统节日斑斓多姿，五彩缤纷，尊天敬地，娱人娱神，和睦邻里，传承审美。它们如今依然在广大农村活态传承，见证着中国农耕文明的伟大与辉煌。

非物质文化遗产是以人为本的遗产，它以人为载体，以传人为主体，是非物化的、非静态的，是以动态、记忆、技艺为核心的另类性文化遗产。非物质文化遗产是活着的遗产，它诗意地栖居在我们辽阔的乡村，它的传承主体是我们广大的农民，它的生态本源和旨归是维系和传承农耕文明。我们的都市文明、市民文化也是从这个文化根基上生长出来的。中国的城市文化和市井生活深深地烙印着乡村的胎记和农民的记忆，乡土文化也因此是全体中国人的童真与记忆，是我们的文化根基和文化情结。一位英国诗人说过一句名言："上帝创造了乡村，人类创造了城市。"中国哲人则曰："礼失求诸野。"当我们的文化和文学被外来文化冲昏了头脑的时候，我们往往需要"寻根"；当我们的节日被洋节冲击得七零八落的时候，我们往往需要精神的还乡；当我们被摩天大厦和鸽子笼式楼房阻隔得人情冷漠的时候，我们要汇聚广场重拾旧时的乡土的秧歌；当我们生活与工作高度模式化、机械化、教条化、都市化并远离自然和土地的时候，我们需要重返乡土，体验"农家乐"。因为，那里是我们的精神家园，是我们一切文化的发生与发源地。那里有我们文化的原生态，有我们野性的、多样的、粗壮的、原生的文化基因。

所以，在这个意义上，我们要高度评价党和政府近两年的两个重大政策与决策。一是 2005 年年底国务院发出的《关于加强文化遗产保护工作的通知》，该通知首次将非物质文化遗产列为"文化遗产"的重要类别与内容，要求各级政府采取与文物保护同样的态度与力度，加大抢救与保护工作。在这个通知里，还采纳了我会主席冯骥才先生率先提出的倡议和政府提案，设立了"国家文化遗产日"（每年 6 月的第二个星期六），在这样一个每年一度的国家级的全民文化日里，将不断强化全民的文化遗产保护意识，提升各级政府与全体公民的科学的文化遗产观。假以时日，必将极大推动提高中国丰富的文化遗产的社会地位，使文化遗产保护日益深入人心，更好地传承灿烂丰富的中华文化与文明。二是前不久，国务院公布了国家法定节假日的调整方案，春节在原定的法定节假日中按传统习俗，将除夕列为放假日，端午、清明、中秋同时被新增为国家法定放假日。这些顺应民心的重大文化事件，是党中央、国务院落实党的十七大精神，弘扬中华文化，建设中华民族共有精神家园的率先垂范之举，是将被载入史册、彪炳千秋的文化政绩。春节从除夕开始放假也是冯骥才先生的一个政协提案，其题目就是《关于春节放假按民俗惯制提前一天的提案》。这个提案是去年 3 月"两会"时提出的，年底便得到了落实。春节从除夕放假，春节、端午、清明、中秋的传统民间节日合二为一成国家法定节假日，是党中央、国务院尊重人民风俗习惯和历史传统，珍惜优秀传统文化，弘扬传统节日中的文化传承、文化凝聚力、文化情感和民间审美的伟大举措。它郑重地向全体人民和全世界宣告我们为我们文化传统而自豪的民族自信，它宣示了我们党和国家立足悠久中华文明而达到的文化自觉的时代高度和科学的文化发展观的确立，它体现了党和国家尊重民意、尊重传统、尊重民间、尊重祖先的文化创造的胸襟与文化情怀，它为未来和谐社会的构建、中华文明与文化的复兴、民族情感与民族精神的培养、社会主义文化的大发展大繁荣写下了名垂青史的华彩篇章。把传统节庆纳入国家法定假日是国家意志与人民意愿的统一，是社会建设与公序良俗的统一，是政府政策与民俗传承的统一，是时代精神与民族精神的统一，是现代与传统、科学与文化、全球化与民族化、经济一体化与文化多样性的统一。这几个传统节日都承载着厚重的文化内涵和民族情感，在中华大地上自发、自觉、自愿地沿用了数千年，它们调节生产时序，释放和强化民族愿望，实行文化教化与濡染，展现民族艺术与文化狂欢。春节的大团圆与大欢乐，清明的追思与缅怀，端午的强身健体与文化崇尚，中秋的天人合一与千里相思，它们最本质最深刻地揭示了中华民族生生不息的文化奥秘和精神内蕴。在这些传统节庆里，有中国人民伟大的时间观、历史观、文化观、空间观、生命观、人生观、价值观、道德观、伦理观、群己观、审美观。在这些传统节日里，有多彩多姿的民俗礼仪、生产知识、自然规律、民间饮食、民俗表演、民间艺术、民间游戏、民间手艺……是民间文化遗产和非物质文化遗产的民间大舞台，它们年年演示，岁岁传承，代代创新，反复循环，无穷轮回，不断强化，与生命同在，与民俗共存亡。科学的非物质文化遗产观已经在形成和确立，中国民间文化遗产迎来了它划时代的历史时刻。

最后，作为一种独特的文化遗产，非物质文化遗产是社会主义文化大发展大繁荣的重要的生力军。非物质文化遗产具有丰富的样态和品类。既广及各种民族民俗民间文化，又包括丰富的传统知识、医药与科技，还涵盖了传统和民间的口头文学、民间与传统的音乐舞蹈戏曲等表演艺术、民间手工技艺与民间美术等等。在中国文学艺术界联合会的各全国性文艺家协会中，我们中国民间文艺家协会的业务范围与对象是与"非物质文化遗产"范畴最接近的人民团体。我们的业务范围和工作对象，既包括民族民俗民间文化这样广大的文化的范畴，也包括口头文学、民间表演、民间美术这样的艺术领域；既重点建立与发展民间文艺学这样独特的学科，又广涉民俗学、人类学、文学、文化学、审美学、艺术学等各学科；既有一批大专院校、科研院所的博导、教授是我们的会员骨干，也有一大批基层文化工作者和遍布全国各民族的乡村和市井的民间文艺传承人。我们责任重大、使命光荣。保护非物质文化遗产是一种全新的全球性的具有普世价值和普世意义的文化遗产观，我们一切传统的民族的音乐、舞蹈、戏曲、美术、书法、曲艺、杂技与魔术、木偶与皮影，都应当在今天的发展中借鉴和运用非物质文化遗产保护的理念，为其注入传承、传人、继承、抢救、保护、弘扬的文化价值观和科学发展观，与艺术的创造、个性、自由、创新的审美观相结合，为其开创时代的新路。

用非物质文化遗产的视角观察与思考各类传统艺术在当代的命运与发展，我们必须将其视为具有全人类文明价值和人类文化伟大而杰出的创造，绝不能让这些珍贵的文化形式在我们这一代手中任其自生自灭；我们必须全面整理和抢救处于濒危情境中的传统艺术，把名不见经传的传统艺术中的活态技艺保留下来、记录下来，不仅要关注、研究、阐释其艺术特色审美价值表演技艺，也要关注、研究、阐释其历史价值文化价值人类价值；我们必须重视杰出传承人及其技艺的传承，要活态保护、生态保护、生活保护、生命保护，要代代相传，代有人才；要加强中华优秀艺术的教育，培养与强化民族审美趣味与审美思维，运用现代科学技术手段开发利用传统艺术的丰厚资源，广泛开展国际文化交流和世界级传统艺术保护与利用、传承与发展的合作与推介。文化视野的转变与更新，将为传统艺术带来全新的发展机遇。昆曲成为人类口头和非物质遗产代表作以后短短六年来所产生的变化，就是一个生动的实例，值得深长思考。

就博大精深的民间文化遗产而言，"整理国故"的任务首当其冲。就是说，我们要牢记非物质文化遗产"无形的""行为的""人为的""非物质的"特性，将其载体化、有形化。第一，要抢救与保护经典而精湛的古村落。古村落是物质文化遗产和非物质文化遗产的有机统一，是中国农耕文明和民间文化遗产最后的栖身地和精神堡垒。传统的村落民居与建造是工匠技艺的物化形态，民俗器具是传统生活的有形承载，乡间生活、风俗民情和民间表演都附着在村落空间里。古村落的消亡，将是我们精神家园破败的惨痛后果。有鉴于此，中国民协正在启动中国古村落紧急普查工作。第二，要抢救和保护民间文化杰出传承人。用科学的非物质文化遗产价值观来看，杰出的民间文化传承人是应该而且可以和彪炳史册的哲学家、文学家、艺术家、军事家、政治家相提并论的。日本、韩国以及联合国教科文组织将一国的民间和传统文化的杰出传承人命名为"人间国宝"是不无道理的。杰出的民间文化传承人掌握着祖先创造的精湛技艺和文化传统，是各民族民间文化的活宝库，甚至往往还把一个民族和时代的文化推向历史高峰，比如中国民间文艺山花奖成就奖的获得者、新疆柯尔克孜族的玛纳斯说唱家居素甫·玛玛依就被国内外学者誉为"当代荷马"或"活着的荷马"，将其与影响欧洲几千年的荷马及其史诗相提并论。人亡艺绝，人去歌息，是我们面临的最大的文化危险，中国民协实施的"中国民间文化杰出传承人调查认定命名"项目的意义正在此。第三，用文本的形式记录、整理、出版非物质文化遗产，将口头和非物质文化遗产书面化文本化，使其转化为可阅读、可记载、可传播、可鉴赏的出版物，会极大丰富我们的文化宝库，《诗经》和《荷马史诗》证明，这种文本转化与流传，会深远地影响人类文明的走向。第四，用现代视听技术录音、摄影、摄像，记录非物质文化遗产，将即时的、瞬间的、动态的、音响的、行为的、形体的表演记录下来，使其真实、完整、形象、直观、生动、多维地传承与传播。这是现代科技为非物质文化遗产带来的最大的福祉，使其可以超越时空真实地传播，为未来留下这一遗产的真实图景，其对未来文化的贡献不可估量。第五，数字化存储、利用与传播。数字技术与数字时代的到来为非物质文化遗产的保护提供了又一先进的技术手段。数字处理、数字分析、数字传播、数字再现将把非物质文化遗产带入现代化时代，使其在网络时代和信息社会文脉不绝文气不断，为时代增添灿烂的文化光影和文化色彩。联合国教科文组织已经开展了数字遗产的保护，日本、德国、美国、法国等发达国家已经在非物质文化遗产的数字化方面开展了卓有成效的工作，这应该引起我们的高度重视。

非物质文化遗产和民间文化遗产对于当代文艺的发展还可以发生革命性的影响。从全世界和中国的文艺史发展规律看，民间文艺具有举足轻重的历史地位。作为一种文艺经典的民间文艺，从审美与艺术发展史看，有三种贡献于历史的方式与途径：第一，从民间直接记录或演示的民间文艺，其原生态就可以直达人类文艺的巅峰；第二，经过一定的科学的整理、改编，保持民间文艺的原汁原味，也可以产生文艺史上的经典名作；第三，以民间文艺为素材题材，从民间吸取养分，加以艺术的再创造和个性的表达，成就文艺名家和精品力作。这三种贡献都曾一次次改写世界和中国的文艺史。鲁迅先生说过："旧文学颓废时，因为摄取民间文学或外国文学而起一个新的转变，这例子是常见于文学史上的。不识字的作家虽然不如文人细腻，但他却刚健、清新。"① 这样的例子不仅曾经见于过去的文学史，也必将不断出现于文学的未来。

刊发于 2008 年 5 月 13 日《人民日报》，又刊于《文化遗产》2008 年第 4 期。

---

① 《且介亭杂文·门外文谈》，《鲁迅全集》第六卷，第 76 页，人民文学出版社 1958 年出版。

嘴巴不保护，申遗又何用

——不支持"中国烹饪"申遗的若干理由

近日，中国食学界在杭州召开"2011 杭州·亚洲食学论坛"，为中国饮食申报人类非物质文化遗产代表作名录（简称"申遗"）成为与会者的热门话题。有专家明确提出中国饮食应以"中国烹饪"为名申遗，认为"中国烹饪"是对非物质文化饮食遗产最恰当的表述，其技术要素的表述形式是刀工、火候和调味，进而阐述指出烹饪技艺之中融汇着中国自古就有的天人合一、崇尚和谐、和而不同、合欢包容、融合统一的人文精神和伦理原则。有媒体记者披露，中国烹饪协会秘书长冯恩授表示，文化部已致函中国烹协，要求在 2013 年前做好"中国烹饪"申遗的一切准备。

今年 6 月 1 日，恰是我国《非物质文化遗产法》公布生效，非物质文化遗产保护因此成为今年最令人瞩目的文化热词和文化事件。我们甚至可以把《非物质文化遗产法》出台、第三批国家级非物质文化遗产名录（含扩展补充名录）公布、昆曲荣获世界非物质文化遗产名录十周年及其纪念活动、非物质文化遗产节的举办等事件集中起来，并将今年称之为"非物质文化遗产年"也不为过。"中国烹协"积极申遗确是情理之中，并且值得为食学界良好的遗产传承保护意识喝彩叫好。本应是没有理由不支持的事。

但是，本着百家争鸣和科学求实的学术原则，我们又不能不泼点冷水，不能不做出一些提醒。兹列本人不支持"中国烹饪"申遗的若干理由如下：

其一，"中国烹饪"申遗，其名不妥。食学界认为"中国烹饪"比"法国大餐"（已列为世界非遗）名号更响更实更准，颇为自得。本人不以为然。中国烹饪本身属于非物质文化遗产自是无疑。中国烹饪具有深刻的文化内涵，营养味道独树一帜为世界罕见乐见，是人类饮食文化独创，具有世界的高度和人类遗产的境界也没有任何问题。比起"法国大餐"，中国烹饪菜系的繁复、品种的丰富、体量的庞大，都是前者不可与之同日而语的。中国烹饪的境界、层次、水准，早已在"法国大餐"之类世界非遗之上。也正因此，拿"中国烹饪"低就"法国大餐"，有失儒雅风范。这不是讽刺与调侃，事实如此。当然如果只说刀工、火候和调味，也可以实现简化，但仍是一个庞大的对象。

以菜为例，中国菜有八大菜系、九大菜系、十大菜系、十二菜系之说，已是莫衷一是。公认的华北菜系，以鲁菜为核心；长江下游江南菜系，以淮扬菜为核心；长江中上游暨云贵川鄂湘等地，以川菜为核心；岭南华南地区，以粤菜为核心。每个菜系都有一系列细分下去的细化支系。饮食菜肴制作的不同，是地理、物产、气候、体系、历史、文化、宗教、民族、生产、风俗种种不同因素经过长期历史演变积累而形成的。饮食不仅会形成地域类型，成所谓"南甜北咸，东辣西酸"；也因王朝更替、人口迁徙、民族变迁而混合，有的如鲁菜再分为晋菜、豫菜，有的如京沪均为综合型反而不成菜系（北京为汉、满、蒙、回与明清宫廷菜肴相混，上海综合淮扬菜和西餐为中西相混）。菜系与菜系之间，差别之大，有时有天壤之别。饮食就像语言一样，是"印刻"性文化，打小灌注，自然养成，终身不改不变初衷。少小好吃老大忆，乡音无改鬓毛衰。这样的丰富性和深刻性，我们怎么能用"中国烹饪"一言以蔽之？各地饮食不同，自有各自分法叫法，重命名为"中国烹饪"，百姓不知何从。于外国友人而言，"中国烹饪"简洁明了，可能乐于此"道"。但是由此根本不能得中国各大菜系、各种饮食文化的九牛之一毛，根本不可能由此而入中国烹饪之堂奥，名实不符已至这般，此名何用？

其二，"中国烹饪"申遗，其言不顺。申报世界非遗，按国际规则和惯例，须先是进入国家级非遗名录。遍查"中国烹饪"并不见于国务院公布的三批国家级名录中。其中倒是有凉茶配制技艺、仿膳制作技艺、直隶官府菜烹饪技艺、孔府菜烹饪技艺、五芳斋粽子制作技艺，以及大红袍制作技艺，老陈醋、茅台、泸州老窖、杏花村汾酒、绍兴黄酒制作技艺等。显然，没有一种烹饪、菜系、食品、酒酿等是遍及全国或广布全国的，相反无一不是地域性、地标性的产物。这说明，它们只能各自为战，独自成名。如果要申遗的话，恐怕首先是从这些国家级非遗中遴选。假如要破格申报"中国烹饪"，得先把"中国烹饪"列为国家名录。国家名录中如果列入"中国烹饪"一项，那现有的饮食类名录还有无名分？将来各大菜系还有没有机会进入名录？不知分管此项工作的有关行政部门对中国烹协负责人的答复是否属实，若属实，将如何处理我们提出的这样一个问题？国家名录的进入，"中国烹饪"尚且一时无解，申报世界非遗又何从谈起？

其三，"中国烹饪"申遗，其事无效。食学界的杭州会议，事涉申遗，也谨慎表示要保持非物质文化遗产的纯净，别让商业逐利蒙蔽了非遗保护最本真的初衷。我们愿意理解专家学者的本意。但是实际情形往往与此相差十万八千里。说实在的，已有的国家级名录中的若干饮食类技艺名录，当初大多都带有一定的商业的、经济的目的和冲动加入到名录中来。当然，它们本身就一直是消费性的遗产，是商品生产中的一些类别。获得名录某种意义上就是获得市场、获得利益和利润。这也无可厚非。但是，既在商界商场商业，也得按经济规律办事。最简单的是：老百姓肯花钱买这种产品，它就有生存的现实。这个道理冯骥才先生有一个一针见血的说法，他认为饮食类供人们吃的遗产，它们的保护只有一途，就是老百姓的嘴巴，他们愿意吃、喜欢吃，这个遗产自然就保护了、传承了、生存了。没有人吃，对饮食类遗产采取的任何措施都是无济于事的，都是舍本逐末的，都是无效无益无用功的。此论精彩精辟！所以，冯骥才建议，在控制国家级非遗名录总量时，首先要限制的就应该是饮食类。显然，这是从把有限的人财物投入到更加需要的和更加可能抢救的濒危遗产上来说的，绝不是否定饮食类遗产所具有的历史厚度和文化高度。此中问题比较突出的在于，我国现有 30 多项世界非遗，居世界第一，国家级非遗 1219 项，也是堪称世界第一。我们对已建立和确定的这些世界级、国家级名录，加上各省的省级、地市级、县级名录，都还远远没有做好相应的保护工作。1219 项国家级名录中，又有多少可以申报世界非遗而未去申报，有多少急需申报而未及申报的非遗？此种情况下，大肆鼓动中国烹饪申遗，并同时带动一批大饼、馒头、包子、茶叶、酒醋纷纷向世界申遗，无非是进一步鼓动和加剧申遗的经济冲动，这种冲动对非遗的真正保护、本真认识、文化价值、遗产性质都会造成不利的冲击，误导申遗的价值取向和选择。

其四，"中国烹饪"申遗，其法不当。联合国教科文组织设计和实施人类非物质文化遗产代表作名录，根本的也是唯一的目的是要促进这类文化遗产的传承和保护，维护文化的本真性、整体性和多样性。从纯粹的保护角度出发，"中国烹饪"的保护和传承，也绝不仅仅是维护、扩大消费和购买就完事，生产—消费—再生产的产业链只是保护的结果而已，而不是保护本身。饮食文化保护的最核心处是技艺传承和生态保护。技艺传承的道理比较普及了，这里不提。就说这生态保护，实际上是由饮食文化的原材料与原生态引发的。不同的菜系，不同的制作，大多源自不同的物产、特产，来自不同的原材料，来自不同的生产方式和地理资源。所以，保护生态是饮食文化保护的根源性工作，而这是不能从申遗中获得解决的。中国人的饮食，可以得到世界各国人民的欣赏与共赏，但真正决定它命运的是中国人自己，是中国的土地上的生长与生态。一方水土养一方人，这个养就是对物产的加工烹饪和饮食。民以食为天。难道我们非得有一个"中国烹饪"的名号，才去关注自己的生存吗？说得极端点，"中国烹饪"不能通过申遗而获得推广，也无需要无必要通过申遗去推广。饮食习惯是不可更改的习惯之一，它本质上是为本土人民服务的，是生命本源、生存本能。

目前，我国非遗保护随着《非物质文化遗产法》的实施，力度、广度、深度都在空前加强和推进，取得的成就举世瞩目，受到国际社会和联合国教科文组织的广泛关注和好评，许多经验也成为国际非遗保护的经典和中国模式被推广。但是，我们也要看到，在申报世界非遗工作中，我们还有很多可以研究的问题。比如，盲目的攀比就是问题之一。韩国端午祭进入国际名录，引发过我们的端午申遗冲动，法国大餐入遗，又刺激了中国烹饪的申遗。我们本来有一套严谨的申遗规则和规范，却时时传来民间的呼吁，动辄就直接冲刺国际名录。至于是不是应该申遗，是不是具备了相关的条件，是不是已做好了在地方和国家层面的种种保护，是不是具有合适的合法的申报主体，等等，通常是语焉不详、事实无迹。所以，有必要泼点冷水，使之清醒。

刊发于 2011 年 8 月 29 日《中国艺术报》。

论非物质文化遗产学学科建设的方向与路径

2020 年 9 月 22 日，中共中央总书记、国家主席、中央军委主席习近平在京主持召开教育文化卫生体育领域专家代表座谈会并发表重要讲话，就"十四五"时期经济社会发展听取意见和建议。习近平总书记在讲话中指出："用中长期规划指导经济社会发展，是我们党治国理政的一种重要方式。我们要着眼长远、把握大势，开门问策、集思广益，把加强顶层设计和坚持问计于民结合起来，把社会期盼、群众智慧、专家意见、基层经验充分吸收到规划编制中来。"对教育问题，习近平总书记指出高校要勇挑重担，释放高校基础研究、科技创新潜力。关于文化问题，习近平总书记说："'十四五'时期，我们要把文化建设放在全局工作的突出位置，切实抓紧抓好"，"要深入研究中华文明、中华文化的起源和特质，形成较为完整的中国文化基因的理念体系。"[①] 非物质文化遗产学作为一个涉及教育和文化两个方面，且体现其两个方面结合、具有双重发展战略意义的问题，进入人们的视野。或者说，非物质文化遗产学是一个涉及教育和文化交叉、整合的发展问题，应该提到议事日程上来了。根据新华社报道，出席此次座谈会的具有教育和文化双重身份的天津大学冯骥才文学艺术研究院院长冯骥才，在会上做了发言。此后不久，天津大学就非物质文化遗产学作为一级学科设置及其教材体系进行了多次专家论证和研讨。冯骥才指出，应该建

---

① 见 2020 年 9 月 23 日《人民日报》。

立国家"非遗"保护的科学体系，科学保护是根本，人才培养是关键。他说："没有科学支撑和科学判定，是当前'非遗'保护最大的软肋。问题的根由，在我们的大学学科设置上。我国现在大学的学科中，文化遗产学、民艺学等还都没有独立的学科。虽然一些大学开设了'非遗'保护与科研的课程，由于没有自己的学科地位，只能勉强地挂靠在邻近的学科上。不能独立招生，没有自己的名分，毕业的评定也受制于所挂学科专业不同的困扰。'非遗'教研举步维艰。而另一方面，每年都有很多年轻人想通过大学的学习与研究，投身到'非遗'保护的事业中。由于学科的空白，招生名额受限，很多年轻人只能放弃原先的志向。"①

显而易见，非物质文化遗产学的设立既关乎人文教育、社会科学体系的完备，也是新时代文化发展的迫切需要。非物质文化遗产学作为一门新型的学科进入教育体系和学科范畴已经是势在必行和时不我待。

非物质文化遗产学学科的可能与必然

非遗学学科设立是由于非遗遗产体量的庞大和非遗传承人群的庞大决定的。

一、纵向维度。中华文明的"从未中断"，具有丰富多样的表现形式。包括王朝历史的代代更替，编年清晰可溯；二十四史代代编修，文字从甲骨文时代一直活到今天，古代语言音韵依然可考，经史子集从甲骨、简牍、帛书、碑刻、雕版到线装纸书的文献积累浩如烟海，口头文学代代相传，民俗民风古朴世袭，诗歌传统代有新出，等等。其传承不绝的原因在环境的大体量封闭，地理多样性与生态多样性和思想传统的大一统观下形成的分分合合、合久必

---

① 冯骥才作《建立国家"非遗"保护的科学体系》，刊于天津大学冯骥才文学艺术研究院编《大树》2020 年秋季号。

分、分久必合以外，还包括文化多元一体，文化兼容、文化认同的传续，帝国王朝体制的代代沿革，中医药文化对人口繁衍和人种生殖的保续，文化包容上的海纳百川、儒释道圆融，农耕文明的土地养人、可以靠天吃饭，人民安土重迁、认祖归宗、守望故土，坚守天下中心、华夷观念，文明中心始终不向海外域外转移，孔子及其思想道德观通过教育和"传而习之"产生的深远影响。自给自足的农耕文明成就了文化的固守，保持了文化的多样性，中华文明为人类文化和文明贡献了自己的个性风格和独特创造。由此，形成中国文化的圆柱式模型：自成一体，自树标杆，圆形柱体式生长，在世界文明中独树一帜，达到极致的个性化程度和极致性的海拔高度。中华文明"从未中断"的历时性文化骨干线有这样几条：

（一）中国文学史的发展线：国风、楚辞、乐府、六朝民歌、唐诗、宋词和话本、元曲、明清小说。

（二）中国美学史的发展线：龙飞凤舞（包括远古图腾、原始歌舞、红山玉器、良渚玉文化、史前彩陶）、青铜饕餮（商周）、先秦理性精神（先秦乐舞、编钟、秦代兵马俑、建筑艺术）、楚汉浪漫主义（屈骚、汉代百戏、霍去病墓写意雕塑和画像石）、魏晋风骨（文学、书法）、佛陀世容（佛教艺术）、盛唐之音（李杜诗歌）、韵外之致（宋词与苏轼）、宋元山水意境（山水画）、明清文艺思潮（汤显祖、《红楼梦》、中国戏曲、京剧、园林艺术）。

（三）中国民间造型工艺的发展线：远古岩画、原始彩陶、商周青铜、秦砖汉瓦、魏晋石窟、唐代三彩、宋瓷元瓶、明式家具、清代织锦。

二、横向维度。我们可以从一些数字统计，盘点出我们的文明体量。

（一）二十四史。永乐大典。四库全书。4000 余种地方县志。多语种的少数民族典籍。藏传佛教海量的经典典籍。道藏、佛藏、儒藏。

（二）故宫博物院 180 万件文物收藏。国家博物馆 55 万件文物收藏。各省区市及地市和县区级博物馆的海量收藏。众多已知古代地下帝王陵墓和古墓。

（三）中国的世界遗产总数截至 2019 年 7 月，已达 55 个，位居世界第一。其中，世界遗产 33 处，世界自然遗产 14 处，世界文化和自然遗产 4 处，世界文化景观遗产 4 处。（世界前三甲：中国、意大利 55 项，西班牙 48 项。）

（四）中国的人类非物质文化遗产代表作名录总数 42 项（含代表作 34 项、亟待保护的非遗项目 7 项、非遗优秀实践名册 1 项），居世界各国首位。

（五）国家先后公布四批国家级项目名录 1372 个，包括子项目 3154 个。命名五批国家级非物质文化遗产代表性项目代表性传承人 3068 人。普查登记至县级达 87 万项。

（六）国家先后公布五批共计 6819 个国家级传统村落。

（七）中国民协普查民间文学获得的 184 万篇民间故事（含神话、传说、故事、寓言、笑话、童话等）、302 万首民间歌谣（不算史诗、长诗）、748 万条民间谚语，40 亿字的资料和数字化成果。

（八）十八大以来，第一次全国可移动文物普查顺利完成，统计显示全国计有 10815 万件／套国有可移动文物。

三、从以上纵向维度看，中华文明从未中断，体现着举世罕见的传承性。很多历史上的或历代出现的物质文化遗产，都是当时时代的非物质文化遗产。许多经典性、代表性文化遗产的技艺其实都没有随着历史的过去或终结而烟消云散，它们大多都潜移默化或口传心授地被后世代代相传，成为今天的非物质文化遗产。当然，非物质文化遗产本身也有两条历史脉络清晰可见：一是它在不同门类的文艺发展中不断发生作用，刺激和改变着文艺样式的更新和嬗变；二是民间性的非物质文化遗产在文化文艺的民间层面自我传承、自成体系，代代相传。也就是说，在今天的非物质文化遗产项目中，许多都有悠久的历史，许多都传承着古老的传统和技艺。在中国文化史和中国文明史中，非物质文化遗产的角度，是理解其奥秘和真谛的一把重要的钥匙。

从以上横向维度看，非物质文化遗产占据了大半个文化体量和数量。非物质文化遗产具有活态性，是活化石，也是活在生活中的文化遗产，还包括它覆盖了各种活态的文艺门类，如传统音乐、戏剧、戏曲、曲艺、舞蹈、美术、书法、杂技、魔术、游戏等等。非物质文化遗产具有传承性，是传承的文化，也是传承人的文化。非物质文化遗产的传承性，可以体现在师徒传承、家族传承、宗族传承、社区传承、区域传承、群体传承、民族传承、全民传承等若干层面和层次，有些是少数人之间的传承，但也有很多是全民性传承的，比如节日非遗就是全民性传承的非遗。所以，非物质文化遗产的保护就会涉及广泛的人群，在中国则尤其如此。比如春节，不仅有全域性，也有多民族性和人口的大体量跨阶层性，乃至"全民性"。在中国，非物质文化遗产还是我们大一统历史和中华民族多元一体现实的文化丰富性的代表性表征。中国五十五个少数民族非物质文化遗产也呈现出分布地域辽阔、五彩缤纷、集聚性强、散点众多、星罗棋布的特色。在非物质文化遗产层面，中国少数民族贡献了一半以上的中国"人类非物质文化遗产代表作"，其中"史诗"类《格萨尔》《玛纳斯》《赫哲族伊玛堪说唱》进入人类非物质文化遗产代表作，改写了中国文明或中国历史缺少史诗或没有史诗的历史偏见；同时，中国众多无民族文字的少数民族，他们的传统文化和民族文化的主要形式都是非物质文化遗产。

非物质文化遗产作为一种文化是历史的产物。非物质文化遗产作为一种概念再认识、再定义、再概念化，则是二十一世纪初才出现的全球化理念。这个概念出现得如此晚近，它所面对的文化对象又如此庞大、丰富、复杂，对非物质文化遗产进行大范围、大力度、大时段的保护，就必须有科学的方法、手段，乃至可持续的教育和学科的保障。这就是建立非物质文化遗产学的一个重要的紧迫性和必要性。

四、我们是世界公认的文化大国，建立非物质文化遗产学具有雄厚的群众基础和社会基础。

早在 2010 年，美国《新闻周刊》就在美国、加拿大、英国等国家进行了一次全球网民投票，评选进入二十一世纪以来世界最具影响力的十二个文化大国，并选出每个文化国家最具代表性和影响力的二十个文化符号。投票结果是，文化大国排序美国第一，中国第二。这个网民投票虽然不一定权威、全面、准确，但对于我们认识我们自己的文化，无疑是一面有价值的镜子；对于我们知道中国文化的影响力和海外形象的重点也是有参考价值的。从中可以看出，在十二个文化大国中，绝大多数都是具有悠久历史文化和文明的国家，世界遗产名录前三名都在其中。外国人选中的中国的文化符号大多都是世界文化遗产和人类非物质文化遗产代表作。这些都说明我们的文明历史、文化积累、文明体量、文化传承，是我们成为文化大国的重要原因，也是我们建设和建成文化强国的重要基础和保障。

前面说过，非遗的传承包括师徒传承、家族传承、群体传承、民族传承、全民传承，乃至跨国传承。联合国教科文组织开展非物质文化遗产保护工作，也是从全球化角度把人民和民间传承的非物质文化遗产提升和抬高到人类文明的高度加以标榜，这有利于各国人民对自己文化的自觉自信，有利于各个国家文化交流、文明互鉴即"美人之美，美美与共"。所以，从另外一个角度看，作为传承人的民众一旦实现文化自觉，珍惜和热爱自己传承的非物质文化遗产，就会出现全民性的非遗热潮。因此，非遗学热起来有其现实性和大众基础。

五、非物质文化遗产国际保护的学理、法律、共识为非物质文化遗产学学科创造了强大的客观条件。

自从联合国教科文组织 2001 年公布第一批"人类口头和非物质遗产代表作"（后调整名称为"人类非物质文化遗产代表作"）以来，联合国教科文组织就此开展了大量卓有成效的文化推进工作。此前和此后，有几个重要的文件和共识，逐渐在全球形成了统一的学理基础，为世界不同的国家、不同的学科专家、不同的文化文明加入到共同的保护非物质文化遗产中来起到了理论、学术、科学的保障。其中，1989 年通过的《保护民间创作建议案》，达成了几个重要的学理共识：一是民间和传统的文化可以共用一个文化遗产概念和门类，以便对它们进行统一的抢救和保护；二是这种文化遗产由人类学、历史学、艺术学、美学、民俗学、语言学、民族学、工艺学等多学科共同介入，整合多种学科理念与方法，共同对其进行价值判断和科学保护；三是这种文化遗产正处于严重濒危形势，需要将它们视为人类文化的杰出创造和宝贵文化财富来看待并加以精心保护使其得以传承和发展。2001 年联合国教科文组织通过的《世界文化多样性宣言》，奠定了如下学理共识：文化是社会或群体特有的精神与物质、智力与情感方面的全体和总和，人类文化遗产因时因地而具有多样性，文化多样性是交流、革新和创作的源泉。《世界文化多样性宣言》为非物质文化遗产学奠定了确认文化多样性并把它们整合在一个"文化"平台上的重要学理共识。

　　联合国教科文组织 2003 年通过并于 2006 年生效的《保护人类非物质文化遗产公约》，以具有国际规约、法则、法律的严肃性和权威性确定了以下重要原则：一是统一和确定了非物质文化遗产的定义；二是对非物质文化遗产进行了类别划分，共分为五类，分类的出现是一个学科可能成型的基础，是确定学科过界和内部形态的重要举措；三是明确提出了教育的任务和职责，指出，"保护"指确保非物质文化遗产生命力的各种措施，包括这种遗产各个方面的确认、立档、研究、保存、保护、宣传、弘扬、传承（特别是通过正规和非正规教育）和振兴，鼓励开展有效保护非物质文化遗产特别是濒危非物质文化遗产的科学、技术和艺术研究以及方法研究，教育、宣传和能力培养；四是采取适当的法律、技术、行政和财政措施促进遗产的传承。

以上国际共识，实际上就是学理共识，没有这些共识，就没有国际上的共同的保护行动；没有这些共识，就不可能把千差万别的、原来分布在各个学科里的文化遗产对象统一和整合到非物质文化遗产的平台上来。而这些学理共识，正是开展非物质文化遗产学学科建构、学术研究、学理深究的理论基础。其中关于非物质文化遗产教育的共识和要求，则更是展开非物质文化遗产学的直接依据。

非物质文化遗产学的几个学科构架可能
及其各自的学理依据

在我国现有教育体系和学科体系中新增和新设非物质文化遗产学，从理论上看，可以有三个方向或可能。下面，我们分别进行分析，以便我们可以从近和远、高与低、繁和简、快与慢等不同角度预测或选择非物质文化遗产学学科设立的路径和步骤。

一、门类学方向。

国务院学位委员会、教育部 2011 年印发的《学位授予和人才培养学科目录（2011 年）》的学科门类有：哲学、经济学、法学、教育学、文学、历史学、理学、工学、农学、医学、管理学、艺术学，共十二个学科门类，加上新增的门类交叉学科，共计十三个。我们建议在这十三个门类基础上增加一个门类：文化遗产学，或"世界遗产学"，或"遗产学"（后二者暗含纳入自然遗产）。

其下设一级学科：世界遗产学理论，文化遗产学（含双遗产和自然遗产），非物质文化遗产学，遗产保护学，遗产管理学，考古学，文物保护与修复学，博物馆学。

现有可整合学科：历史学门下一级学科考古学、文物与博物馆学、文物保护技术（特设）。

文化遗产学门下一级学科：非物质文化遗产学。其下设如下二级学科：非物质文化遗产学理论，民艺与民间美术学，传统村落遗产学，民俗学，民间文学，中国年画学，非遗传承学，艺术人类学与民间表演学（民间舞蹈、音乐、戏剧等）。

现有可整合学科：民间美术、民艺学、民俗学、民间文学。

文化遗产学作为独立的门类学科的学理依据：

（一）以习近平总书记为核心的党中央高度重视文化遗产保护。习近平总书记多次在讲话和文章中提到文化遗产保护的专业性、学术性、科学性和极端重要性。

2002 年，时任福建省省长的习近平同志为《福州古厝》一书作序时指出："古建筑的保护、传统街区的保护，任何文物保护单位、文物保护点的保护，都需有专门业务知识和掌握国家文物法规政策才能保护好。"[①]

2014 年 2 月，在北京市考察时，习近平总书记指出，历史文化是城市的灵魂，要像爱惜自己的生命一样保护好城市历史文化遗产。

2017 年 6 月，习近平总书记对建设大运河文化带做出重要指示：大运河是祖先留给我们的宝贵遗产，是流动的文化，要统筹保护好、传承好、利用好。

"申遗是为了更好地保护利用，要总结成功经验，借鉴国际理念，健全长效机制，把老祖宗留下的文化遗产精心守护好，让历史文脉更好地传承下去。"2017 年 7 月，鼓浪屿获准列入世界遗产名录后不久，习近平总书记做出以上重要指示。

习近平总书记还精辟地指出了文化遗产保护、研究、利用的广阔前景和根本目的："让收藏在博物馆里的文物、陈列在广阔大地上的遗产、书写在古籍里的文字都活起来，让中华文明同世界各国

———————————

① 2019 年 6 月 8 日《人民日报》重刊此文。

人民创造的丰富多彩的文明一道，为人类提供正确的精神指引和强大的精神动力。"党的十九大将"加强文物保护利用和文化遗产保护传承"作为坚定文化自信的一个部分写进报告中，使之成为习近平新时代中国特色社会主义思想的组成部分。[1]

中共中央政治局 2020 年 9 月 28 日下午就我国考古最新发现及其意义举行第二十三次集体学习。习近平就做好考古和历史研究工作提出四点要求：一是要继续探索未知、揭示本源。二是要做好考古成果的挖掘、整理、阐释工作。三是要搞好历史文化遗产保护工作。四是要加强考古能力建设和学科建设。[2]

由此可见，作为一个文明古国和文化大国，文化遗产保护的国际化广度和国内历史的深度是一个重要任务，它已经超越和跨过传统的历史学范畴，原来隶属于历史学的考古学、博物馆学等，都需要与文化遗产学重组，构成一个具有现代遗产保护高度的世界性新型文化理念和全球共识的人文社会新学科。在这个新学科之下，是一系列被联合国教科文组织确定、认定、普及、推广并被广为接纳了的文化遗产作为其学术对象，如文化遗产、自然遗产、文化和自然双遗产、非物质文化遗产、记忆遗产、工业遗产、农业遗产、数字遗产、景观遗产，等等。这个门类学科的主体对象是联合国教科文组织 1972 年以来公布的世界遗产名录（世界文化遗产和世界自然遗产及双遗产）、人类非物质文化遗产代表作、世界记忆遗产名录等遍布全球的人类文明、文化、文艺、遗址、古迹、名胜、公园、建筑、石窟、村落、街区等。这是一个庞大的对象，又涉及人类全部历史和自然史，形式则千差万别，将其作为独立于历史学的门类学科是有资格的，也是有必要的。

---

[1] 以上参见新华社北京 2019 年 6 月 9 日电，题为《文明之光照亮复兴之路——以习近平同志为核心的党中央关心文化和自然遗产保护工作纪实》（新华社记者施雨岑、吴晶、胡浩）。

[2] 见新华社北京 2020 年 9 月 29 日电。

（二）自联合国教科文组织 1972 年通过《保护世界文化和自然遗产公约》（简称《世界遗产公约》）并设立和公布世界遗产名录以来，"世界遗产"作为顶级的人类文化遗产遗址、遗存、遗迹、遗物而受到全世界的关注。此遗产又俗称为"世界文化遗产""物质文化遗产"。此后，此一遗产名录的内容又增加了"自然遗产"、"文化与自然遗产"（双遗产）、"景观遗产"，再后又有"世界记忆遗产"（档案文献手稿录音录像类）、"工业遗产"、"农业遗产"、"数字遗产"，直至"人类非物质文化遗产"。非物质文化遗产是世界遗产名录系列中的一种。《保护非物质文化遗产公约》明确表明此一公约与《保护世界文化和自然遗产公约》的衔接性、关联性，定位前者是后者的"充实和补充"。因此，国际性的"遗产"观是一个丰富而多样的系列。"文化遗产"概念可以统称或覆盖（涵盖）所有遗产类别，"世界文化遗产"概念，有时就是泛指各种被联合国教科文组织统摄起来的各类世界遗产名录及其对象。所以，"文化遗产学"可以用来指专门研究世界各类归入联合国教科文组织保护体系的"遗产"的学科，以及以此理念展开的虽未纳入（或待纳入）世界遗产名录的各种遗产对象的研究、保护、管理、利用、交流等广阔的学科范畴。

（三）1985 年，侯仁之、郑孝燮、阳含熙和罗哲文在全国政协会上递交了《建议我国政府尽早参加"保护世界文化和自然遗产公约"》的提案，提出中国应参加《保护世界文化和自然遗产公约》及其世界遗产名录的申报工作，当年 11 月，这个提案就被全国人大常委会批准。1986 年，我国开始第一批世界遗产申报工作，罗哲文先生参与了写作申报文本。1987 年中国获批首批世界遗产（六项）。文化遗产保护逐渐取代传统的、狭义的"文物保护"概念。一是与国际接轨，更加国际化；二是保护方法、保护范围、保护理念更加吸收外国经验，如整体保护（故宫保护范围扩大，周边四合院纳入保护，带动北京城旧貌保护等）、修旧如旧和保留历史状貌的关系等。中国加入世界遗产保护体系后，不仅是中国的世界遗产数量迅速增加，直至今日成为世界之最，而且是世界遗产保护理念的全面进入和观念更新。考古学、文物学、文献学、博物馆学、民俗学、人类学、民族学等众多学科也随之发生质的变革。文化遗产保护理念在世界遗产观的影响和推动下，中国的历史地区、历史城镇保护脱离了单体的、个体的、局部的"文物"旧观念，进入到周边、环境、相关、整体、一体、群体、区域保护理念与实践中来；过去的重点保护经典、悠久、古老、皇家、重大文物对象的观念，扩大和转变到覆盖民间文化遗产、乡土文化遗产、村落文化遗产和士农工商一切有价值的文化遗产对象上来；运河、长城、丝绸之路等线性文化遗产进入人们的保护视野，其保护方法也是连续、连片、连线、联合的；景观、环境、非遗、工业遗产、农业遗产、档案遗产、数字遗产等，突破部门分工樊篱，进入到遗产视野下的统一学科、学术、学理的平台上。

（四）双遗产、线性遗产（长城、丝绸之路、大运河）等复合式、跨地域、跨国界的遗产保护，使遗产的多样性、多遗产性得到重视和整合。特别是大运河遗产，将文化遗产、自然遗产、景观遗产、非物质文化遗产等综合一体保护，开创了遗产保护新模式、新境界。统一的"文化遗产学"或"遗产学"呼之欲出。比如罗哲文先生作为文物保护专家就非常关心非物质文化遗产的申报，当时他对笔者倡议将非物质文化遗产纳入到大运河线性遗产申报中去，并且在保护规划中，要求沿线各城市都纳入本地的运河非遗，表示全力支持和认可。他说："1961年，我国公布第一批保护单位的时候，就提出过京杭大运河保护问题。但是，因为当时历史观念的局限，没有将其看作文物。2005年，当我们提出将京杭大运河列入申报世界遗产名单的建议时，全国政协非常重视。现在，国家把它列入了全国重点文物保护单位，也列入了申报世界遗产名单。不同于其他文物的是，京杭大运河涉及多省许多个城市，协调合作难度非常大。自 2006 年以来，我们对京杭大运河的研究进入了一个全新的、快速的阶段，除了文物保护、考古专家外，非遗、水利史、航运史、城市规划、环保等更多领域的专家学者介入并发挥积极作用，京杭大运河遗产保护向多学科相互交融、多领域相互支持并衔接的方向发展。"[①] 罗先生认为物质的和非物质的文化遗产要共同来保护，技术也属于非物质文化，比如故宫，没有工匠手艺就修不起来。历史文化名城不光包括街道、古建筑，还有无形文化，如诗词、歌赋、音乐、戏剧、曲艺、工艺美术、风味特产，还有地名文化、风水等等。外国人逛北京，讲究登长城、看故宫、听京剧、吃烤鸭，其中听京剧就是非物质的。作为古建筑研究者，罗先生还曾建议将中国木建筑结构营造技艺列为世界非物质文化遗产，其中包括建筑上的木雕、砖雕、彩画等。

遗产的融合与整合在世界遗产名录中也日益彰显。中国早期进入世界遗产名录的西递、宏村古村落就是综合性、活化活态的保护对象，它们的村落格局、建筑风格的特色，与村民的传统生活文化相得益彰、相映生辉，二者是唇亡齿寒的关系。我国世界遗产中的平遥古城、丽江古城等等也是如此。在世界各国的世界遗产名录中，大量存在文化与自然双遗产现象，除此组合外，文化遗产与非物质文化遗产的组合也日渐增多。如摩洛哥的马拉喀什广场是世界文化遗产和人类非物质文化遗产代表作的叠加；菲律宾的伊富高人梯田是世界文化遗产，伊富高人的"呼德呼德"口头叙事文学是人类非物质文化遗产代表作；中国的丽江古城世界文化遗产与纳西族东巴经世界记忆名录的重叠。

由此可见，文化遗产学作为门类学异军突起具有相当成熟的条件。它契合当下中国发展理念和文化强国发展战略，也是中国参与文明互鉴、构建人类命运共同体的有效平台，在国际上又与一套比

[①] 《罗哲文：文化遗产是我们发展的资本》，刊于 2011 年 9 月 9 日《中国社会科学报》。

较成熟的文化遗产学术理论、法规公约、保护实践、技术方法相衔接，对于推动中国文化遗产保护有直观、有效、快速的影响力与成就。以非物质文化遗产学设立讨论为契机，乘势而为，成就整个文化遗产学的建立和开门立户，将使中国文化、文明、遗产、非物质文化遗产等等都进入一个崭新的划时代的发展阶段。

二、交叉学科（平台）的方向。

在交叉学科门下设人文社科类的独立的一级学科：非物质文化遗产学。即交叉学科门类下的一级学科：非物质文化遗产学。

其下设二级学科，包括：非物质文化遗产学理论，民艺与民间美术学，传统村落遗产学，民俗学，民间文学，中国年画学，非遗传承学，艺术人类学与民间表演学（民间舞蹈、音乐、戏剧等）。

现有可整合学科：民间美术、民艺学、民俗学、民间文学、民族艺术学。

非物质文化遗产学作为交叉学科平台一级学科的学理依据：

（一）联合国教科文组织认定、公布、遴选人类口头和非物质文化遗产代表作时，指定此类遗产的学术价值和专业学科时，涉及学科和专家学术背景有人类学、历史学、民俗学、民族学、艺术学、语言学、民间文学、音乐学等。

（二）联合国教科文组织公布人类非物质文化遗产代表作，其分类为五大类，涉及口头传说和表述（民间文学），表演艺术，社会风俗、礼仪、节庆，有关自然界和宇宙的知识和实践，传统的手工艺技能等等，是多学科的对象，而不是某一个学科的独有或单一对象。

（三）中国的非物质文化遗产国家级名录，将此一遗产分为十大类，包括民间文学，民间与传统音乐、舞蹈、戏剧、曲艺、杂技，民俗，民间和传统的工艺、技艺、美术等等。此也涉及人类学、民族学、民俗学、民间文学、艺术学、美术学、设计学、科学技术、医药学、生态学等等。

三、历史学门类下的方向。

在历史学门下增设非物质文化遗产学为一级学科。

历史学门下一级学科：非物质文化遗产学。

二级学科：非物质文化遗产学理论，民艺与民间美术学，传统村落遗产学，民俗学，民间文学，中国年画学，非遗传承学，艺术人类学与民间表演学（民间舞蹈、音乐、戏剧等）。

现有可整合学科：民间美术、民艺学、民俗学、民间文学、民族艺术学。

需要简单说明一下我国教育体系中已有和现有相关学科与课程问题。国内情况是，非遗保护由各种学科汇聚而成。我国已有的相关学科有：

民间美术，中央美术学院曾有民间美术系，中央工艺美院原有民艺类学科；

文学或法学门下原有民间文学、民俗学、民族学、人类学；

历史学门下有考古学、文物与博物馆学、文物保护技术学；

管理学门下有旅游管理学（遗产旅游地管理）；

艺术学门下的戏剧戏曲学、音乐与舞蹈学、美术学。

非物质文化遗产学作为历史学门类下一级学科的学理依据：

（一）"遗产"的性质，将非物质文化遗产与一般当下的文化创造和文艺创作区别开来。它是过去的、历史的、传承的文化形式，即"文化遗产"。目前国内基本上坚持的非物质文化遗产时间上的判断和评定标准是三代以上，即传承有一百余年时间。民俗学界认为一般可以称为民俗事象的应该由来有自，传承三代或百年以上。国内非遗的时间标准依此而来。当然，很多或者绝大多数中国国家级非遗，都远不止一百年，多是数百年、千年，乃至数千年。这种历史性和历时性，使非物质文化遗产成为文化史研究的重要对象，它本身也是一个历史的产物。

（二）在联合国教科文组织认定和公布非物质文化遗产代表作

的条件时，历史价值是其核心价值之一，并且首当其冲。《宣布人类口头和非物质遗产代表作条例》指出，代表作的价值是"从历史、艺术、人种学、社会学、人类学、语言学或文学角度来看是具有特殊价值的民间和传统文化表现形式"。《保护非物质文化遗产公约》关于非物质文化遗产的"定义"指出了几个关键词："文化遗产""历史条件""历史感"。也突出强调此一遗产的历史属性。

（三）非物质文化遗产的主体对象和主要形式，大多是人类学、民族学、民俗学的对象。这些文化往往都会具有"历史活化石"的价值和意义。这方面最经典的研究范例来自马克思和恩格斯。马克思晚年做过大量人类学笔记，对摩尔根的《古代社会》予以高度重视。恩格斯通过对人类学材料研究写出了经典著作《家庭、私有制和国家的起源》，以及《劳动在从猿到人转变过程中的作用》。他最值得注意的"历史"观点是，"关于人类原始史，直到1877年，摩尔根才给我们提供了理解这一历史的关键"[①]。1888年，恩格斯为英文版《共产党宣言》加了一个脚注。他在"宣言"中"到目前为止的一切社会的历史都是阶级斗争的历史"这句话下新添注释道："确切地说，这是指有文字记载的历史。在1847年，社会的史前状态，全部成文史以前的社会组织，几乎还完全没有人知道……摩尔根发现了氏族的真正本质及其对部落的关系，这一卓绝发现把这种原始共产主义社会的内部组织的典型形式揭示了出来。"[②] 除了史前史价值，非遗几乎保留了人类现代社会以前的各个历史时期的"活化石"，其历史学价值和性质，是任何一种历史材料都不可替代的。

国际可资借鉴的经验：意大利高校的文化遗产专业

意大利是古罗马的核心地区，也是文艺复兴的发源地和核心

---

① 《马克思恩格斯选集》第三卷，第50页，人民出版社1995年6月出版。
② 《马克思恩格斯选集》第一卷，第251页，人民出版社1995年6月出版。

区，因此在诗歌（但丁）、歌剧、美术（油画）、建筑、雕塑等各个艺术门类都留下了丰富无比的世界级文化遗产。意大利自有世界遗产名录以来，其世界文化遗产数量就长期居于榜首，直到近两年才被中国超越。这使得该国对文化遗产保护高度重视。它的政府文化行政部门就称为"文化遗产部"。意大利的大学对文化遗产保护的专业设置也形成了优良传统。意大利十数所著名大学都开设有文化遗产专业，如博洛尼亚大学、佛罗伦萨大学、热那亚大学、米兰大学、那不勒斯大学、帕维亚大学、佩鲁贾大学、比萨大学、罗马第一大学、罗马第二大学、都灵大学，等等。其中大多都是以文物修复、文物鉴定、文物保护为专业。其中，有的专业名称为考古遗产、艺术遗产、档案与书籍的保护与历史。如，罗马二大的文物修复专业偏重书籍、档案修复，都灵大学文物修复专业偏重建筑与博物馆文物修复，帕维亚大学文物修复专业偏重乐器修复，巴勒莫大学文物修复专业偏重家具、建筑装饰物。

因为意大利的文化遗产较为丰富，所以他们的文化遗产保护专业就比较发达。中国进入"文化遗产"国际体系较晚，我们的遗产学起步也迟。我们虽有文物学、博物馆学、文物修复技术专业等，但"遗产学"的植入还是进入世界遗产名录体系后才真正开启的。但是，我们的遗产数量（物质和非物质文化遗产）都跃居世界第一，遗产学的滞后就显而易见了。

非物质文化遗产学专业毕业生就业方向

一个新的学科进入高等教育体制和教学体系的设置，需要考虑它的社会需求和大学生、硕士、博士毕业以后的就业可能性。非物质文化遗产学学业毕业后，在现有的社会环境中，是有巨大的就业和发展空间的。其就业方向包括：

一、文化行政管理部门的非遗系统。

文化和旅游部非遗司，各省市自治区文化和旅游厅局的非遗处；

各省市自治区的省地县三级非遗保护中心；

省、地、县、乡的群艺馆、文化馆、博物馆、图书馆、文化站的非遗保护专业人员。

二、其他。

（一）教育部门。

非遗进课堂的教学师资：大、中、小、幼师资；

高校教学与研究；

社会培训。比如，据新华社报道，文化和旅游部等部门联合实施"中国非遗传承人群研修研习培训计划"，截至2018年年底，参与院校达118所，培训学员2.7万人次，全国参与人群达9.5万人次。

（二）国际文化交流部门。

展览演出管理人员；

非遗推广；

国际旅游。

（三）社科、人文、文化、艺术等研究机构。

（四）文化企业、旅游公司、创意产业、工美企业、设计行业。

（五）乡村振兴战略中的传统村落保护与发展人才。

非物质文化遗产学教材计划

此处以天津大学冯骥才文学艺术研究院十数年非物质文化遗产学硕士、博士课程实践为基础，特定性地设计如下天津大学非物质文化遗产学学科基础教程（丛书）。

说明：一、本系列教程基于建构非物质文化遗产学知识体系而设计，力图将本学科涉及的知识和学术方向统筹一体，成一系统。

二、本系列教程整合或覆盖了天津大学冯骥才文学艺术研究院已经确定和授予博士硕士点相关方向和课程，并将其教材化、课程化。

三、本系列教程可用于本科、硕士、博士教学，可与天津大学相关公共课程共同构成较为完整的教材和课程体系。四、本设计参考了相关新创学科对教材体系的设计模式。

它包括：《非物质文化遗产学教程》《非物质文化遗产博物馆学教程》《非物质文化遗产保护法学教程》《传承人口述史方法论教程》《民艺学教程》《传统村落遗产学教程》《人类非物质文化遗产代表作读解教程》《中国和世界保护非物质文化遗产优秀实践教程》《艺术人类学教程》《世界民间美术教程》《中国年画学教程》《世界遗产教程》《世界建筑史教程》《世界民俗学教程》《非物质文化遗产传承学教程》。

另有实践类（或田野作业）课程：传承人口述史调查。传统村落保护调查。年画或民间美术调查。民俗文化调查。非遗保护实践调查。国际非遗及其保护调查。非遗技能学习和实习课程。

以及学校平台课程、学院平台课程、专业平台课程。

此外，建议编辑出版两套丛书：中国非物质文化遗产研究丛书。天津大学中国非物质文化遗产学博士论文丛书。

冯骥才文学艺术研究院博士毕业生论文一览：

冯莉（2009 级博士）：《民间文化遗产传承的原生性与新生性——以纳西汝卡人的信仰生活为例》。

王坤（2010 级博士）：《20 世纪中国年画的嬗变——兼论民间文化的自发性》。

蒲娇（2010 级博士）：《民间庙会稳态性研究——以天津皇会为例》。

王小明（2010 级博士）：《民间美术的模式化特征——以中国民间木版门画艺术样式为例》。

耿涵（2011 级博士）：《民间信仰实践中的造神与构境——河北省内丘县民间神码研究》。

张礼敏（2011 级博士）：《社会转型与文化积淀——以天津皇会

为例》。

祝昇慧（2012级博士）：《重归在野之学——非物质文化遗产话语与实践》。

王拓（2012级博士）：《晚清杨柳青画师高桐轩研究》。

唐娜（2013级博士）：《苗族史诗〈亚鲁王〉及文化空间研究》。

孔军（2014级博士）：《传承人口述史的时空、记忆与文本研究》。

孙玉芳（2015级博士）：《作家的"民间"——冯骥才文化遗产思想研究》。

张敏（2016级博士）：《江南地区纸马制作技艺与使用习俗演变研究》。

张宗建（2017级博士）：《文化传播视野下的鲁西南戏曲民俗版画研究》。

综上所述，非物质文化遗产学独立门户是势在必行的，它的学科设立选择方向是三个：跻身文化遗产学，与其一起在整个学科目录中开宗立派、开门立户；在交叉学科或平台自立一级学科；在历史学门下建立一级学科。最佳的选择是"文化遗产学"立为门类，一步到位，可以达到事半功倍的效果，也将在国内国际上产生巨大正面效应。对国内文化遗产保护、管理、利用和研究将产生深远影响，具有极其重大的现实意义；对国际文化遗产保护也将是一个积极的推进，彰显出中国作为一个文明古国和文化大国的崭新文化和教育气象。当然，一门学科的设立总是难免会有一些众说不一、争辩争鸣的情况，有些学科的设立和升级甚至经历了漫长的过程。依我个人预测，文化遗产学早晚或最终必将作为一门独立学科跻身学术、文化、教育、艺术、文明等领域。退而求其次，非物质文化遗产学设立的可能的路线图是：首先，交叉平台一级学科；其次，或者选择进为历史学门下一级学科；最后，逐渐发展直至与各个分支遗产学一起进为遗产学门并立其门下一级学科。在笔者撰成本文待发表之际，教育部公布了 2021 年大学本科新增一级学科目录，其中新增了"非物质文化遗产保护"的新科目，并将其置于艺术学门下。这是非遗学进入学科目录的重要一步，也是非遗事业的重大进步。不过"非物质文化遗产学"和"非物质文化遗产保护"毕竟是两个概念或范畴，所以，本文的论述依然是必要和重要的，非遗以学进入教育和非遗以保护进入教育是不可同日而语的。

刊发于《中央民族大学学报》2021 年第 3 期。

第六编

冯骥才与中国民间文艺家协会

一手抓抢救，一手抓传承

——在中国民间文化遗产抢救工程首批成果出版暨中国民间文化杰出传承人调查认定命名项目启动发布会上的讲话

两年前，也是在这庄严的人民大会堂里，中国民间文艺家协会召开了实施中国民间文化遗产抢救工程新闻发布会。曾记得许嘉璐副委员长在会上发表了热情洋溢的讲话，给了我们热情的鼓励和殷切的期望。他认为这是一项伟大的工程，定会获得伟大的成果。这是一个极高的标尺。两年来，中国民协从冯骥才主席到各位副主席，从分党组到驻会全体干部到各地各级民协组织，未敢懈怠，竭尽全力来践行这一伟大的历史使命和文化责任。

我们的抢救，是一次有声有色的文化行动。舆论热点此起彼伏，社会各界热情支持。两年来，我们分期分批地启动了全国各省、直辖市、自治区的抢救工程，启动了全国的民间文化调查和专项普查，实施了中国木版年画、中国民间故事全书、中国民间剪纸、中国民间美术图录、中国民间泥彩塑、中国民俗调查等重点抢救项目；我们召开了全国年画抢救工作会议、全国剪纸抢救工作会议、抢救保护和开发民间文化遗产县长论坛、中国民间故事全书编纂工作会议等等；我们组织专家小分队进行个案示范调查，出版了《普查手册》。与此同时，我们以极其严格严谨的科学标准和全面创新的文化追求，着手各种示范本和首批成果的整理和出版工作。当全社会以前所未有的热情关注和支持中国民间文化遗产抢救工程的时候，我们知道，人们在猜测和期盼：他们会拿出什么样的成果来证明他们工作的重要和必要呢？

今天，我们给出了我们的回答，我们奉上我们的成果，让社会来检验。这就是我们的首项重大成果：《中国木版年画集成·杨家埠卷》。它是年画集成的首卷和示范卷，紧随其后，三年内，我们将全部出版十八卷，将中国木版年画著名产地的年文化、代表作、艺人、作坊、技艺等尽收其中。《杨家埠卷》体现着我们的科学追求：全面普查，活态记录，科学整理，立体描述，图文并茂，影像同步。这就是我们和前人的不同，也是我们今天工作与昨日做法的不同，实现了全面性、科学性、艺术性、生态性、活态性、终结性。

与《杨家埠卷》同时展示的成果还有近两年来中国民协和全国各地民协的各种抢救成果。有的是学术成果，有的是普及读物；有的是个人著述，有的是国家项目或集体成果；有的是前沿课题，有的是田野报告；它们展示了各地民协组织卓有成效的抢救业绩。

在《中国木版年画集成·杨家埠卷》出版之际，我要代表中国民间文艺家协会对山东省潍坊市寒亭区委区政府在我们开展年画抢救工作中给予的全力支持与配合表示衷心感谢。他们不仅有效地组织了本地年画的全面普查，还实际地支持了我们对全国各著名产地开展的组织工作。我们还要感谢中华书局，他们那种学术至上、不计经济得失的崇高的出版精神，使我们的学术追求能够变为现实。他们斥资数百万甚至千万来整体承担《中国木版年画集成》十八卷的出版经费，令我们深深地感动！

两年来，还有很多感人至深的事情在我们的抢救工作中发生，这是我们工作不断获得伟大助力和推力的重要原因。所以，虽然经费拮据，但我们抢救的声势不减，成果不断。我们在不断地总结经验教训中，寻找抢救工作中的最核心、最关键、最有效的环节。这就是我们今天发布会的另一项重要议题：实施中国民间文化杰出传承人调查认定和命名的抢救项目。

根据我们两年来抢救工程的实践，一个最突出的感受就是：紧急开展中国民间文化杰出传承人调查认定和命名，时不我待、迫在眉睫、意义重大。目前，我国各民族民间文化遗产的濒危情状，最突出的表现就是杰出传承人高龄且后继乏人，从而导致人去艺绝、人亡歌息。民间文化是传人文化，作为口头和非物质遗产，它是口传心授、世代传承的活态文化。民间文化杰出传承人，其文化记忆和艺术技艺大多历经数代、数十代传承，堪称"国宝"。一名杰出传承人，就是一部民间文化大典、一座民间文化宝库，把民间文化杰出传承人的技艺记录下来，保护好、**整理好**，是抢救民间文化遗产最重要的措施和手段，也是对民间文化遗产的一次别开生面的系统整理。所以，当我们提出这一课题和项目设想后，立即得到中宣部领导和中国文联的支持，中宣部还给予了有效的资金保证。

本项目最基本的目的是：围绕杰出传承人及其技艺，用文字、录音图片、摄像等手段科学记录他们的文化背景、技艺传承历史、技艺程式与特征、技艺民俗、代表作、民族性、地域性、口述史等。首批调查认定一百名，并建立和出版《中国民间文化杰出传承人名录》，为每位杰出传承人建立档案与图文数据库。给予隆重的命名和表彰，展览、展示、展演他们的文化成就并给予充分的学术研究与学术总结，扩大其社会影响，提高其社会知名度和荣誉感，促进其文化传承的自觉，实现对中国民间文化的全面整理发掘和展示。

我们认为，开展中国民间文化杰出传承人的调查认定和命名工作，记录、保护和传承他们的杰出技艺，对全面整合各民族优秀传统文化资源，增强民族凝聚力，促进民族团结，建设先进文化，都具有十分重要的意义。系统开展此一工作，是我们贯彻落实党的十六大提出的保护重要民族文化遗产和优秀民间艺术要求的一项重要举措，将填补我国文化史的一项空白，在全球性保护民间文化遗产行动中也将具有划时代的意义。

我们将一如既往，以一流的学术水准和一流的工作业绩来完成这一重中之重的抢救任务。

谢谢大家！

2005 年 3 月 21 日于北京人民大会堂

中国民间文化杰出传承人调查认定命名项目，是冯骥才和我一起策划的最具创意性的文化项目，得到了中央领导的肯定和支持，在社会上也产生了深远影响。中国非物质文化遗产传承人保护也是由这个项目拉开了序幕。特此补记。

抢救遗产必须破解两大瓶颈

——在出版界支持抢救成果出版新闻发布会上的讲话

借这个机会，我向大家介绍和汇报一下中国民间文化遗产抢救工程的近况。

中国民间文化遗产抢救工程自2002年实施以来，首先它被纳入国家哲学社会科学规划领导小组指定的"国家社科基金特别委托项目"。经过全国民间文艺工作者的共同努力，这些工程正在全国各地全面铺开，各项成果正在陆续涌现。

中国民间文化遗产抢救工程的根本宗旨是应对全球化、一体化、现代化进程中已经出现的对文化的负效应；在后工业化、信息化的浪潮中，采取高科技的手段，全面开展对农耕文明、前农耕文化的普查、记录、整理；全面清理和盘点中国民间文化遗产的家底，紧急抢救濒危的文化活化石、少数民族的非物质文化遗产、天才的但又后继乏人的民间文化传承人及其技艺；唤醒全社会对优秀民间文化遗产的文化自觉，发掘民间文化遗产的价值，为先进文化建设和社会主义文化创新提供强大的文化基因库和无尽的资源。

我们的追求正在开花结果。抢救工程的成果正以纯正的乡土文化内涵和精美的文化形式，以及科学本、普及本、教材本、宣传本等多层次读物受到社会各界欢迎。《中国木版年画集成》自示范卷《杨家埠卷》问世以后，整个年画集成被列为文化部民族民间文化保护工程试点项目，《朱仙镇卷》《佛山卷》《杨柳青卷》《武强卷》《高密卷》等已经完成普查，正在编撰与审定。《中国民间故事全书》以县为卷本，共计两千八百余卷，今天推出了首批大理十二县卷本。内蒙古、山东、河南、广西、吉林、辽宁、浙江等十余省市数十地市的千余卷已逐步列入出版计划。《中国民俗文化志》在北京市开展了示范调查，示范卷《门头沟区卷》不久将首批问世。《中国民间美术遗产普查集成》一省一卷，正从贵州入手，开展分期分批的普查，也正在整理调查成果。《中国民间剪纸集成》示范卷是河北省蔚县剪纸卷，在全面普查的基础上，已完成编撰和设计、校对，近日即可开机印刷。《中国民间泥彩塑集成》已在无锡惠山、天津泥人张、河南浚县、陕西凤翔、广东佛山、山东高密等著名民间泥塑产地展开，《泥人张卷》正进入成果出版阶段。《中国古村落民居集成》正由专项调查小组深入内蒙古、新疆大草原等地进行补充调查。

中国民间文化杰出传承人调查工作已在全国展开，十余个省市自治区也进行了全省范围的逐级调查与推荐，《工作手册》已发放到全国各地，首批杰出传承人成果即将出版。

中国藏区唐卡艺术抢救项目今年启动，已对青海两个乡村进行拉网式调查，采访藏族民间艺人五百余人，获得大量珍贵资料。此项工作在藏族民众中得到热烈支持，获得极大好评。明年上半年将整理出版首批成果。

此外，由黑龙江人民出版社出版、中国民协主编的口头和非物质遗产推介丛书首批十种已在今天亮相，由河北少儿出版社出版、中国民协主编的《中国结丛书》首批十种出版发行后获得了较好的社会效益和经济效益，第二批六种已列入明年上半年出版计划。另还有萨满文化调查与研究的成果、傩文化调研成果、专项民俗文化研究成果等将陆续出版。

我们的追求得到了社会各界的理解和支持。实施中国民间文化遗产抢救工程，有两大难题。一个是要调动广大民间文化专业工作者，按照科学的方法深入田野，奔赴乡村；一个是要筹集和投入大量的资金。第一个是人才问题，第二个是资金问题。人才缺乏是因为我们要全面整理的民间文化遗产，其门类之繁、形态之多，超过任何文化形态。很多形态从来都没有形成学科理论。我们的解决方法是：一、示范调查，以示范带全面；二、研制实用性强的工作手册，给予实际规范；三、样板开路，举一反三；四、分片、分项进行专题人员培训；五、推广专家性的志愿者调查典型；六、培养地方专家，在抢救工作中培养人才；七、利用普查所获科学资料，推进理论建设，比如天津大学冯骥才文学艺术研究院举办的民间美术分类研讨会，既针对民间美术调查的困惑，又对民间美术学科建设提出了理论成果；八、关注前沿话题，关注国际学术发展，关注民间文化遗产抢救保护的世界潮流和动向。总之，一方面我们关注到田野对理论的呼唤，另一方面也积极推动理论创新，以理论指导田野。筹资建立冯骥才民间文化基金会，专门用于资助抢救工程，已资助云南甲马调查、贵州民间美术调查、蒙古族民间建筑调查等。书画界、收藏界也曾帮助我们义捐。还有出版界的大力支持。当很多人为我们获得的抢救成果到哪里去找钱出版担心时，出版界显示出了他们传承文明的胸怀和胆识。今天与会十余家出版社将承担我们二十余种大型抢救成果和系列丛书的出版，这种场面将令大家永远铭记。我们奉献给社会的是集科学性、艺术性、独特性为一身的珍贵文化成果，出版界则展现了他们高素质的文化眼光、文化使命感和责任感。这极大地增强了民间文化界专家学者和全国民间文化工作者的信心。

当然，我们的抢救成果和抢救工作都还只展现了它冰山的一角，我们的任务和工作还无比艰巨。但是，有全社会和各级党、政领导的理解、关心、支持，我们就一定能取得最后的胜利。再一次衷心感谢大家对中国民间文艺家协会，对中国民间文化遗产抢救工程，对我们无名的民间文化的关心。我就简单汇报到这里。

谢谢！

2005 年 11 月 13 日于北京人民大会堂

"我们的节日"的现状与思考

　　自 2005 年中宣部、中央文明办等发出《关于运用传统节日弘扬民族文化的优秀传统的意见》后，特别是 2007 年国务院发布政令正式将除夕、清明、端午、中秋节列为国家假日以来，在中宣部和中央文明办的领导下，"我们的节日"活动蓬勃展开，产生了巨大的影响和积极的效果。

　　中国民间文艺家协会在运用传统节日弘扬民族文化的优秀传统方面，按照中宣部、中央文明办、中国文联的要求，发挥专业和专家优势，开展了一系列卓有成效的工作，为推动"我们的节日"的深入开展，做出了应有的贡献。近几年来，中国民协将节日文化列入每年的常项和常规工作，在如下方面做了有效的探索：

　　一、举办各种类型的传统节日文化论坛，普及节日文化知识，挖掘节日文化内涵，探讨节日传统的现代转型。

　　2008 年首度节假日合并之时，中国民协率先策划与承办由中央文明办、中国文联、山西省人民政府共同主办的首届"我们的节日·清明节"系列活动，并主办了首届中国传统节日论坛。本次论坛有一百余位民俗学家、社会学家、经济学家、作家、艺术家、非物质文化遗产学家与会，全面探讨了传统节日的意义、节假日合而为一的意义、清明节的历史与现在、我国节日文化资源与保护利用等，在学术界和社会各界产生了深刻的影响，受到广泛好评。同年端午节，中国民协与湖南省文联、汨罗市人民政府召开"我们的节日·端午"文化论坛。八十余名专家与会,全面探讨与分析了端午节的文化意义、价值、传统、流变等。会议论文结集为《端午节的精神》出版发行。同年中秋节,中国民协与江苏省委宣传部、省文联合作,在有着深厚中秋赏月传统的南京市举办中秋节系列活动并举办"我们的节日·中秋"文化论坛。2009年,中国民协以"传统节日的现代转型"为题,在清明节、端午节、中秋节期间分别在山西介休绵山、河南开封、广东番禺、湖北咸宁咸安等地举办专家论坛,此外,还在山西和顺、广东东莞举办七夕节文化论坛,在浙江宁波江北区举办重阳节活动和慈孝文化论坛。这些论坛讨论了传统节日的民族凝聚力和地方节日文化特色,用现代眼光重新审视传统节日,挖掘和揭示节日的时代精神,对深化传统节日文化活动、普及节日知识发挥了重要作用。

二、广泛开展有地方特色的传统节日活动,坚持民间性、群众性,展示丰富性、多样性,把传统节日活动与城乡社会经济发展相结合。

(一)充分挖掘与运用每个传统节日的不同主题开展多样主旨的寓教于乐、寓教于节的活动。强调清明节对先烈、先贤的缅怀,突出端午节的爱国主义教育,强调中秋节民族团结统一团圆的主题等等,深化了节日的意义。

(二)把节日文化向生态文明建设的方向引导。节日反映了中华先祖的岁时观,也是中国人的自然观和生态观。我们在节日文化活动中,不断强化和传播优秀的人与自然和谐的文化传统。在云南昆明举办了生态文化博览会。

(三)鼓励和支持有优秀传统的民间节日活动,认定特殊的节日文化样式,促进发扬地方和民族特色。比如,推动山西介休绵山寒食清明节的发生地认同,推动开封《清明上河图》之于清明节文化的重大意义的认识及宣传,推动汨罗端午节与屈原精神的弘扬及申报世界非物质文化遗产代表作,推动七夕节妇女手工制作与女红文化、牛郎织女动人传说的弘扬，推动春节文化深入发掘，推动重阳节敬老与慈孝的美德，等等。在传统节日期间，中国民协还组织了多种多样的民间文艺比赛、展演，如全国抬阁展演、中国木版年画节、全国花馍艺术展、全国民间广场歌舞大赛、全国鼓舞鼓乐展演、全国灯彩展览、全国民间手工艺术博览会等，无不盛况空前，数十万、数百万群众观看，成千的群众参与表演，人人兴高采烈。丰富了群众文化生活，激活了地方独特文化传统，扩大了地方知名度，促进了农村文化建设，推广与丰富了地方旅游资源。

三、抢救节日文化资源，整理节日文化资料，普及节日文化知识。

（一）对重要且面临濒危的节日文化遗产进行紧急抢救性普查，开展了中国木版年画、中国民间剪纸、中国民间泥彩塑的调查。

（二）出版了二十余卷《中国木版年画集成》大型丛书，出版了《中国民间剪纸集成》蔚县卷、豫西卷、佛山卷，出版了《中国民间泥彩塑集成·泥人张卷》。在调查与整理的同时，对各地节日艺术进行广泛的推介。木版年画被全面激活，成为十数个产地的地方文化名片和特色经济。河北蔚县、山西中阳、内蒙古和林格尔、广东佛山、浙江乐清等地的剪纸艺术使众多村庄和农民走上致富道路。山西和顺等地的节日传说经过调查成为国家级非物质文化遗产。

（三）由冯骥才任主编，组织编纂《我们的节日》系列丛书。出版《春节》《清明》《端午》《中秋》四节日书，并以其精致、便利、图文并茂、深入浅出、体例新颖获得普遍好评。

（四）各省及各地方民间文艺家协会，近年来也在县乡村开展了丰富的民族民俗节日活动，并且发现了一大批独具特色的节日民俗及民俗表演艺术。许多地方已失传的优秀民俗表演在地方民协专家的指导下，进行了恢复和再传承。

总之，近几年通过开展"我们的节日"活动，我们深深体会到这是一件深受地方政府支持、为地方人民群众欢迎并乐于参与的文化活动。节日是老百姓最开心的日子，专家给他们一些赞誉，政府给他们一些尊重和理解，他们的节日表演就十足的火爆。所以，建议在今后的"我们的节日"系列活动中加强以下几方面的工作：

第一，进一步加强节日文化研究，发挥专家的咨询资政作用。

节日文化有不同的起源和发生，也有不同的表现形式和文化宗旨。经过长期的历史演变，许多文化内涵已经模糊不清或面目全非。因此，要进一步加强对节日文化的挖掘与研究。同一节日在不同地区的不同表现，也应该予以研究，开展多样的交流。少数民族的节日文化也应正确阐述并加强宣传，以促进民族间的了解和民族团结。应该就节日的意义、节日的历史演变、节日的文艺、节日的衣食住行、节日的礼仪、节日的俗信、节日的核心价值、节日的当代价值等等开展系统的深入的研究，并把研究成果运用于当代的节日活动中。中国民间文艺家协会集中着我国最权威、最活跃的一批民俗学、民间文艺学专家学者，以及地方民俗学家，可以在此中承担课题，广泛研究与讨论，发挥专家作用。例如设计每个节日的文化主题与活动建议方案，为各地开展节日活动提供指导与参考。

第二，进一步开展节日文化调查，推动"我们的节日"在政府与民间相结合的道路上可持续发展，在传统与现代之间协调发展有机传承有效弘扬。

跟踪调查"我们的节日"活动开展好的地方个案，树立文化、经济、社会、生态建设和谐有效的典型，适时推介推广。

挖掘与调查具有独特节日文化表现样式的节日文化传承地，建构全国节日文化的网络格局，使最终形成节日文化的点与面，并成为节日旅游和节日经济的文化网络。

调查、研究、宣传、扶持少数民族的传统节日文化，使纳入"我们的节日"文化活动与文化系统中来，促进民族地区文化发展和旅游经济。

把"我们的节日"活动向"公序良俗"的典范上引导，使其成为移风易俗的范例，为民间社会和民间文化的健康发展提供有益的实践与经验。

第三，进一步调整国家放假制度，争取形成春节、清明、端午、中秋节放假基础上，将元宵节、七夕节、重阳节扩展进假日中来。此外，继端午节申报为联合国教科文组织批准的"人类非物质文化遗产代表作"以后，继续申报春节为世界遗产。

第四，综合利用节日功能，促进人的全面发展。七大传统节日，各有文化侧重，体现了节日的德育、美育、体育、精神、农事、文艺、娱乐等等功能，有人类处理人与社会、人与自然、人与他人、人与自我关系及其促进和谐和平的经验与智慧。挖掘传统节日的综合功能，提倡传统道德、社会公德、家庭美德，提倡亲近自然、感悟时序、共享天伦。清明踏青，中秋赏月，重阳登高。春节合家欢乐，元宵娱乐狂欢，清明扫墓祭祖，端午强健精神，七夕两情相悦，中秋月圆思乡，重阳敬老慈孝。围绕节日的各种主旨，开展多样的现代文化活动，如清明植树与祭扫烈士陵园，端午龙舟竞赛，中秋诵诗赏乐，重阳敬老登高，等等。总之，应该展开全面而持久的运用传统节日文化形式培育与强化社会主义核心价值观的活动。

第五，引导节日旅游，丰富旅游品种。节日放假已经形成了旅游的新格局。应该进一步挖掘各地节日特色文化，形成各地的传统节日文化参与赏析旅游路线，如清明节的文化游和生态游。在全国构筑若干节日旅游点，各地又形成分级的网络，最终形成全国节日游的大格局。国家旅游部门可继续就此做出全面规划。也可以设计"中国传统节日旅游"主题与路线，向国外推介。

第六，丰富节日食品、产品、物品，活跃节日市场，形成特色鲜明的节日消费时尚。每个节日都有独特的节日食品。春节的腊八、年夜饭、饺子，端午的粽子，中秋的月饼，清明的凉食，等等。还可设计各种节日旅游纪念品、吉祥物、时装等。轻工部门、设计艺术家、商场厂家都应把此纳入重要议事日程参与进来，形成市场合力，助推节日消费，实现共赢。

第七，开展各种形式的节日传统文化的展览、展演、比赛、竞技活动。比如节日文化摄影比赛、节日民间文艺竞赛（手工竞技、传统体育、民俗演艺比赛等）、灯彩灯会、民歌会等。

组织"我们的节日·中国传统节日文化展"，以四大节日为主题，在全国各大城市巡展并争取列为"走出去"的文化品牌。

组织编写系列"我们的节日"学生读本，在大、中、小学生中开展节日文化知识的普及工作。提倡学校在节日期间开展有益青少年身心健康的活动，如清明、重阳日组织学生春游、秋游等。

第八，把每年的文化、科技、卫生三下乡和送欢乐下基层活动集中围绕在七大传统节日期间开展，这样可以处理好农忙与农闲、工作与度假的关系，可以为传统节日注入时代精神，丰富节日生活。全国或各地重大的文艺会展、汇演等活动，原则上集中在各个传统节日期间开展，如端午可倡导成为卫生下乡日、爱国卫生日，七巧设为妇女艺术日，端午为诗歌日，中秋为民族团结日，重阳为敬老日，优秀的农村农民艺术可以集中进城为城市市民表演，促进城市与农村文化的互动与交流，改善城乡关系。

第九，把开展好传统节日活动作为城市社区建设和新农村建设的重要内容列入政府工作目标。在节日中开展城市社区文化活动，能吸引更多的市民参与，符合他们的心理与文化需求，有利于社会和谐。农村节日活跃了，农村文化就会极大丰富，优良的民族民间文化艺术传统就能得到极大的爱护和极好的传承。

第十，把节日作为传承、保护和弘扬我国非物质文化遗产的大舞台。我国现已公布一千多项国家级非物质文化遗产，且有数十个项目列为人类非物质文化遗产代表作，各级政府也认定公布了数以千万计的非物质文化遗产项目。这是我国文化特别是农村文化的宝贵财富。这些非物质文化遗产大多都与各种传统节日密切相关。应该利用节日的舞台和平台，在节日期间发挥非物质文化遗产的功能与作用，同时在节日活动与展示中，宣传非物质文化遗产的珍贵价值，使两者相得益彰。可在节日期间按照非物质文化遗产的不同种类形式，开展分类展示展演，在交流中促进传承，并为节日增添传统文化气息。

第十一，总结已有经验，把近年较好的节日活动加以总结推广深化。如春节短信祝福活动、红段子活动、清明网上祭奠先烈、重阳表彰慈孝人物、端午纪念屈原开展爱国卫生活动等。建议元宵节时北京天安门城楼的大红灯笼应该点亮，以增添节日气氛。办好各级各地各种类型的"我们的节日"网站与网上宣传展示。开展各种艺术门类的"我们的节日"主题文艺创作并举办相关汇演。继续办好中央电视台春节联欢晚会，同时要鼓励各地电视台举办因地制宜的创新性的春节电视节目，鼓励健康的网上春节文娱活动。广泛开展节日文艺舞台演出和电影放映活动。尊重无害社会的民间俗信和民间节日庙会，引导民间庙会向健康文明方向发展。政府主导的新型庙会要突出文化功能和群众参与，防止过度商业化。

第十二，建议各民族自治区、州、县除在国家统一的四大节日放假期间组织开展本民族特色节日文化活动外，还应设立少数民族的"我们的节日"，每年每个民族确定一个大型节日，按《民族区域自治法》设为该民族放假日（与四大节日时间重合的不再另放假），按民间习俗开展少数民族节日文化活动。对各少数民族的节日重大节日（放假日），国家应予大力宣传推广，提升各少数民族的文化自尊与自信，鼓励旅游活动，促进民族地区的经济、文化交流。

有关节日，节日放假或成为假日，以及"我们的节日"活动，是冯骥才和中国民协二十一世纪以来的一大工作亮点。本文作于2009年，对此做了初步总结。文章是当时向有关部门提交的专题工作汇报。

抢救濒危，记录历史

——在"记录正在消逝的文化"中法合作首届
中国影像大赛启动仪式上的致词

非常高兴也非常荣幸能够在这样一个平台上谈谈自己的看法。刚才听了几位先生的发言很有感触，今天这个场合也是非常特殊，让人非常感动，因为我和我们中国民间文艺家协会，和罗杨副主席还有很多专家都在这里，我们已经在这个领域里面摸爬滚打了几十年，从原来非常孤独的孤军奋战，到现在越来越受到全社会的关注，越来越得到大家的支持，在这个过程中也展现了历史和时代的进步。今天还有来自这么多领域、这么多方面的专家，包括外国友人的关注和支持，共同来参与和共同来主持这样一个"记录正在消逝的文化"中法合作首届中国影像大赛的活动，我觉得特别有意义。

刚才院长和大使也都提到了法国文化的一些情况，我在这里顺便也说一句题外话，我们中国民间文艺家协会的主席叫冯骥才，著名作家，他与法国的文化保护有非常大的渊源，很多理念和做法直接受到法国的启示。我们的主席曾经在九十年代的时候在法国进行过多次考察，写过几十篇的随笔，在很多国内的大报上都发表过，而且回来以后还开展过天津老城的抢救，最后担任我们的主席。以后又立刻实施中国民间文化遗产抢救工程。这个工程实施到现在也有六七个年头了。这个理念很多受到法国的启示。大家知道法国的文化非常厉害，而且法国在现代化进程中对自己文化的保护也非常有主体意识，这点对中国也是很有影响的。当然我说的具体影响是冯先生在法国的考察，中间发现几个概念，比如，法国的文化保护中间，它的几个著名作家起到过非常重大的作用，雨果、梅里美、马尔罗。我们冯先生在法国考察之后非常有感触，我们在实施中国文化遗产保护进程中也提了一个口号，叫"大到古村落，小到绣荷包"，我们争取一网打尽，尽量用这个概念去做更广泛的普及和记录，这一点法国给了我们很深刻的启示，法国人的口号是"大到教堂，小到汤匙"悉数登记。刚才大使先生也提到了全球背景和中国的变化，他对中国的变化中的一些情况也表达了自己的看法，我们希望和法国各界今后还有更多的机会合作。这次通过法国电影学院实际上是一个很好的桥梁，中法两国在文化上是非常友好的国家，我们还有很多工作可以展开，这是一个题外话。

我借这个机会，也想说说中国民间文化遗产抢救工程，它在记录方面的一个时代背景，另外我们具体的一些做法，希望介绍这样一些简单的情况。因为我们还有很多网民在参与，今天启动以后还会有更多的志愿者，有更多的社会各界人士会参与到这样一个活动中来，所以把我们一些简单的做法和理念在这里给大家做一个介绍。首先我们现在已经进入一个记录的时代，大家知道现在地球在变小，所有的时间和空间都在压缩，我们这样一个时代，这样一个变化，这样一个全球化，这样一个经济、市场一体化的时代，实际上是一个资讯和信息的时代。任何资讯和信息的时代，它的前提和背景我认为首先是记录、传播的时代。我们在进入一个记录的时代，进入一个把这些记录迅速传播的时代，正因为这两点才使我们的世界变小，大家共居一个地球村。在这样一个时代里，中间特别突出的一个记录内容就是记录人类的文明。记录人类的历史不是从现在开始，但是当今的时代由于科技的高度发达，是这样一个记录的时代，它的手段、它的方法已经发生了根本性的变革，它的直接性、瞬间性、形象性都是前所未有的，所以这又是一个眼球经济和眼球交往的时代，眼球观看的时代。

在这样一个时代里面，我们任何一个事情、任何一种事件恐怕都逃不脱被观察、被记录、被传播的这样一种时代背景。但是恰恰相反，也正是在这样一个时代里面，我们还有一些无形的、很少被人所知的，我们叫作非物质文化遗产，叫作无形文化遗产，这些东西又从来没有被生动地、形象地、直接地记录过。我们的文献、我们的典籍，甚至我们各种各样的记录手段，都没有运用到这个对象上来。在我们的文化保护里面，非物质文化遗产作为一种无形文化遗产，它没有有形地被记录。所以我认为这是一个挑战，也是一个机遇，在记录着时代的我们，从文化的角度来说，我们首先要记录正在消失的无形的文化遗产，把它有形化，把它传播、传承、保护起来。在这样一个记录时代里面，我认为记录应该是多元化和多手段的。首先从我们的影像记录角度来说，可以考虑多种多样的、随心所欲的，当然也有很专业的，我认为有几种方法在中间互相交织，可以互相借鉴。首先是专业性的记录，专业性的记录可以从几个角度来说，比如说电视、电影的专业记录，还有人类学、民俗学、民间艺术学这样几个专业，这几个专业之间有共性也有不同的角度。比如电影，从电影和电视发明以来，电视的纪录片都有对人类学、民族学的无形文化遗产的记录。在学科里面我们还有人类学电影，我顺便也说一句，法国是重要的人类学重镇。我认为专业的记录是一个非常重要的、非常经典的、非常有保存和留存价值的科学手段，这是最基础的，最值得提倡和发扬，但难度也是最大的。

另外我觉得是艺术的记录，艺术的记录包括摄影、摄像这样几个角度来说，艺术记录最大的特色是能够非常艺术化地呈现在异域他乡没被我们发现过的文化对象，把它生动地加以呈现，让我们立刻直观地了解它巨大的审美价值、文化价值，这是艺术摄影非常大的一个特点。艺术摄影除了把对象的审美价值充分地发掘以外，它还能充分地展示主体审美的艺术水平特色，这个和专业记录有所不同，专业记录在强调主体的个性方面可能会加以控制，但是艺术记录的呈现是方法多样，而且是百花齐放，它能够迅速地感召人们对这个对象的关注，对这个对象给予高度的珍惜。所以我认为记录我们消逝的文化，艺术的记录也是一个非常重要的、值得提倡的，而且具有宣传和推广价值、能够扩大影响的手段。另外它的成果会保留在人类的艺术史上，在我们的文化史上，都会有它独特的价值和书写独特的历史。

在这样一个大众的范围里边，关注、推广、引导我们大众的记录手段、记录理念，让他们从自己身边发现更多有价值的文化。我们大家知道，非物质文化遗产为什么长期没有受到重视？刚才几位领导和专家都说到了，这种文化在我们的生活之中，就像刚才院长说的，像鸡毛掸子这样一些细小的事情，但是你反过来以后，超越一定的时空观看它，它又是具有非常情感、非常深厚的这样一些历史独特对象，所以文化遗产没被记录是与我们的文化观念、我们的文化态度、我们的文化价值观不够科学有关系。在全球化的时代以后，2001 年联合国教科文组织开展了非物质文化遗产保护运动，就把我们的民间文化遗产提高到和长城、故宫、金字塔这样一些世界文化遗产、世界自然遗产、世界景观遗产相提并论的共同价值高度的地位上来。所以在这个背景上，我们要动员大众去发现身边正在消失的文化，通过记录来延长它的生命，使它不消失，或者使它焕发新的青春和生命。

另外，大众的记录还有一个非常重要的价值和意义，它遍布全国各地，如果我们的理念推广到全国、全世界，所有人都去发现、都去记录的话，我们可以在这种记录的呈现中发现很多有价值的东西。我们对全世界文化总量的统计，除了世界遗产有形的东西有一定的了解以外，实际上对全球的非物质文化遗产远远没有彻底地摸清价值，我们还有很多东西不了解。在实施中国民间文化遗产抢救过程中就一直在不断地发现新东西。当然可能在当地他都知道，但是换一个地方别人就根本不知道，所以通过大众的记录可以发现很多、很重要的价值和线索，能够及时发现正在濒危的特别有意义的文化遗产，所以我想这也是一个值得提倡的活动，我们希望大众能够参与进来。

我们应该立体地多角度地全方位地记录。对一个文化事项，有时候你拿着摄影机是从一个角度，但是你做不同呈现的时候应该用不同的方法。我讲的不同方法是指文化不同的背景、文化的过程、文化记录的时间、某种对象多角度的观察，这是一个方面。同时还要强调全面记录。我举一个例子，关于中国木版年画，除了年画的作品，这个作品反映的对象、它的题材，另外还有后面这些老艺人的技术和技艺、他的工具，另外这个年画在什么时间张贴，包括刻印木版年画还有祭祀这样一种仪式过程，另外在销售过程中还有店铺，在店铺里卖的时候还要唱歌诀，它还有很多关于年画的传说、故事，还有它销售到什么样的地方，到哪里去了，这一整套的文化我们在记录过程中要尽量多多关注，从科学的角度来说我们是用的一网打尽的手段，所以这种记录是非常艰辛的，是需要付出和投入的。

我最后再简单说说记录对象。我们说正在消逝的文化，这个消逝从我们现在了解的非物质文化遗产，哪些处于最濒危，哪些属于要尽快地关注，或者它马上会消失的？通过这几年的工作冯骥才主席为我们总结了六大濒危，请大家关注这六大濒危文化。

第一是口头遗产，比如我们讲故事，说的民间文学，说的歌谣、山歌。传统的口头遗产也是非常有价值的。联合国教科文组织最早用的概念就是人类口头遗产，而且现在我们时代正在运用网络、电视、电影传播，对口头遗产带来最大冲击的也是这样一个新的记录和传播的工具。所以口头遗产值得特别关注。

第二是手工技艺，就是我们的手工艺术。因为它是手工化，所以它在机械化、批量化生产的大生产时代，它消失得非常快，它手工的价值我这里就不展开了，它是非常值得我们保存和保护的。所以手工遗产在当今时代消失、消亡得非常迅速。

第三是一些远古的文化遗产。我们知道我们国家历史非常悠久，这个中间保留了很多远古的习俗，这些习俗过去认为是落后的。用落后的概念去定义它，我们就会损失一大批珍贵的文化遗产。在我们中国实际上有很多，包括我们的萨满文化等等，各种各样古老的习俗，这些消失得非常快，它特别不适应现代生活，有些马上就要进博物馆。但是在它消亡之前，或者它要进入博物馆之前应该要被记录，通过记录进入博物馆，这个对于它非常有意义。冯骥才先生曾经对萨满文化用了一个提法，他认为这个是古老的要消亡的遗产，他说这个是文化恐龙，我觉得这个比喻非常形象。

第四个比较濒危的对象，就是我们杰出的传承人。

第五个比较濒危的是人口较少的少数民族的文化遗产。这些遗产受到强势文化的冲击，它的文化遗产的消失也非常迅速。

第六个就是我们的古村落。大家刚才也提到，易小迪董事长也说到，现在的城市建设非常迅速，拆旧建新，这个中间确实有建设性的破坏，所以在城市已经出现了千城一面，现在特别担心新农村建设中出现千村一面的现象，而且这种势头已经表现出来了，所以很多古村落非常经典，但是一开发以后全部都没有了。我曾经举过一个例子，我们国家一家非常大的报纸发表了新农村建设的两张照片，一个是旧民居，一个是村民建的新房子，那个旧民居非常漂亮，他说这个拆了，没用了，我们现在建个新的，这种古村落的消失是非常遗憾的。

我们记录非物质文化遗产和无形文化遗产，能够通过我们的记录实现一个美的呈现，实现一个文化价值深刻内涵的揭示，实现对珍贵文化形象的记录和流传，这将是我们活动最大的价值和意义所在！

2009 年 6 月 25 日，中国民协与法国电影学院（北京）、新浪网播客等联合主办了用影像记录民间文化遗产的"记录正在消逝的文化"活动暨全国 DV 征集活动，这是本人在当天启动仪式上的演讲。其中的六大濒危说，是首次将冯骥才的此一观点进行社会传播。

为保护羌族文化遗产贡献智慧、贡献知识、贡献力量

——推荐中国民间文艺家协会为抗震救灾英雄集体的先进事迹材料

地震发生后，中国民间文艺家协会分党组按照党中央的要求和中国文联党组的部署，火速投入到抗震救灾中，发挥民协的优势及专长，克服困难，奉献才智，特别是在羌族民族文化的抢救工作得到了温家宝、李克强、回良玉、刘延东、马凯等中央领导的肯定。现将有关情况汇报如下。

今年 5 月 12 日发生在四川汶川的 8.0 级大地震，是新中国成立以来破坏性最强、波及范围最广、救灾难度最大的一次地震。

大地震不仅使我们失去了数万名各族兄弟姐妹，道路、桥梁、房屋、古建、文物等遭到毁灭性破坏，各族同胞积淀了成百上千年的精神文化家园瞬间成为废墟。此次汶川地震，除了古建、文物、文化设施受到巨创外，羌族文化遗产更是遭遇灭顶之灾。羌族是一个只有语言没有文字的古老民族。羌族文化遗产以民间文化遗产为主体，主要属于非物质文化遗产。在地震中，只有三十万人口的羌族遇难三万余人，即羌民族人口一次性锐减百分之十。阿坝藏族羌族自治州中的汶川、茂县、理县，以及绵阳市的北川羌族自治县是此次受灾最严重的地区，除了遇难人员众多外，这些地区及黑水、松潘等地都是羌族人口分布的集中区域和核心区域，由于地震引发的泥石流、山体垮塌、堰塞湖、村庄和羌寨损毁，大量羌民整体易地安置和临时搬迁，羌地的中小学生也分别迁移到北京、山东、深圳、成都等地就学。依赖于羌民族口传心授、活体传承的羌族非物

质文化遗产遭遇了粉碎性打击，面临分崩离析的危境。

胡锦涛总书记、温家宝总理、贾庆林主席、回良玉副总理、刘延东国务委员等在灾区指挥抗震救灾时，都对抢救灾区各民族特别是羌族文化遗产做出了重要指示和批示。体现了党和国家领导人所具有的高瞻远瞩的胸襟和博大的文化情怀。国务院关于抗震救灾和灾后重建的一系列条例和文件中，都明确地提出"要注意保护民族文化遗产"的要求。

为响应党中央和国务院的号召，担当起灾区羌族文化遗产抢救与保护的使命，中国民间文艺家协会迅速投身于羌族文化遗产灾后受损情况调查和灾后文化重建的调研工作中。地震甫一发生，中国民协分党组迅速研究了抗震救灾工作。5月13日随贾庆林出访的中国民协主席冯骥才从国外打来电话，向灾区捐款十万元，并询问灾区民间文化和非物质文化遗产受损情况。5月14日，中国民协派出第一批调查组赴灾区调查文化受损情况并向受灾的民间文化传承人送去救灾款五万元人民币。随后，中国民协参加了文艺界抗震救灾倡议书的发起，《爱的奉献》大型募捐义演等活动，并立即发动全国民间文艺界为灾区捐款。冯骥才主席回国后再次捐款三十多万元人民币，中国民协捐款七十余万元人民币，各地民协和民间文艺家也纷纷通过中国民协捐款，总计达到一百多万元人民币。此外，全国各地的会员，还踊跃地参加了在本地、本单位的捐款。5月21日，冯骥才主席在全国率先提出应考虑适时建立四川汶川地震遗址博物馆，经新华社播发和报纸刊载后，在全国和世界引起极大反响。与此同时，温家宝总理也在北川表示，要建立北川地震遗址博物馆。温家宝总理还指出，要保护好羌族特有的文化遗产。作为一个长期从事民族民间文化遗产保护、研究、弘扬工作的人民团体，中国民协立即响应温总理的号召，在中国民间文化遗产抢救工程中启动紧急保护羌族文化遗产项目。6月1日，中国民协与民进中央、中华文化学院在北京召开紧急保护羌族文化遗产座谈会，并成立紧急保护羌族文化遗产工作委员会、专家委员会和专家调研组，向全国民间文艺界发出紧急保护羌族文化遗产倡议书，动员专家学者贡献知识、贡献智慧、贡献力量。中国民协义不容辞地担当起抢救和保护羌族文化遗产的文化职责。全国人大常委会副委员长严隽琪在会上发表讲话，对紧急保护羌族文化遗产工作给予高度评价。中国文联党组书记胡振民在会上讲话。著名学者罗哲文、李学勤、刘锡诚、宋兆麟、李绍明等五十余名出席会议，积极建言献策。中国民协主席冯骥才在会上全面部署了紧急保护羌族文化遗产的具体工作。中国民协向全国民间文艺工作者发出了紧急保护羌族文化遗产倡议书。一批著名专家学者立即投身到文化救灾行动中来。6 月 17 日至 21 日，中国民协主席冯骥才，中国民协分党组书记、副主席罗杨，中国民协分党组成员、秘书长向云驹率专家调研组赴北川等地灾区，实地调研羌文化遗产受损情况。行前，中央政治局委员、国务委员刘延东同志闻讯，专程打来电话向冯骥才同志表示慰问，并嘱在灾区保重身体，期望获得成果供中央灾后重建参考。调查组访问了灾区的村民、学生、非物质文化遗产传承人、干部、文化工作者等，并在四川成都与五十余名曾在羌地做过深入田野研究的羌文化、非物质文化遗产专家学者详细研讨灾后文化重建的困难与应对措施。成立了四川工作基地并开展工作。这一系列工作在国内外产生巨大反响。新华社、中央电视台、《人民日报》、北京电视台、《北京青年报》、《光明日报》、中国新闻网、人民网、《中国艺术报》等数十家国内媒体予以报道，中央电视台还与在灾区调研的冯骥才进行了多次现场连线和直播。英国 BBC 广播与电视、卡塔尔半岛电视台等境外媒体多次采访与报道。

6 月 26 日，根据专家意见和调查结果，中国民协向中央领导递交了《关于四川汶川地震灾后重建工作中保护羌族文化遗产的建议书》。建议书全文七千字，向中央提出了羌族文化遗产灾后保护的五大方面的情况和二十余项应对措施。建议书引起了中央领导的高度重视。7 月 6 日，温家宝总理就建议书做出批示："此件所提建议应予重视，请总指挥部灾后重建组并四川省政府参考、研究。保护羌族文化遗产应纳入重建规划，提请总指挥专题讨论。"

与此同时，中国民协组织专家学者加班加点，编写和出版了《羌族文化学生读本》向灾区学生免费发放，出版了《羌去何处：紧急保护羌族文化遗产专家建言录》，并筹备在京举办《悲壮的辉煌——羌族文化遗产大型图像展》，宣传羌族文化在中华文明中的贡献，灾后抢救与保护羌族文化遗产的意义。

中国民协为抗震救灾特别是保护羌族文化遗产所做的工作，充分发挥了专家特长和优势，在 8 月 13 日国家发改委公布的《国家汶川地震灾后重建总体规划》（公开征求意见稿）中，很多建议得到采纳。目前，中国民协组织的专家还在陆续深入调查灾区羌族文化遗产，羌族民间文学集成、羌族碉楼和古村落图集、羌族服饰集成等后续保护工作正在展开。

在遭受罕见地震巨创，重建家园之际，把灾区人民精神家园的重建和受损毁的羌民族的特有文化遗产和各民族文化遗产的抢救与保护及时提上议事日程，这在人类救灾史上展现了中华文明的精神高度。

迄今为止，非物质文化遗产如何有效保护和传承，在经济全球一体化、生产工业化信息化、生活现代化和城市化的时代就是一个全球性的文化难题，各国各民族非物质文化遗产普遍出现濒危形势。联合国教科文组织为此不得不在全球范围内展开非物质文化遗产的保护行动，动员世界各国探索保护非物质文化遗产的有效途径、方法与经验。

迄今为止，全世界还没有哪一次自然灾难使一个民族的文化主体遭受像汶川地震造成的破坏一样，对保护和传承羌民族特有的文化遗产带来如此巨大的挑战。

中国民间文艺家协会成立于 1950 年，在中宣部、中国文联领导下，长期以来培养、团结和组织了一大批民间文艺专家学者，在搜集、整理、研究、弘扬我国各民族民间文学、民间艺术、民俗文化方面做出了重要的贡献，取得了丰硕的成果，具有独特的人才和专业优势，是我国非物质文化遗产抢救、保护、研究、弘扬的一支重要学术力量，曾受到联合国教科文组织的高度赞誉。为抢救和保护受到空前灾难的羌族文化遗产，中国民协从冯骥才主席到分党组一班人，以及著名专家学者、协会工作人员，高扬抗震救灾精神，忘我工作、连续奋战。六十六岁的冯骥才主席患有严重的糖尿病，每天都要打针注射，他拔掉针头带上药瓶上了灾区第一线。在灾区冒着滚滚落石带来的生命危险，连续调研，每天工作十几个小时。为使灾区羌族孩子早日看到高水平、高质量的《羌族文化学生读本》，他亲自研究大量材料，亲自写作，反复推敲修改，连续工作数十天。为提出一份全面、细致、准确、有价值的建议书，冯骥才、罗杨、向云驹和有关专家反复研究，反复讨论，不断求证，实地印证，连续熬夜，以解放军抢救生命的速度为榜样，以最快的时间完成了建议书。

灾区重建是一项任重道远的工作，我们有信心在党中央、国务院领导下，团结全国广大民间文艺工作者，继续为灾区羌族文化遗产的抢救和保护，为灾区人民精神文化家园的重建做出更大的贡献。

中国民间文艺家协会

2008 年 8 月 15 日

　　此文系笔者执笔的一份申报报告，从中可见冯骥才和中国民协在汶川大地震时的所作所为。中国民协后来没有进入国家表彰名单，冯骥才则实至名归，被评定为抗震救灾先进个人，受到了国家表彰。此文今天看来很有留此存照的意义。

我的 2008 年民协时间

2008 年是一个特别特殊的年份。党和国家经受了特别严峻的自然灾害的挑战与考验，也取得了举世瞩目的成就。经历了大悲大喜后，中国人民更加紧密地团结在党中央周围，万众一心地在中国特色社会主义旗帜引领下，信心百倍地开创美好的未来。在这永生难忘、刻骨铭心的一年里，我与分党组的同志们一起，坚持高举旗帜、围绕大局、服务人民、改革创新，为中国民间文艺事业在 2008 年继续大繁荣、大发展，做出了不懈的努力，取得了显著的成绩，使中国民协的工作跨入一个新的时期，达到了新的高度。回望 2008 年，我们与祖国人民一起，充满骄傲与自豪。现就一年来本人的情况，报告如下：

一、坚持德艺双馨，坚定政治信念，紧跟时代，服务大局，努力把握民间文艺事业发展的大方向，深入学习和实践科学发展观。

近年来，民间文艺事业正处于国际国内热火朝天的大好形势之中。联合国教科文组织开展的非物质文化遗产保护运动为我们提供了良好发展机遇和国际环境，党和政府对非物质文化遗产高度重视，全社会出现了空前关注非物质文化遗产的热潮，清明、端午、中秋自 2008 年起列入国家假日，各地民间文艺挖掘、整理、弘扬工作如火如荼地展开。面对如此形势，中国民协的工作必须站得高、看得远，抓住机遇，乘势而上，科学发展。作为民协分党组成员之一，必须学习在前，思考要深，行动要快，信念要坚。

在学习方面，本人牢固树立共产主义远大理想和中国特色社会主义信念。结合党中央部署的学习任务和课题，努力思考民间文艺领域中的重大理论问题，思考如何在民间文艺事业中贯彻落实科学发展观，思考在重大的思想理论建设中发挥民间文艺的作用与功能，以指导我们的实践。认真学习了党中央关于思想宣传文化工作的精神、理论、要求，积极投身科学发展观学习与实践活动。撰写并发表了《从自在走向自觉——论保护非物质文化遗产在构建社会主义核心价值体系中的作用与地位》，全文九千余字，发表在《文化学刊》2008年第2期，并收入多种文集，在民间文艺界产生了较好的反响。撰写并发表了《论确立科学的非物质文化遗产观》，刊于中山大学《文化遗产》2008年第4期，本文七千余字，对非物质文化遗产保护的科学发展做了初步思考。2008年5月13日，在《人民日报》发表文章《亟待激活的民间文化资源》。2008年10月23日，在《中国民族报》发表《民间文学艺术著作权保护势在必行》。在学习实践科学发展观期间，结合调研与培训，撰写了《当前非物质文化遗产抢救与保护工作的现状与问题》。在纪念改革开放三十年之际，撰写了《抢救：中国民协三十年持续不断的文化行动》一文，刊发于《中国艺术报》，总结了三十年来中国民协抢救工作的经验与成就。这些学习与思考，努力将我们党的思想文化理论与我国民间文艺实践相结合，反映了本人的学习收获，有益于更自觉地推动民间文艺事业的繁荣与发展。此外，还两次参与文联全委会工作报告的撰写，参与中国文联三十年成就经验总结文章的写作工作。

在分党组工作中，坚持大局意识、团结意识，在贯彻落实民主集中制方面，也有较大进步。在工作中能坚持原则，坚持党性，团结为上，做好配角。工作从不推让，尊重各分党组成员，不推诿责任，不推托工作，敢于承担、敢于负责、敢于批评和自我批评。这一年工作中，分党组班子，团结一心，共谋发展，各尽所能，各尽其责，工作愉快，团结紧张，严肃活泼。在这样的工作氛围中，大家共同努力，取得了一个又一个成绩。本人分管的研究部、财务、抢救办、《民间文学》《民间文化论坛》《缤纷》等工作，得到了其他党组成员的理解与配合；别人分管的工作，自己也积极参与、贡献才智。这种工作局面的形成是分党组工作状态和质量的提升，也是个人思想修养提升与进步的重要收获。

二、勤奋努力，不虚度，不苟且，在大事件中出大力，拼尽才智，奉献人民的事业，成就民间文艺的新亮点。

2008 年，国家发生了三件大事："5·12"四川汶川大地震、奥运会、传统节日成为国家假日。三件大事都关乎民间文化遗产，中国民协没有缺位、缺席，本人也在其中做出了成绩。

在汶川大地震中，在冯骥才主席的率领和指导下，分党组紧跟党中央的部署，坚决执行文联党组的号令，迅速行动起来。本人积极发挥业务专长，与冯主席、罗书记等一起始终身处中国民协抗震救灾第一线。组织了紧急保护羌族文化遗产座谈会，奔赴灾区实地调研等。本人主持了北京和四川的现场专家座谈会。为了撰写一份有分量、有特色、有价值，能真正得到中央领导认可、重视的报告，从一开始本人就认真搜集、研究了灾区实况、灾区非物质文化遗产受损情况、灾区羌族和多民族文化遗产状况的各种信息资料，特别是在各有关部门都邀请了同一批专家广泛征求意见的情况下，如何形成有中国民协特色的报告，让我费尽了心力。为此在前后一个月当中，自己反复思考，做了大量笔记，在灾区时，为更深入了解未能进入的重灾区羌族文化情况，在四川调研时，我还彻夜收看四川卫视现场直播，搜集有关材料，印证自己的想法。回京后，连续熬夜，挑灯夜战，白天继续上班处理日常事务，终于写出《关于四川汶川地震灾后重建中保护羌族文化遗产的建议书》，计八千余言，共计提出四个大的方面建议和具体措施五十余条。如果仔细比较各种场合的专家建言，可以肯定，我们提出的建议既可行又新颖、准确，既有宏观战略性建议，又有具体实在可以立即施行的措施。很多内容都是其他专家会议上未被提及的具有独创性的。此建议经分党组领导和冯主席认定，上报中央领导。7月6日，在中央领导李克强、回良玉、刘延东、马凯等传阅后，温家宝总理在建议书上批示："此件所提建议应予重视，请总指挥部灾后重建组并四川省政府参考、研究。保护羌族文化遗产应纳入重建规划，提请总指挥专题讨论。"温总理的批示对我会工作是极大的鼓舞。有关建议随后即被纳入国务院灾后重建规划之中。乘着这股东风，我们又紧锣密鼓地开始了《羌族文化学生读本》的写作。本人发扬连续作战、不怕疲劳的作风，想到这是为灾区人民奉献爱心，是灾后重建的内容之一，我充满了激情、信心和责任。十数天来，我白天上班，晚上熬夜到两点，参考了大量文化读本的写法，写出全书提纲要目，又试写初稿，经冯主席、罗书记认可后，又一一写出全书，同时组织有关同志配齐图片，请设计家设计版式，又遵冯主席指示邀请羌族文化专家、《咬文嚼字》语言学家、民进中央教材专家审定、修改，冯主席也亲自一一修改文字，终于成形。此后与出版社紧急联系，每天晚上都去设计室核定版式，终于在一个半月内即出版《羌族文化学生读本》。9月7日，该书在人民大会堂举行首发式，受到各方好评。9月10日，温家宝总理再次就《羌族文化学生读本》做出批示："翻阅了一下，觉得很好。你们在保护民族文化遗产上又做了一项有益的工作。"9月12日，中国文联党组书记胡振民在中国民协的汇报材料上批示："温总理的重要批示，既是对民协工作的充分肯定，也是对文联全体同志的巨大鼓励。希望文联各级领导干部和全体同志进一步解放思想，振奋精神，奋发努力，开拓进取，力争在党和国家的全局工作中发挥更大作用。"胡书记的批示说得对，这是文联和民协全体同志的光荣，是文联党组和民协分党组正确领导的结果，是民协全体同志共同努力的结果。很多同志都为这两项工作做出了默默无闻的贡献。在这次地震大灾难中，我们与全国人民一起关注灾区，支援灾区，我们用自己的专业技术参与和支援了灾区重建，再苦再累，与那些抗震救灾第一线流血流汗的人们相比都是微不足道的。那一个时期，每天都处于高度紧张之中，睡眠很少，有时紧张得睡不着，有时半夜想起一个词、一段意思，又赶紧爬起来，眼底也充血了。但是心里充实，干劲十足，为抗震救灾作贡献的想法激励着自己，这也是我一生中最难忘的一次经历。这项工作检验了我们的政治素质、思想素质、业务素质，没有长期的民协工作经验，没有对党中央抗震救灾部署的准确理解，没有对非物质文化遗产抢救保护的长期关注、研究与经验积累，没有冯主席的高屋建瓴和敏锐的思想和思考，没有分党组和全体民协人员及四川文联民协的配合，我们不可能取得这样的成果。

在奥运会和残奥会期间，抢救办承担了在奥运村展示民间工艺的工作。这项工作筹备了一年多，从前期策划到后期展示，我都参与其中，并始终在各项工作中坚持要确保圆满完成此一工作。最后，受到了广泛的好评，并被评为奥运村金牌项目。7月2日，由我负责具体组织工作的迎奥运中国农民艺术大展获得成功，为奥运成功举办营造了良好的文化氛围。

在清明、端午、中秋、春节成为国家四大假日的时候，文联党组策划了一系列"我们的节日"活动，冯骥才主席亲自挂帅召开中国传统节日论坛。为落实这些工作，我和有关同志组织了一系列项目。与组联部同志落实了清明节民间工艺精品展，与中央电视台同志策划了清明节电视文艺晚会，与研究部同志组织了清明、端午文化论坛，并主持这两个论坛的研讨，取得成功。同时，我还主持了"我们的节日"清明、端午、中秋、春节四本图书的编撰工作，除了我自己动手撰写四本书的话说部分外，还设计了全书的体例，率领协会的一批同志编撰了相关的文字、图片。四本书的及时出版与其全新的体例，得到了社会好评，被纳入新闻出版署百部图书推荐书目。两个论坛的论文集也审定完毕，近期将出版发行。

2008年，中国民协还开展了一系列大型文艺展示与展演工作，本人负责牵头组织实施的主要还有：

成功举办第七届中国民间艺术节。由于种种原因，中国民间艺术节举办遭遇了突发的困难。筹备工作自 2007 年就开始了，2008年 5 月利用在湖南举办端午节之机，我和赵副秘书长、组联部、评奖办等负责同志专程在长沙与市、县和省民协负责同志会商具体工作，察看演出场地和接待住宿条件，所有工作都得到了市委宣传部负责同志的赞同，并表示要共同把这一件好事办好。但是直至 7 月，仍未最后落实，并导致最终取消此一活动。为此我心急如焚，紧急与组联部商榷对策，并另择举办地。在广东省民协的大力配合下，迅速确定新的举办地，并与广东省委宣传部迅速达成系列共识，多次赴广东番禺接洽举办艺术节的具体工作。经过紧张的联络、协调、组织工作，第七届中国民间艺术节终于如期于 10 月中旬在广东广州市番禺区举办。本届艺术节盛况空前，23 个省、35 支队伍、1000 多名演员参加表演，100 多万群众观看，并且举办了大型电视文艺晚会，举办了民间文艺专场演出，举办了民间工艺精品展，举办了高层学术论坛，举办了抢救工程成果农家书屋捐建工作。艺术节产生了预期的效果，并在前几届的基础上，有所发展，有所创新，有所提升。

我还参与主办首届青海国际唐卡艺术节与非物质文化遗产博览会，成功主办首届中国客家文化节，举办剪纸艺术大展，举办木版年画抢救与保护国际论坛并组织和主持了会议，举办中日非物质文化遗产保护论坛并主持会议，参加赴台学术交流并在国际海洋文化研讨会上做主题发言。

抢救工程和三套集成工作也取得重大进展与突破。2008 年成立了中国民间文艺研究所，由我任所长。在一无编制、二无经费的情况下，研究所的专家参与了 2008 年协会举办的一系列论坛和调研工作，为协会的学术发展做出了一定的贡献。抢救工程工作这一年又有新的推进，年画集成在冯主席指导下，全面安排了进度，出版了多种卷本，特别是出版了绵竹年画卷捐送灾区，做了一件及时的有意义的工作。唐卡、服饰、剪纸、故事全书也都抓出了一批成果待出版。抢救工程工作还与协会节会活动、学术论坛相结合，举办了首届中国年画节，在广东开展古村落普查，在山东高密和淄博举办民间艺术节、工艺博览会，在上海举办农民画展等。

三套集成至年底已基本完成全部审稿工作，2009 年有望出齐全部三套集成向国庆六十周年献礼。

2008 年，我分工负责的三个刊物和网站工作也取得重大突破。在文联出版领导小组的指导下，三个刊物进行了清产核资工作，完成了清理整顿工作，解除了两家合作伙伴，使办刊工作步入正常化、正规化。《民间文化论坛》完成改为双月刊，并定位为学术双月刊。《民间文学》完成改为月刊工作，内容与形式都有很大改进。《缤纷》完成合作重组，避免了一号多刊的风险，由一家广告公司独立合作上、下半月刊。网站进行了全面充实和及时报道功能。

财务工作坚持遵守国家法规法纪，专款专用，并加大创收。年底，一次性为离退休老干部补发生活津贴七十万元。多次接受并通过审计部门审查。

三、坚持廉洁自律与勤政勤勉，以身作则，吃苦在前，事业为先，把无愧于时代和人生作为座右铭，为民协的发展和民间文艺事业繁荣而不懈努力。

自觉遵守廉洁自律的要求，干干净净做事，正正派派做人。履行联络、协调、服务的职能，对地方民协、地方政府、社会各界的工作往来，以服务的理念开展交往与工作。管理财务工作以来，从未以个人名义花公家钱请客，不搞假公济私，不利用职务之便谋个人私利。拒收各种礼品，坚辞不掉的工艺品或礼品都上交协会有关部门。在工作中不计得失，勤奋勤勉，从不无故迟到早退。去年全年工作十分紧张，二十余天的暑休只休了三天。一般小病小不适依然坚持上班。许多工作特别是文字工作，经常是回家后晚上加班，平常晚上则读书、研究、写作，无沉湎娱乐场的不良嗜好。我的总体的自我要求是：工作要投入，要对得起党和组织，不能尸位素餐，不能占着茅坑不拉屎；专业上要有上进与追求，有学术兴趣与爱好，所以业余时间也很充实。工作也需要专业知识的深入才能做得更好。所以上下班干的都是一件事，都是互补的。没有工作中的全盘统揽和行政经验，就不能了解全局；没有业余的学术追求，就不可能把工作做到位，做到高度专业化。比如2008年发表了一篇论文被人大资料《文化研究》和《新华文摘》转载，其中许多学术观点与思考大大帮助了我在羌族文化保护中建议书、读本等的写作。近期将有一本《解读非物质文化遗产》的专著问世。

四、几点收获。

2008年是最令我难忘和感慨的一年。这一年我自己在工作中的最大收获是：

（一）把党的政治理论学习、理论武装工作与所在领域、专业、事业相结合，眼界更开阔了。

（二）在重大事件、突发事件发生时，学会了不仅要做出一般性的反应，还要立刻结合本专业、本领域、本单位实际进行联系，并做出高水准的回应。

（三）在处理疑题难点上有了进步，无论是地震应急还是艺术节临时变更，执行能力、应变能力都得到了提高。在处理三个刊物整顿与改革、变更期刊中，处理方法与结果也是基本令人满意的。

（四）学会了更多地帮助、调动部门干部群众的积极性，不仅要提要求，也要具体研究，真抓实干。

（五）与地方各个方面交往、工作、联络、协调的能力进一步加强。

　　　　这是幸存下来的一份本书作者2008年工作总结。这一
　年大事特多，也是作者在中国民协工作的倒数之年。其时

作者任中国民协分党组成员、秘书长，文中可以见出分党组工作与冯骥才主席的密切性。这一年我们一起做了很多后来看起来都是惊天动地的大事。2010年，作者调任中国艺术报社社长、总编。后来的经历证明，我和冯骥才主席一起工作的十二年，使我大受裨益，习得了一种高视野、大立场、敏锐性和判断力。主持中国艺术报社工作以后，短短的时间，报纸风生水起，一时间颇为引人注目，这有赖于冯骥才先生给我的示范。这份文字里也有其端倪，故留此存照。

生活实践与理论学术比翼齐飞

——2009 年中国民间文艺发展态势述评

2009 年是新中国成立六十周年的大喜大庆之年，也是国际金融危机继续蔓延使我国经济面临重大挑战与考验之年。中国民间文艺事业坚持"二为"方向和"双百"方针，充分发挥激励信心、和谐社会、活跃市场、丰富生活的优势，为营造生动活泼的社会氛围，为强固民族精神，为繁荣文艺创作，为激发文化产业和文化市场的活力，为传承优秀的非物质文化遗产，为彰显与保持文化多样性，发挥了积极作用，取得了可圈可点的业绩。

一、"我们的节日"蓬勃展开，继承优秀传统文化，丰富人民文化生活，拉动节日经济。

随着春节、清明、端午、中秋列为国家假日，民间文艺的大发展、大繁荣赢得了无比广阔的发展空间和无比优越的社会环境。节日本来就是民间文艺大展示的舞台和生存传承的根基，在国家制度的层面对节日、假日加以合并，不仅是国家假日制度的重大调整，也是国家文化制度的伟大变革。我国民间文艺发展迎来了空前的机遇。在中宣部、中央文明办的倡导下，"我们的节日"活动蓬勃开展。2009 年的春节迎来了最富传统年味的新时代，各地传统的和新兴的春节庙会一派红火。郑州商都民俗庙会、上海传统庙会、北京各大公园庙会、南京夫子庙庙会、福州南后街庙会、厦门海峡春节焰火晚会、河北正定大庙会、山西太原龙城庙会、深圳"印象中国狂欢"、湖北武当山庙会、长春"寻找年味"大庙会、长沙九州庙会、张家界"狂欢张家界"、合肥三河古镇民艺节、陕西三原花馍节、天津"万民赛灯会"、浙江桐庐千人腰鼓会、四川绵竹年画节、河南浚县古庙会，等等，各地春节文化全面激活，既有传统内容，又有时代新风；既有民俗规制，又有创新发展；既有娱乐狂欢，又有节日市场、假日经济。据不完全统计，2009年春节从大年三十至正月初六，全国就实现社会消费品零售总额2900亿元，比上一年同期增长13.8%，实现旅游收入509.3亿元，增长23.6%。其中39个重点旅游城市监测的177家商业企业共实现销售收入58.4亿元，比上年同期增长6.5%；监测的172家餐饮企业共实现营业收入5.8亿元，比上年同期增长11.9%。这是在全球金融危机日盛一日的背景下发生的经济奇迹，显示了传统节日文化的强大经济推力，也展示了中国人民面对金融危机对中国特色社会主义事业具有坚定的信念与信心。

2009年的春节、清明节、端午节、中秋节节日期间，中国民间文艺家协会组织全国民间文艺工作者分别在陕西咸阳举办了全国花馍艺术节，在山西介休绵山举办了第二届中国清明寒食文化论坛，在广东东莞石楼举办了全国龙舟文化节及端午文化论坛，在湖北咸宁咸安举办了嫦娥文化论坛。这些活动，发掘与展示了独特的地域节日文化，研讨了节日文化现代转型的重大学术问题，推进了"我们的节日"活动的深入持久展开，探讨了传统节日文化与现代假日生活的继承与发展关系，在全国产生了以点带面的积极效应。"我们的节日"活动的广泛开展，进一步强化了节日的全民性、参与性，使人民群众的文化生活更加丰富多彩，节日旅游、节日经济、节日市场进一步活跃，也使越来越多的优秀节日传统和独特文化振衰起颓，大放异彩，节日中蕴含的和谐、欢乐、喜庆、慎终追远、缅怀先贤、热爱自然、传统美德得到弘扬和传承。

二、共庆共和国六十华诞，展示民族大团结的风采，以优秀的作品和业绩装点祖国文艺百花园。

在普天同庆中华人民共和国六十华诞之际，中国民间文艺界在2009年也展示了各民族民间文艺的繁荣景象和辉煌的业绩。

中国文联、中国民协于2009年11月在北京举办了盛大的"缤纷中国——中国民族民间服饰文化展"。展览囊括了五十六个民族最具代表性的服饰作品，以"缤纷技艺"版块展示民族民间服饰的精湛技艺和传承人的服饰制作手艺；以"缤纷服饰"版块展示各民族的服饰文化的丰富意蕴、色彩、款式、文化；以"缤纷成果"版块展示各民族民间服饰文化的抢救、保护成果；以"缤纷艺术"版块展示民族团结、平等、繁荣的民间艺术创作作品。展览充分展示了我国民族团结、进步的伟大现实与辉煌成就，展现了中华服饰文化的多样性与丰富性，让广大观众更深入深刻地认识我国各民族服饰文化的深厚内涵以及蕴藏其中的民族精神。展览以传承人现场演示、珍贵服饰陈列、服饰歌舞现场表演、服饰习俗展现与解读、大屏幕多民族服饰影像展映、现代时装民族风走秀等生动活泼、立体呈现、多维展示的全新方式，吸引了大批观众，被誉为民族团结的生动呈现。

在国庆节期间，中国民间文艺界还在江西婺源举办了全国鼓舞鼓乐展演。来自新疆、云南、贵州、江西、湖南、山西、河南等二十余个省、市、自治区的民族民间表演队带来了二十余个民族的民间鼓舞鼓乐，展示了手鼓、腰鼓、木鼓、铜鼓、花鼓、盘鼓、锣鼓等多姿多彩的鼓文化，共庆祖国六十华诞。鼓乐喧天，鼓舞蹁跹。中华鼓文化的斑斓多姿，各民族风采各异的鼓舞鼓乐，表达了全国人民欢欣鼓舞的心情。这项活动也从一个侧面揭示了我国民间文化资源的丰富性，可以从各个角度予以挖掘、展现，可以独具魅力地表达人民的情感，可以极大丰富人民文化生活。

2009年国庆期间，第九届中国民间文艺山花奖评奖揭晓，并在浙江宁波鄞州举行盛大的颁奖晚会。本届山花奖获奖作品共分民间表演艺术奖、民间文艺学术著作奖、民间文学作品奖、民间工艺美术作品奖、民间文艺成就奖、民俗影像作品奖等，共有百余项获奖项目。民间表演艺术类获奖作品最突出的特点是多民族性、多地域性。有以原生态取胜者（如云南德昂鼓乐舞、新疆维吾尔族手鼓舞、湖南苗族花鼓等），有以继承创新俱佳取胜者（如河南盘鼓表演、广东番禺抬阁《赛龙夺锦》等）。民间文艺学术著作奖有一批重大学术成果获奖。《中国民俗史》是著名学者钟敬文先生领衔费时十余年完成的填补学术史空白的大部头学术著作，《中原文化大典·民俗典》（张振犁等著）、《浙江民间故事史》（顾希佳著）、《中国花儿通论》（武宇林著）等是地域民俗、专题研究的重要成果，《空间、自我与社会：天桥街头艺人的生成与系谱》（岳永逸著）、《土家织锦》（田明著）、《中国民俗文化志·北京·门头沟区卷》（刘铁梁主编）是作者们对具体的民间文化进行调查和研究的成果，在方法论上具有开创性。民间文学作品奖中的《喀左·东蒙民间故事集》（十二卷）以汉语、蒙古语对照，具有双重的文化价值，《陆瑞英民间故事歌谣集》（陆瑞英、周正良等著）在探索科学记录与整理上耗时数十年，文本呈现全面、科学、经典。民间工艺美术作品则凝聚着民间手工艺术的精华，许多独门绝技、鬼斧神工深蕴其中；题材上也百花齐放，显示了民间匠艺的巨大创作潜力。民俗影像获奖作品代表了用影像手段记录、呈现民俗文化的独特价值，是艺术性、观赏性、思想性统一的精品力作。

三、时不我待地抢救与保护非物质文化遗产，不断总结田野经验，创新保护方法。

2009 年，中国民间文化遗产抢救工程获得一批重大文化成果，中国的抢救经验受到国际学术界关注。中国学者及时跟进全社会的非物质文化遗产保护运动，并在其中发现问题，研究难点，破解难题。

5 月 12 日，在汶川地震一周年纪念之际，中国民间文艺家协会推出了一批重要抢救成果，即《羌族口头遗产集成》，包括神话传说卷、史诗长诗卷、民间故事卷、民间歌谣卷，共计二百余万字。

这是震后抢救羌族文化遗产的重要成果，也是羌族口头文学首次全景式呈现，资料来源于散落在数十位长期调查羌族民间文学的民间文艺家手中的第一手材料，这些散落的珍贵资料重新聚集，使被地震完全损毁了的羌族口头文学又有了完整的文化档案，并且代表了当代羌族口头文学搜集整理的最新也是最高的成就。《濒危羌文化》则是西南地区高校民间文艺师生震后全面调查羌文化受损情况并提出拯救对策的现场报告。这些成果为紧急抢救濒危文化遗产积累了经验，探索了可行的方法与途径。此外，《中国木版年画集成·绵竹卷》也及时出版，为受灾的四川绵竹年画留下了震前的全记录，对灾区恢复重建其文化具有重要的现实意义。这些成果都被及时捐赠给灾区人民。

在6月份我国国家文化遗产日之际，中、日、韩三国非物质文化遗产专家在天津大学冯骥才文学艺术研究院召开了"田野的经验——中日韩非物质文化遗产保护论坛"。三国学者交流了各国最新的保护措施、技术、方法、成果。中国的经验与成就引起日、韩学者的极大兴趣和高度评价。三国学者还达成了抢救保护非物质文化遗产的学术共识，包括：田野调查与记录是非物质文化遗产保护的第一要义；田野需要理论，理论要指导田野；要以科学的方法与多样化的方法保护文化的多样性；在国际化、全球化、高科技化的时代对非物质文化遗产的调查记录与存储传播要及时地实现技术高端化；积极把握田野记录从学术性向保护性转向的学术方向。

2009年，民间文艺界专家学者还特别关注到目前非物质文化遗产保护中的一些值得忧虑的现象，并针对性地提出了对策。

比如，非遗项目被盲目改造变形。专家指出，一些地方唯恐当地的民俗歌舞太土或不美，添枝加叶，乡、县、省层层改造改编，到北京展示时已面目全非。苗舞成了霹雳舞，侗歌成了美声唱法，民间剪纸变成现代美术，木雕成了机器作业，木版年画改为丝网印刷等等。

比如，商业化催生民俗变味，非遗成了旅游经济的工具，不问时间、地点和遗产性质一味在景区搬演非遗项目，过度开发，民俗的虔敬和本真之美荡然无存。

专家建议，要学术性地揭示文化的特性和意义，要避免长官意志，要尊重民俗主体，要树立文化自信，要坚持文化的个性。要把民众的主体性、现实境遇和要求切实地考虑进来，真正把文化遗产的保护工作变成一项发自民众又服务于民众的事业。

可喜的是，2009年里更加具备学术理性的更大范围的全民性抢救保护非物质文化遗产运动也在强力推进。中国民间文艺家协会、法国电影学院（北京）、新浪网播客等联合主办了用影像记录民间文化遗产的"记录正在消逝的文化"活动，受到网民的热捧，一大批具有发现性、抢救性、保护性、艺术性的DV作品在网上热播。中国民间文艺家协会还与国家教委大学生在线网站联合举办了"我发现、我记录、我传承"的大学生寒暑假文化行动。山东省诸城市民协开展了中学生假期采写民间口传文学遗产活动，万余名中小学在校生参与，获得六千余份有效记录，普及与传播了乡土文化遗产。学生们的足迹到达全市村村户户。全国众多的中小学校开始尝试将本地优秀民间文艺编成乡土文化教材，让青少年学习、实践、传承优秀文化遗产。专家学者也及时指出，非物质文化遗产纳入中小学教育势在必行。

四、中国成为非物质文化遗产大国，全社会非遗热潮此起彼伏。

2009年10月，联合国教科文组织保护非物质文化遗产政府间委员会第四次会议批准第四批人类非物质文化遗产代表作，中国二十五个项目入选，总数达二十九个，居世界各国之首。新一批入选的世界代表作包括传统桑蚕丝织技艺、南音、云锦织造技艺、宣纸传统制作技艺、侗族大歌、粤剧、格萨尔、龙泉青瓷传统烧制技艺、热贡艺术、藏戏、玛纳斯、花儿、西安鼓乐、朝鲜族农乐舞、书法、篆刻、剪纸、传统木结构营造技艺、端午节、妈祖信仰、雕版印刷技艺、呼麦，以及列为急需保护的非物质文化遗产名录的羌年、黎族传统纺染织绣技艺、木拱桥传统营造技艺等。这些代表作，绝大部分属于民间文学艺术文化的范畴。随着非物质文化遗产保护的日益深入，非物质文化遗产与民间文艺也日益交叉交融，呈现互动互补的文化格局。我国非物质文化遗产随着世界性代表作的数量提升，以及我国保护工作的迅速升温和全民热潮，中国经验在国际上广受关注。我国已形成了纵向四级非物质文化遗产保护体系，形成了统一协调的多门类多部类联合的横向联合保护机制，形成了由代表作、传承人、生态区、博物馆、图书馆、文化馆、研究中心、学术中心、传承基地、教育基地构成的保护格局。

中国成为非物质文化遗产大国，全社会非遗热潮此起彼伏。在某种意义上说，2009年也可以说是我国的非物质文化遗产保护年。二十五个项目入选人类非物质文化遗产代表作，使拥有这些项目地区的人民欢欣鼓舞，各地纷纷举行庆祝会。除了非遗申报获得重大进展外，本年度还有几件大事为非遗热潮推波助澜。年初，十五部委联合在京举办中国非物质文化遗产传统技艺大展，随后"根与魂——中华非物质文化遗产展"和"国风——中华非物质文化遗产专场演出"轰动台湾地区，广东与东盟非遗保护传承交流在广东举办，西藏举行非物质文化遗产汇演纪念百万农奴解放，全国完成首次非遗普查，全国少数民族非遗项目调演在京演出，中国民族民间十大文艺集成志书完成全部三百余卷出版工作，第二届中国成都国际非物质文化遗产节和非物质文化遗产国际论坛在成都举办，等等。

非物质文化遗产学术研究也同步跟进，各种专题学术讨论会、国际学术交流频繁举行，各大报刊纷纷设立专刊、专栏，国内重要学术期刊发表了大批学术论文，总量达数百篇。虽然学术研究中学术标准并未统一，学术话语歧见迭出，学术概念阴错阳差，学科依据各执一词，显示出非遗作为学科的草创性、初始性、不成熟性，但发展势头强劲，参与人员众多，在学科与学术上出现勃勃生机。

2009 年的中国民间文艺是进一步大发展、大繁荣的一年。民间文艺事业面临大好机遇，也遭遇空前挑战。在机遇和挑战面前，中国民间文艺界积极应对、努力作为，取得了不俗的成绩。但是，民间文化的消失和消亡依然在继续，保护性破坏、建设性破坏的新情况新问题也日益凸显，专业知识普及程度低、专业人才匮乏现象十分突出，传统文化的现代转型在理论与实践层面都有待深入把握，政府、专家、社会如何形成合力的有效机制尚未建构，民间文化资源、文化市场、文化产业有效有机整合的成功经验尚不多见，民间文艺学研究空白尚多，等等。民间文艺界任重道远，还需努力再努力。

刊发于 2010 年 11 月 5 日《中国艺术报》。

中法文化遗产保护的一种世界性眼光

中国和法国在文化上都可以称得上是历史悠久、星光灿烂、名家辈出、影响世界、独领风骚于一时的。一个在东方，一个在西方，文化不同，精神相通。

二十世纪八十年代以来，特别是九十年代末，中国知识界对民间文化保护问题给予了空前关注，展开了热烈讨论。在所有议论中，最有共识的一个问题是，中国北京老城民居保护必须给予深切关注，北京的老城墙、老胡同、老四合院、老家具、老物件不能再破坏，不能再散失，不能再弃如敝屣了！学者们把目光投向西方，投向巴黎，他们钦羡巴黎老城、老房子、老街道、老区的保护，回首中国北京，深深叹息：如果老北京能像巴黎一样保持它的古老传统和面貌（半个世纪前中国学者曾经强调过对它的保护），那今天又是怎样一件幸事和美事！人们呼吁，要向巴黎学习，保护古都风貌。由于在保护传统民族民间文化方面对法国经验的认同和重视，巴黎对民间文化保护的举措，就格外被中国知识界看重。2002 年，中国《光明日报》驻法国记者发回一则报道：历史学家们新近发现了一百多年前巴黎现状改造时的规划图。从那时的规划中发现，今天的巴黎看似保留了众多的原状，实际上还是拆毁了大批有价值、有代表性、有民族民间传统和特色的老建筑、老街区。法国学者惊叹，如果老巴黎保留得更多些，巴黎的今天会更美，法国学者们为此不胜唏嘘！这也令中国文化人自愧弗如。

法国人对自己的文化遗产一向就有一种世界性的眼光。早在1789年的法国大革命之际，随着革命的胜利，法国上下都在关注和讨论一个共同的话题：对于旧王朝象征的皇宫和其他文化遗产，是应当按照偶像摧毁主义者宣传的那样，把这些遗产当作旧王朝的象征而加以毁灭呢？还是出于对艺术的尊重保存它们，以便教育人民呢？在一边讨论、争辩之际，革命的风暴也一边在摧枯拉朽，大量地破坏着。直到1794年，亨利·格里哥利提出的观点终于占了上风。他的意见是："只有野蛮人和奴隶才会厌恶科学、毁坏艺术；自由的人是热爱它们、保存它们的。"与此同时，法国最早的博物馆出现了，这就是1793年在王室藏品基础上建造的卢浮宫。也是从那个时候开始，法国人开始登记记录文化遗产，形成了编制文化遗产目录的传统。数十年后，这种文化保护的观念，一方面深入民心，一方面被文化大家提升为一种闪光的思想。1832年，法国杰出的文学巨匠雨果写道："无论产权归谁，历史性和纪念性建筑物都必须免遭那些恶意投机者的损害。因为在那些人的身上，功利心湮灭了荣誉感。每座建筑都有两方面的意义：功用的和审美的。它的功用属于其所有者，而美却属于全世界。因此，它们的所有者无权对其加以破坏。"雨果无愧是法国也是世界伟大的文学家和思想者，他在一百多年前所具有的全球性的眼光和胸怀，本身也是一种具有世界意义的智慧之美。雨果还曾抨击过法国侵略者抢劫焚毁中国圆明园的强盗行径，希望有朝一日，那些用强盗行径抢劫到法国的中国珍宝能返还故里。这些保护文化和遗产的思想对中国产生了深刻的影响。

法国学者中对中国民间文化保护影响至深的还有两位人类学家：列维·斯特劳斯和列维·布留尔。列维·斯特劳斯在对原始民族和民间文化研究中提出了影响世界的结构主义理论；列维·布留尔则深入研究了原始民族的原始思维，指出了这种思维的独特形式和方式。这两位学者的多种著作在二十世纪初就陆续译入中国，二十世纪八十年代后则有更深入的评介、评述和研究。他们的学术思想和学术成果，启迪中国学者：民间文化、原始后进民族文化具有无与伦比的珍贵价值，它的深层结构影响着全部人类的历史和文化，它的思维形态具有独特性和体系性。他们对原始民族和民间文化的研究不仅开启了现代人文社会科学各个领域一个崭新的通道和窗口，而且极大地发掘出民间文化的历史、人文、社会、科学、美学的价值，广泛而深入地宣传与普及了民间文化的知识与常识，改变了"文明人"对民间文化的漠视和轻视。这种现象同样发生在中国。中国学者在学习、介绍、运用他们的学术成果时，反观了中国多民族的民间文化，在获得大量重要学术成果时，也宣传和弘扬了中国民间文化遗产。笔者曾亲见北京大学一位对结构主义情有所钟的教授在我们中国民协组织的一次全国学术会议上，宣讲他对结构主义神话学的研究心得。这个会议因为是重点研究一个地域民间文化，故有很多地方基层文化爱好者参与，他们听了结构主义，感到十分新鲜，纷纷询问结构主义之结构的细节，听完后高兴得不得了，感叹：原来民间文化还可以这样做学问！原来口头神话还有如此深刻的文化内涵！

1999 年年底，中国著名作家、学者冯骥才先生应邀访问法国，法国的文化保护特别是民间文化保护的经验与成就深深地吸引和打动了他。回国后，他以系列"法国文化考察随笔"的形式，连续发表《城市的文物与文化》《城市的历史》《家庭的遗产》《活着的空间》等文章，产生广泛影响。冯先生对巴黎乃至法国在文化保护上从古典文物扩展及生活文化民间文化，赞赏有加，并由此迸发出自己思想的无数火花。他敏锐地指出，文物与文化在城市保护中，各有所指。文物是指名胜古迹，它们多是历史上皇家与宗教遗产中的精华，显示着一个城市文化创造的极致；文化的内容却广泛得多，更多是表现在大片大片的民居中，各个民族、地域、城市的文化都是一方水土独自的创造，都是对人类多元文化的一己贡献。失去了自己的文化，就失去了自己的个性特征，乃至一种精神。从文化整体上说，也就失去了其中一个独特的文化个性。这就是民间文化的意义。

冯骥才发现，巴黎和法国在保护民间文化遗产方面有几个做法和经验特别值得学习：

一是自 1964 年开始，在当时的文化部长马尔罗的倡议下，进行了法国文化史上最重大的一次文化遗产的总普查。这次对遗产的清理，涉及全法的六千个市镇。其口号是"大到教堂，小到汤匙"，悉数登记造册，工程浩大，巨细无遗。冯先生认为，这一历史性的行动不仅把祖先留下来的财富搞得心中有数，更重要的是它大大加强了全民对民族文化的自豪感以及对乡土的热爱。特别是这个总普查是在法国社会现代化的高潮中进行的，使文化遗产经受住了时代变迁的冲击，完美地捍卫了法兰西独有的文化精神。

二是巴黎大片大片的老屋老街原汁原味地保护了下来，保护者是巴黎人自己。他们在报上写文章，办展览，成立街区的保护组织（如历史住宅协会、老房子协会等），宣传这样一种观点：这些老屋不仅仅是建筑，老街也不仅仅是道路，它们构成了历史文化空间。巴黎人的全部精神文化及其长长的民族之根，都深深地扎在这空间里，并且仍然活在生活中，直至巴黎对民间文化有了切实的保护措施，划定了民居保护区和制定了保护民居的法规。民居作为文化遗产还得到了国家的保护。

三是法国设有专门的文化遗产学院，每年 9 月还举行"遗产日"活动，成立了"遗产基金会"，民间文化遗产，如洗衣房、喷泉、市场交易所这些不起眼的文化被当作"民族景观的组成"，受到关注和保护。

冯骥才的文章在中国发表之时，中国也正经历着现代化最关键的时期，农村城镇化、城市趋同化风起云涌，民居、旧宅、古村、老街一片片被摧毁，整个社会保护民间文化遗产特别是民居的观念几乎没有。由此掀起了广泛的讨论。

2001 年，冯骥才出任中国民间文艺家协会主席，同年，中国民间文艺家协会根据冯骥才建议，发起并实施中国民间文化遗产抢救工程。我们的口号是："大到古村落，小到香荷包"（这个口号的提出，显然受到了法国的影响）。在全国开展中国民俗文化、民间文艺的全面普查，用文字、摄影、录音、摄像对中国民间文化遗产进行活态记录，建立中国民间文化遗产名录，出版系列图书与成果，建立数字化的民间文化资源数据库。

对民间文化的保护和重视，中国自古以来还是有着伟大的传统的。早在三千多年前的西周时代中国就有了采诗采风的制度，设有采诗之官，观风俗，知得失。先秦时代的中国著名的文化典籍《易经》《仪礼》《周礼》《礼记》《尚书》《山海经》等均有风俗和口头文学的记载。中国第一部伟大的诗歌总集《诗经》，就是以采集的民歌民谣为主体，并从此影响了中国文学数千年的历史进程。在以后的历史长河中，中国的古籍文化中记录、保存了大量历代口承文化的精华。1918 年北京大学著名的学者刘半农倡议、发起了搜集近世歌谣的文化运动，成为新文化运动的一个重要内容，并开创了中国民俗学的近代历程。1942 年，为体现为人民服务的文艺宗旨和开展向人民学习的文艺运动，解放区的文艺工作者响应毛泽东同志的号召，掀起了大规模的采风热潮，并获得丰硕的成果。解放后，1950 年在党和政府的领导、支持下，成立了以著名学者郭沫若为主席的中国民间文艺家协会，专事民间文艺的搜集、研究和民间文艺事业发展的规划。1958 年进行了全国性的新的采风运动。二十世纪八十年代，又开展了中国民间文艺十大集成志书的普查与编纂工作。这十大集成包括了民间故事、民间歌谣、民间谚语、民间舞蹈、民间音乐、民间器乐、民间戏曲、民间曲艺等。其中仅民间文学三大集成 1984 年至 1990 年便发动了全国约 200 万人次参加普查和搜集工作，共记录民间故事 184 万篇、民间歌谣 302 万首、谚语

748 万余条，总字数超过 40 亿字。各地编选地方卷本 4000 余种，内容包括全国五十六个民族和各个地域，至 2004 年还将出齐每卷 150 余万字的国家卷 100 余卷。在普查中还登记注册了一批民间故事村、民歌村，全国讲述 50 则以上的各民族民间故事家备案的有 1 万余人。此外，藏族、蒙古族、柯尔克孜族的三大史诗，赫哲族的长篇"伊玛堪"，达斡尔族的长篇"乌钦"，傣族、彝族、苗族、侗族、纳西族、瑶族等民族的神话、古歌、叙事诗，中原地区的古典神话，江南汉族的十大叙事诗等浩如烟海，不胜枚举。这些成果，大多是首次记录、首次发表，极大地丰富了中国文化、文学、艺术的宝库，也改写了中国文化史、中国文学史的旧论。

但是，中国地大物博，人口众多，民族多样，历史悠久，特别是五十六个民族千万年来形成的风俗文化，博大精深，包罗万象，现已普查、搜集、抢救的只是其中极小的一部分内容或某些个别的形态和形式。目前的状况是：一大批老艺人的民俗技能随着他们年届高龄，后继乏人，正在人亡艺绝；一大批珍贵的民间文化遗产在乡村都市化、城市现代化的进程中迅速毁灭。如，许多古城镇在城市改造中毁于一旦，服饰、铜鼓、家具、玩具等民族民间典型文化器物大量无限制地流失海外，年画、皮影、木偶、傩戏等由于民间文化生存土壤和文化生态的破坏日渐式微或急剧消失。总之，许多民俗文化、民间文化遗产，我们还没来得及记录和记住它们，就悄然远我们而去。许多民俗文化和民间文化遗产，本可以保存、传承和发展的，也过早地被人为毁灭和抛弃。只因经史子集汗牛充栋，民间文化就长期未被视为珍宝。特别是中国有史以来，像二十四史和四库全书那样的大型文化工程曾经有过多次举措，唯民俗文化的全面普查、民间文化遗产的全面清理从未有过。此种情状，不仅亟待为民间文化遗产的保护立法，也亟待开展抢救性普查，抢救性搜集、整理并确定中国民间文化遗产名录。

抢救和保护中国民间文化遗产一直得到中国政府的关注和支

持。中国政府在中国民族民间文化遗产的立法保护方面开展了积极的工作，有望尽快出台专项法律法规。

中国对民间文化的保护，具有鲜明的中国特色：一、侧重口头和非物质遗产，兼及民居、民间工艺品、民俗器物；二、具有多民族性，五十六个民族的民间文化遗产受到保护，内容丰富，形态多样；三、记录方法和手段充分利用现代科学技术成果，声、光、影、文的记录齐头并举；四、采取政府主导、社会参与、专家指导的原则，上下结合，点面结合，专家与群众结合；五、积极借鉴世界各国好的经验和做法；六、抢救和保护同步进行，文物保护和民间文化保护正在协调进行；七、传人的保护和民间文化传承的教育得到规划和计划。

虽然现代意义的民间文化保护中国起步较晚，但目前中国民间文化遗产抢救和保护的前景还是令人可喜的，起点比较高，力度比较大，范围比较广。希望中法两国加强民间文化保护的交流，互促互进，共同为人类文化的发展和进步做出贡献。

本文选自向云驹著《中国人文地理与生态美学》，中国文联出版社 2015 年 1 月出版。

与教科文组织合作：三大难题的破解与应对

——在"联合国在华三十年"文化讲坛上的演讲（上海）

尊敬的各位嘉宾、女士们、先生们：

大家好！

中国民间文艺家协会是一个成立于1950年，迄今已有近六十年历史的专家性专业性人民团体。近六十年来，中国民间文艺家协会对中国口头文学、手工艺技艺、民间美术、民俗表演、民间音乐舞蹈戏剧、民俗文化等中国民间文化遗产和非物质文化遗产进行了不遗余力的声势浩大、持久深入的抢救与保护工作。六十年里，中国民间文艺家协会通过对各民族民间文化的调查、整理、研究，实现了对中国有语言无文字的少数民族文化的系统整理，重新书写了各少数民族的文化史；实现了对汉族口头文化传承的深描和新写，整理出中国民间文化、口头文化、非物质文化遗产的活态情状，记录了中国文化的非官方、非圣贤、非文献、非文字、非物质化的另一半壁江山。六十年里，中国民间文艺家协会组织领导全国民间文艺界开展了数次大规模的民间文化抢救与保护工程，其中，对全国各民族民间文学进行了历时二十五年的普查、整理、出版，获得了四十亿字的成果，已出版每卷一百五十万字的中国民间故事集成三十卷，中国歌谣集成三十卷，中国谚语集成三十卷；整理资料本四千余种。对中国民间美术资源、中国民间木版年画、中国民间泥彩塑、中国民族民间服饰文化、中国民俗文化、中国古村落文化、中国藏区唐卡艺术、中国民间叙事长诗、中国中原口传神话、中国三大史诗、中国多民族创世神话、中国剪纸艺术、中国民间节日文化等等均开展了全面调查、科学记录、深入研究。全国每一个县乡村都有我们的专家和搜集采录者的身影，发现并命名了一百六十六名中国民间文化杰出传承人，发现并登记能讲五十则以上民间故事的民间讲述者一万余人。

中国民间文艺家协会六十年来取得的成绩与成就举世瞩目，也受到联合国教科文组织的高度肯定与好评。

实际上，六十年来，有三大难题或困惑始终伴随并困扰着我们的抢救与保护的历程。这三大问题是：一、如何对无形的非物质文化遗产实现科学的记录？二、如何应对文化濒危，更多地去发现我们未知而又深藏的民间文化遗产？三、如何让传承非物质文化遗产的老百姓和人民群众以及社会全体更加珍视自己创造的文化并加以很好的弘扬？

自从联合国教科文组织在北京设立办事处以来，中国民间文艺家协会与北京办事处就以上三大难题的破解进行了紧密的直接的合作，产生了积极而广泛深远的影响。

先说第一难题：如何对无形的非物质文化遗产实现科学的记录和科学的有形化？2000年至2003年，中国民间文艺家协会与联合国教科文组织北京办事处联合实施了中国少数民族文化遗产保护项目。展开了对西北、东南数十个少数民族几百名民间歌手的调查与记录。这个项目的实施是教科文组织全力推动非物质文化遗产保护，落实《保护民间创作建议案》和施行人类口头和非物质遗产代表作保护计划的试验性示范性工作。这项工作严格贯彻国际性抢救与保护口头遗产的学术规则，充分利用中国和国际学术界长期积累的学术经验和最先进的保护理念、保护技术和保护手段，记录方法首次启用了先进的录音技术、高清的摄像技术、专业的国际音标记音、准确的民族语言和文字记录、规范而生动的汉语文转译、精确的英语翻译等记录与互译，动用了语言学家、民俗学家、民间文艺家、民族学家、摄影家、翻译家、音乐家等多学科专家学者参与，实现了立体的多文化的记录和生态的、活态的、生动的、准确的、真实的、立体的文图结合、声像结合的呈现。这次合作的成果以图书、光盘、录音的形式除了送达教科文总部外，也送回到被采录者、被采录地的数十家学校和文化机构、政府部门。这次合作受到教科文总部专家的高度好评，也受到中国学者的广泛赞誉。本次调查的方法论成果直接影响了中国民协于 2002 年启动实施的中国民间文化遗产抢救工程。高技术、多手段、多学科、全方位调查记录民间文化遗产从此成为主流方法。

再说第二难题：如何应对文化濒危，更多地去发现我们未知而又深藏的民间文化遗产？民间文化或者口头和非物质文化遗产是活态地语言地身体地民俗地存活于人民日常生活之中。它是未被系统记录和全面呈现的。中国民间文艺家协会冯骥才主席在走遍世界和中国的同时，深刻地表述了一句名言：我们不知道的民间文化遗产比我们知道的要多得多，已经消亡了的民间文化遗产比我们抢救和保护下来的要多得多。在经济一体化、科技现代化、生活趋同化的当今时代，文化多样化、文化本土化是一种明智的选择。文化多样性的选择，必然要回望民间、守望民间；必须要抢救濒危文化，发掘与保护更广大、更深藏的民间文化遗产。二十世纪九十年代中后期，中国民间文艺家协会与教科文组织北京办事处联合开展了中国民间故事家调查和中国民间工艺美术家调查。最后的成果之一是联合命名了"中国十大民间故事家"，命名了二十余名民间工匠艺人为"民间工艺美术大师"。这两项命名震动全国。这些被命名的民间文化传承人，祖祖辈辈都在民间默默无闻，一下子成为了具有国际声誉的"文化人"，立刻成为国家级人物，受到各级政府的重视，他们的作品也受到市场的追捧。各种民间文化传承人及其所传承的文化在"濒危优先"原则下，纷纷受到重视，纷纷被发现、被抢救、被保护、被传承。中国民间文艺家协会还实施了"中国民间文化杰出传承人调查认定与命名项目"，派专家为这些不识一字的民间传承人每人写一部传记和口述文化史，发现了大批民间绝技绝活绝艺绝人，全面促进了国家非物质文化遗产传承人保护制度的建立。民间艺人也能与哲学家、思想家、学者、作家、艺术家、政治家等等一样分享"大师"的荣誉与称号，这在中国文化史上是价值观的一次重大突破，对抢救濒危，发现和保护民间文化遗产，产生了四两拨千斤的杠杆效应。

最后，说说第三难题：如何让传承非物质文化遗产的老百姓和人民群众以及社会全体更加珍视自己创造的文化并加以很好的弘扬？三十年前，我们的民间文化遗产被统统列为"旧风俗、旧习惯、旧思想、旧文化"，成为"破四旧"的对象，被打入冷宫，遭受毁灭性的非文化的待遇。我们一位著名学者、美术家曾经会晤著名美术大师毕加索，本来要带给他两块中国木版年画门神的刻版作为见面礼，在出国审查时，被认为是封建迷信的物品而扣了下来，未遂心愿。我们的木版年画刻版曾经被搜罗起来，在篮球场上堆积如山，一把火给焚烧掉了。这样令人痛心的事情终于随着改革开放时代的到来成为过往的历史。保护文化遗产必须以充分认识文化遗产的价值高度为前提。教科文组织实施的人类口头和非物质遗产代表作认定与公布的行动，将一向以来被认为是下里巴人不登大雅之堂的、民间口头的、大众通俗的、古的老的旧的、非主流非官方非时尚非现代的文化提升为世界级别的、人类共享的、历史传承的、民族精神之根的、世界丰富多样性的基因与武库的高度来认识、评价和抢救保护，在中国迅速掀起了前所未有的全国性全民性全社会性的非物质文化遗产保护浪潮。甚至可以说，中国民间文艺界专家学者奔走呼号几十年，磨破了嘴，跑断了腿，写秃了笔，费尽了心，也没有达到和掀起如此巨大的文化浪潮。教科文组织的文化行动几乎是一夜间改变了中国文化的走向。所以，在中国，中国民间文艺家协会是最早响应与推广教科文组织非物质文化遗产保护行动的专业组织。1986年，中国民间文艺家协会与芬兰联合召开中芬民间文学搜集保管学术研讨会，专题研究、评价、落实教科文组织1985年索菲亚大会总干事的文件《关于保护民间文学国际通用规则中技术、法律和行政方面的初步研究》和教科文组织1985年巴黎保护民间文学政府专家委员会第二次会议精神。九十年代至二十一世纪头十年除了上述几项与北京办事处直接合作外，中国民协还努力推广教科文组织的《保护民间创作建议案》。人类口头和非物质文化遗产保护行动实施以来，我们推动并实施了中国民间文化遗产抢救工程，推动了国家非物质文化遗产代表作名录的建立，参与了国家非物质文化遗产保护法的立法进程，推动了国家施行"国家文化遗产日"，推动了国家将传统节日列为国家假日，推动了非物质文化遗产保护理念的传播与研究。我本人写出并出版了中国第一部《人类口头和非物质遗产》专著，此后又相继出版《世界非物质文化遗产》《解读非物质文化遗产》等专著，并在多所大学兼职教授，讲授非物质文化遗产保护的理论与实践，是国内出版此类专著最多的学者。短短数年间，中国的文化，中国的社会，中国的旅游，中国的农村和地方文化，中国的民俗学、民族学、人类学，中国的非物质文化遗产抢救与保护，得到了极大的认同与发展。教科文组织在其中发挥的巨大作用是无可替代的，也是中国人民应该铭记不忘的。

教科文组织汇聚和推广着全球的智慧和经验，中国人民也在其中贡献着自己的智慧与经验，同时，我们也受益于人类的共同的智慧和经验；中华古老的文明是人类共享的精神财富，人类共有的文明也滋润和激发着中华文明。这些就是联合国教科文组织在中国三十年中我们与之在文化上交往、合作的必然结论和结果。

2009 年 11 月 30 日

刊发于 2009 年 12 月 1 日《解放日报》，又刊于 2009 年 12 月 18 日《中国民族报》。

中国民间文艺六十年里的"三大战役"

中国民间文艺家协会是伴随着新中国的发展而成长起来的。六十年来，栉风沐雨，与共和国同甘苦、共荣辱，从小到大、从无到有、从弱到强。六十年的民间文艺事业，见证了中国人民的文化翻身、文化发展、文化繁荣，见证了中国文化发展的伟大成就和辉煌历程。六十年来，中国民间文艺家协会实施过"三大战役"，始终围绕着抢救、保护、研究、发展中国各民族民间文艺和民间文化遗产，在中国文化史上留下了具有深远意义的三座文化丰碑。

第一次"战役":
以"大跃进"民歌为高潮的各民族民间文艺运动

1950年3月，中国民间文艺家协会（初名中国民间文艺研究会）成立，郭沫若任首任理事长，钟敬文和老舍任副理事长。文学、民俗学、人类学、民族学、音乐、舞蹈、美术、戏剧、曲艺、历史等各学术、艺术门类的一批著名学者和艺术家成为首批理事。协会的宗旨意在"搜集、整理和研究中国民间的文学、艺术，增进对人民的文学艺术遗产的尊重和了解，并吸取和发扬它的优秀部分，批判和抛弃它的落后部分，使有助于新民主主义文化的建设"[1]。协会一

---

① 原载《民间文艺集刊》第一集，转引自《中国民间文艺研究会章程》，钟敬文主编《中国民间文艺学四十年》，第368页，敦煌文艺出版社1991年3月出版。

经成立，它的根本任务和工作就是"广泛地搜集我国现在及过去的一切民间文艺资料，运用科学的观点和方法加以整理和研究"①。

在协会成立大会上，郭沫若、茅盾、老舍、郑振铎相继讲话。郭沫若先生在讲话中指出了本会组织专家学者开展民间文艺搜集、整理、研究工作的目的：一、保护珍贵的文学遗产并加以传播；二、学习民间文艺的优点；三、从民间文艺里接受民间的批评与自我批评；四、从民间文艺里获得最正确的社会史料；五、发展民间文艺。②老舍先生在讲话中介绍他在国外所见中国民间工艺在世界上引起的称赞惊叹，他盛赞民间艺术家虽是无名的，却表明老百姓的创造力是惊人的。他还特别指出收集民间文艺中的戏曲和歌谣时，应注重录音，强调了新方法和技术在采录中的运用。③周扬同志在成立会上的讲话中指出，民间文艺是一个广阔的宝藏，它需要我们有系统有计划地发掘。通过对中国民间文艺的采集、整理、分析、批判、研究，为新中国新文化创作出更优秀的更丰富的民间文艺作品来。④钟敬文先生在本会成立后不久，专门写了一篇近两万字的论文《口头文学：一宗重大的民族文化财产》，详细讲述了民间文学的遗产价值、口头文学的优越点，并特别强调："要把这宗巨大而有贵重作用的文化财产充分发掘出来，充分清理出来，特别是充分利用起来，这工程是相当巨大的。为着建造新中国的新文化、新文艺，我们必须完成这个工程，而且相信一定是能够完成这个工

---

① 原载《民间文艺集刊》第一集，转引自《中国民间文艺研究会章程》，钟敬文主编《中国民间文艺学四十年》，第 368 页，敦煌文艺出版社 1991 年 3 月出版。

② 郭沫若作《我们研究民间文艺的目的——在中国民间文艺研究会成立大会上的讲话》，钟敬文主编《中国民间文艺学四十年》，第 7—8 页，敦煌文艺出版社 1991 年 3 月出版。

③ 老舍作《老百姓的创造力是惊人的——在本会成立大会上的讲话》，钟敬文主编《中国民间文艺学四十年》，第 9 页，敦煌文艺出版社 1991 年 3 月出版。

④ 周扬作《中国民间文艺研究会成立大会开幕词》，原载《周扬文集》第二卷，转引自贾芝主编《新中国民间文学五十年》，第 2 页，大众文艺出版社 2004 年 1 月出版。

程的。"①

新中国的民间文艺事业从此拉开了大幕，翻开了历史的新篇章。中国民间文艺家协会的成立以及几位著名专家、作家、学人、领导对民间文艺的阐述和本会任务的指示，为由人民创造和传承的民间文艺进行了正名，从几千年的中国文学史、文化史中找到了民间文艺的伟大贡献："国风、《楚辞》、乐府、六朝的民歌、元曲、明清的小说，这些才是中国文学真正的正统。"（郭沫若）②"玉器、瓷器、铜器、银器、佛像，这些都是工人做的"；"墙纸、年画、剪纸、地毯花样，创作这些图案与花样的都是无名的民间的艺术家"。（老舍）③ 对民间文艺的搜集、整理、研究、运用，从"五四"歌谣运动到延安解放区文艺都有巨大的成绩，新中国的成立更为民间文艺的繁荣提供了一个全新的历史时代。民间文艺的宝库远没有完全打开，民间文艺的库藏远未得到充分发掘，所以要实施群众与专家、民间文艺专家与广大的民间文艺采集者紧密结合的搜集、整理工作。对珍贵而浩瀚的口头遗产进行系统、全面的采集，是一项浩大的文化工程。

为实施这一浩大工程，协会成立大会上通过了《征集民间文艺资料办法》这样的指导性、规范性文件，明确提出科学要求：一、应证明资料来源、地点、流传时期及流传情况等；二、如系口头传授的唱词或故事等，应证明唱者的姓名、籍贯、经历、讲唱的环境等；三、某一作品应尽量搜集完整，仅有片断者，应加以声明；四、切勿删改，要保持原样；五、资料中的方言土语及地方性的风俗习惯等，须加以注释。④

---

① 钟敬文主编《中国民间文艺学四十年》，第28页，敦煌文艺出版社1991年3月出版。

② 钟敬文主编《中国民间文艺学四十年》，第6页，敦煌文艺出版社1991年3月出版。

③ 钟敬文主编《中国民间文艺学四十年》，第9页，敦煌文艺出版社1991年3月出版。

④ 转引自陈子艾作《民间文艺搜集工作四十年》，钟敬文主编《中国民间文艺学四十年》，第139页，敦煌文艺出版社1991年3月出版。

与"五四"歌谣运动和延安文艺运动在采集民间文艺上的个体化、零星化、艺术化的方法不同，新中国之初实施的采集工程，不仅强调了科学性，也实现了全国化的全面性。其间逐渐形成规模，直至变为全民的民歌收集与创作运动——"大跃进"民歌。五十年代初陆续出版了《中国出了个毛泽东》《毛泽东的故事和传说》《大别山根据地歌谣选》《陕北民歌选》《信天游选》《东蒙民歌选》《内蒙东部区民歌选》《茅山歌》《隐身草》《凤凰和金豆子》《青蛙骑手》《长工与地主》《宝葫芦》《刘三姐》《三峡民间故事》《北京的传说》《传麦种》《阿诗玛》《逃婚调》《花儿选》《广西民歌》《云南民歌》，《中国各地歌谣集》十六种，《中国民间故事丛书》四种，《中国民间故事选》《江格尔传》《格萨尔》《格斯尔的故事》《马五哥与尕豆妹》《张秀眉之歌》《阿细的先基》《梅葛》《布伯》《召树屯》《娥并与桑洛》《重逢调》《线秀》《崇阳双合莲》《钟九闹漕》等等，数量之多，范围之广，史无前例。在这次延绵十余年的大规模的民间文艺搜集、整理工程中，突显出民间文艺为新文艺服务、为新生活服务的主题，实现了尊重人民创造、推进人民文化价值提升的文化观转变，所搜集的一大批珍贵的各民族神话、传说、故事、歌谣、史诗、长诗，改写了汉族文学文化史和新写了少数民族文学文化史，也重写了中国文学文化史。中国作为悠久文明古国所蕴藏的巨大民间文学宝藏崭露出它迷人的风采。1956 年 10 月 2日，《人民日报》发表社论《重视民间艺人》，1958 年 4 月 14 日再次发表社论《大规模地收集全国民歌》，把这次工程，也是中国民间文艺抢救保护的第一大"战役"推向了高潮。社论肯定了前期各族民间文学，如蒙古族的《嘎达梅林》、撒尼人的《阿诗玛》、苗族的"古歌"、傣族的《召树屯》、内蒙古汉族的爬山歌、回族的"花儿"、壮族的"欢"等等，琳琅满目，美不胜收，号召忠实记录，选择印行，加以整理和研究并为新时代服务。1958 年 7 月，中国民间文学工作者第二次代表大会在北京召开，会议制定了"全面搜集、重点整理、大力推广、加强研究"的十六字工作方针，并举行了"民间文学展览会"。8月，《人民日报》又一次发表社论《加强民间文艺工作》。不久，中宣部转发了中国民协编选《中国歌谣丛书》的计划。当然，对于这一次工程逐渐演变为"大跃进"民歌，以及如何评价"大跃进"民歌还可以讨论、争鸣、研究。但这次工程实施，普及了民间文艺知识，引发了民间文艺搜集、再创作的热潮，收集了巨量的民间文艺资料，出版了大批民间文艺成果，确也是新中国文化建设的一个巨大成就。各少数民族文化过去多是口头文化，大多没有自己的文学史、文化史，从此以后，历史具有了重新书写的条件和可能。

第二次"战役"：以"民间文学三套集成"为标志，全面科学地普查各民族民间文学

经历了"文革"的严重挫折后，1978年，随着改革开放时代的到来，民间文艺再次迎来了发展的机遇，进入了新的发展时期。1979年，中国民协会同国家民委、文化部在北京召开了全国少数民族民间歌手、民间诗人座谈会。18个省、自治区，45个民族的123名代表与会，邓小平等党中央、国务院的主要领导接见了代表，胡耀邦等党和国家领导出席座谈会。本次座谈会，为民间歌手和艺人恢复了名誉，重启全面抢救保护民族民间文化遗产的工作，拉开了"第二次战役"的序幕。

1984年2月，中共中央宣传部发出《关于加强少数民族文学研究和资料搜集工作的通知》，1984年5月，文化部、国家民委、中国民协联合下发《关于编辑出版〈中国民间故事集成〉〈中国歌谣集成〉〈中国谚语集成〉的通知》（简称"民间文学三套集成"），一项历时二十五年的大型抢救保护民间文学遗产的工程正式启动实施。通知指出："一些仅存的老歌手、老故事家都已年届高龄，抢

救、搜集工作迫在眉睫，如不抓紧，这笔存在于人们口头上的文化财富就会继续泯灭而失传，因此也必须通过一个广泛的、有计划的搜集活动和编纂工作，使这份文化财富得以保存，使民族文化传统得以继承和发扬。"①

三套集成工作不仅坚持专家主导、专业规范，还充分发挥了社会主义制度的优越性，迅速在全国推广施行。为此，成立了组织机构："成立三套集成的总编委会，由周扬同志任总主编。以下分别成立中国民间故事集成编委会、中国歌谣集成编委会、中国谚语集成编委会。总编委会下设一个办公室，处理三套集成的日常事务。各省、市、自治区分别成立各套集成的分编委会，负责本省、市、自治区分卷的编辑工作；各分卷的主编、副主编、编委会由各省、市、自治区确定后报总编委会批准。省、市、自治区成立三套集成办公室，负责日常工作。"② 按照这个部署，各省以各省民协为主，纷纷成立机构，全国各地一批最著名的民间文艺专家和各地民间文学搜集者汇聚成一支浩荡的队伍开始了一次又一次大规模的文化工程。本次"战役"或工程的特点是特别强调搜集、编纂工作的全面性、科学性、代表性，要求"忠实记录、慎重整理"，要求分期培训骨干，带动全面，要求搜集中尽量采用录音、摄影、录像等先进技术，"在搜集中，除各种文字的、图片的、活动的说明材料，如流传地区、搜集时间、讲述人、演唱者、搜集人、翻译者的情况及其他有关资料，填写统一的卡片"③。要求有民族文字的民族，首先用民族文字记录出版，并做好汉文翻译工作，等等。在普查工作中，各地约有 200 万人次参加采录，共搜集民间故事 184 万篇、歌

---

① 转引自贾芝主编《新中国民间文学五十年》，第 93 页，大众文艺出版社 2004 年 1 月出版。

② 转引自贾芝主编《新中国民间文学五十年》，第 95 页，大众文艺出版社 2004 年 1 月出版。

③ 转引自贾芝主编《新中国民间文学五十年》，第 94 页，大众文艺出版社 2004 年 1 月出版。

谣 302 万首、谚语 748 万余条，获得 40 亿字的资料，编纂县卷资料本 3896 种，出版省卷 100 余卷。其中，仅会讲 50 则以上故事的民间故事家就被发现与记录了 9000 余人。黑龙江的伊玛堪，泰山民间故事群，云南各民族神话、史诗、长诗成果，新疆《江格尔》《玛纳斯》叙事长诗，西藏、青海的《格萨尔》，江南长篇吴歌，中原神话群发现与采录，江南十大民间叙事诗，五十五个少数民族文学史的编写与出版等等，都是重大发现和重大收获，数量之多之巨，令人叹为观止。三套集成已于近日完成全面编辑出版工作，与十大民族民间文艺集成志书一起被誉为"文化长城"，应是当之无愧。三套集成工程是我国有史以来规模最大、涉及面最广、成果收获最丰、历经时间最长、参与人数最多的民间文艺抢救保护工程。其间积累了巨大的文化财富和丰富的实践经验，书写了改革开放三十年最辉煌的民间文艺成就新篇章，功在当代，利在千秋，彪炳史册。

第三次"战役"：
以抢救工程为龙头的民间文化遗产保护运动

进入二十一世纪，在现代化大潮汹涌而来，全球化、经济一体化情势下，文化多样性成为最为引人瞩目的国际话题。与此同时，维系文化多样性的重要文化根基的非物质文化遗产和民间文化遗产，因其脆弱性和原生性，面临濒危和消亡。鉴于我国民间文化遗产样态、种类的无比繁复，前三套集成时代和三套集成时代，中国民协抢救保护的重点仅限于民间文学一种形式和门类，我国众多的民间文化遗产、民俗文化遗产、民间艺术遗产、民间美术遗产都未及系统地进入抢救、采集、整理的工作范畴。即使是民间文学，其中的史诗长诗、大量的第一手材料、众多的民间传人的技艺和记忆等都未及系统整理，抢救与保护的任务依然艰巨而任重道远。在联合国教科文组织开展全球性非物质文化遗产抢救保护行动的推动下，中国民协自 2002 年启动实施了"中国民间文化遗产抢救工程"，计划用十年甚至更多的时间对我国各民族文化遗产进行再一次全面普查。主要内容包括：开展大规模的、全国性的民俗文化调查，建立中国民俗文化图文资料数据库，实施中国民间文化杰出传承人调查，规划出版中国民俗志、中国民间故事全书、中国木版年画集成、中国服饰文化集成、中国唐卡艺术集成、中国泥彩塑集成、中国民间美术遗产总目，开展中国古村落调查与保护等。中国民间文化遗产抢救工程立足于时代的高度，着眼于科学性、全面性、代表性、艺术性，以文字、图片、录音、摄影、摄像作立体记录，把各种文化事象作综合调查，全面呈现和展示中国民间文化的生态活态性状，厘清中国民间文化的家底，确立中国民间文化保护的体系和对象。

中国民间文化遗产抢救工程于 2002 年 10 月被全国哲学社会科学规划领导小组批准为国家社科基金特别委托项目，2003 年纳入中国民族民间文化保护工程。抢救工程实施以来，成果巨大，收获颇丰。中国木版年画集成对全国二十余个重点年画产地实施了全方位、地毯式的普查，规划出版了二十余卷，每卷都获得数百小时影像、数万张照片、数十万文字，全方位记录了代表作、传承人、年俗、画俗、画诀、艺诀、口述史、店铺与销售、版与画、民间故事、歌谣、传说、工具、材料、技艺、雕工、印刷技术、色彩、造型、张贴习俗、主题、题材、体裁、分类、风格、历史、信仰、伦理、道德、题刻、传播等等。这种全景式调查、记录与呈现，获得了社会广泛的赞誉，国际国内学术界无不予以高度首肯和好评。

中国民间文化遗产抢救工程获得的大量成果，许多填补了我国文化史的空白，许多重大发现及时保护了一批珍贵的文化遗产。抢救工程对传承人的调查推动了对民间艺人的尊重、保护和技艺传承。抢救工程为我国非物质文化遗产保护提供了基础理论、方法、人才、成果。抢救工程对少数民族文化遗产保护的呼吁、行动，促进了民族文化的弘扬和民族平等、民族团结、民族文化交流。抢救工程在全国各地实施与展开，促进了地方经济、文化、社会的全面进步和协调发展。抢救工程紧密配合国际行动和国家文化战略，提升了中国文化遗产保护的国际影响，促进了国际文化交流。抢救工程还直接参与四川汶川地震中羌族文化遗产的文化救灾，取得重要成果。目前，中国民间文化遗产抢救工程还在全国方兴未艾，各种成果正纷至沓来，它的影响还在向广度与深度延伸。

六十年来，在祖国的繁荣发展中，中国民协与祖国同行，为抢救、保护、弘扬中华文明不遗余力、薪火相传。三大"战役"就是民间文艺事业发展的三次高潮。这三大"战役"也见证了中国文化发展的三个时代、三次高潮、三座高峰。

刊发于 2009 年 9 月 29 日《中国艺术报》。

中国民间文艺七十年的成就、贡献与宝贵经验

中国民间文艺的历史是和新中国的成立、发展相生相随的。它是新中国社会主义文化的一个重要组成部分，它也参与着社会主义文化的建设、形塑、繁盛。在七十年的发展历程中，中国民间文艺为中国文化、中国文艺做出了杰出的贡献，也在七十年的历史中形成、积累、创造了中国民间文艺界的宝贵经验、光荣传统和精神品格。

一、秉承延安文艺的红色传统，坚持民间文艺人民性，以人民文化的丰富性、真实性、准确性、大众性，贡献于新中国文化建设、文艺繁荣。

新中国成立前夕，1949 年 7 月，中国文学艺术界联合会成立。紧随其后，中国民间文艺研究会（中国民协前称）紧锣密鼓地开始筹备，从南方来北京参加中国文联成立大会的钟敬文先生为了中国民研会的成立被特意留在北京工作生活。1950 年初春，中国民间文艺研究会在北京正式召开成立大会，宣告成立。民研会是以民间文学、民间艺术、民间文化为主要研究对象，通过党和政府的高度重视和大力支持，整合、组织、团结、集中了当时我国从事民间文艺研究、表演、创作、教学、出版、搜集、采风等领域里最著名的一大批文化、历史、文学、音乐、舞蹈、戏曲、美术、说唱、编辑、

教授中的著名专家学者和文艺大家，组成了强大的理事会作为领导机构。时任政务院副总理、中国科学院院长、中国文学艺术界联合会主席的郭沫若先生当选首任理事长，钟敬文和老舍任副理事长。这种高端的机构设置，传递出一个明确的政治文化信息：新中国高度重视人民文艺，由人民自己创造的民间文艺被置于国家文化殿堂和赋予其全新的历史地位，标志着随着亿万人民群众在政治上、经济上的翻身，也迎来了文化上翻身做主人的时代。

民间文艺的这种历史地位和机构组织除了起源于"五四"新文化运动特别是其中的歌谣运动及其现代中国民俗学发展历史，也直接来自或渊源于延安时代的毛泽东同志《在延安文艺座谈会上的讲话》精神和延安革命文艺的光荣传统。毛泽东同志在《讲话》中指出："人民生活中本来存在着文学艺术原料的矿藏，这是自然形态的东西，是粗糙的东西，但也是最生动、最丰富、最基本的东西；在这点上说，它们使一切文学艺术相形见绌，它们是一切文学艺术的取之不尽、用之不竭的唯一的源泉。这是唯一的源泉，因为只能有这样的源泉，此外不能有第二个源泉。有人说，书本上的文艺作品，古代的和外国的文艺作品，不也是源泉吗？实际上，过去的文艺作品不是源而是流，是古人和外国人根据他们彼时彼地所得到的人民生活中的文学艺术原料创造出来的东西。"延安民间文艺工作者首次开展了科学的直接的全面的系统的采风、记录、搜集、整理，并且达到门类齐全，搜集广泛。诗人李季仅在"三边"就搜集信天游三千余首，鲁艺文学系还开设过民间文学课程。何其芳曾为此做出过一个非常重要的学术判断。他说："北京大学从民国七年二月起就开始征求歌谣，并曾经出过两次歌谣周刊。第一次从民国十一年十二月出到民国十四年六月。第二次从民国二十年四月复刊。我曾经看过三十多期。他们搜集的歌谣在数量上的确不少。但凭我的印象来说，还是民谣儿歌居多。真正艺术性高的民歌还是较少。对于研究老百姓的生活、思想，民谣儿歌当然也有用处。但要新文艺去从民间文学吸取优点，则艺术性较高的民间作品尤可珍贵。而延安鲁艺所搜集的民歌，我觉得在这点上是似乎超过北京大学当时的成绩的。我曾经把鲁艺音乐系、文学系两系搜集的民歌全部读过一遍，觉得其中有许多内容与形式都优美的作品。这原因何在呢？我想，在于是否直接从老百姓去搜集。北京大学当时主要是从它的学生和其他地方的知识分子去搜集，因此儿歌民谣最多。鲁艺音乐系却是直接去从脚夫、农民、农家妇女去搜集。深入到陕北各地，和老百姓的关系弄好，和他们一起玩，往往自己先唱起歌来，然后那些农夫农妇自然也就唱出他们喜欢唱的歌曲来了。所以，搜集民歌的人最好会唱歌，搜集民间故事的人最好自己会讲故事。"（1946 年 11 月作《从搜集到写定》）无论在搜集、整理、改编、创作，还是对民间文艺的学术研究、理论思考、艺术阐发，延安民间文艺工作者为我们创造和开辟了全新的领域，创造了丰富的经验，留下了宝贵的学术和思想的遗产。延安民间文艺为新中国民间文艺事业的大发展大繁荣奠定了大格局，奠定了工作、方向、思想、理论、人才、政策、学术、组织等各个方面的基石和起点。郭沫若在民研会成立大会讲话中指出了本会组织专家学者开展民间文艺搜集、整理、研究工作的目的：一、保护珍贵的文学遗产并加以传播；二、学习民间文艺的优点；三、从民间文艺里接受民间的批评与自我批评；四、从民间文艺里获得最正确的社会史料；五、发展民间文艺。

以人民为中心重新定位文化史、文艺史的发展脉络和历史规律，体现了历史唯物主义和唯物史观的强大历史穿透力和时代感召力。随着大规模地开展起来的汉族民间文学调查和各个少数民族民间文学的调查不断推进，一个丰富多彩、精彩纷呈、厚重纷繁的文化宝库被一层层打开。它们吸引了一大批志士仁人为之奋斗终生。钟敬文先生早在二十世纪三十年代就激情呼唤建立中国民间文艺学，新中国初期民间文学调查所得的巨量收获使他为祖国这一宗重大的民族文化遗产无比自豪。他后来还以中国民协主席的身份主持过中国民间文学三套集成工作，组建中国民俗学会，为中国民间文艺事业鞠躬尽瘁、百年未息，他拒绝任何虚名虚衔，只接受一个称号并视为至高荣誉，那就是：人民的学者。后来的又一任中国民协主席冯骥才在为中国民间文化定位时提出了"文化的一半"的理念：视经史子集为中国的父亲文化，而民间文化则是母亲的文化，前者是精神性的，后者是情怀性的；此外，文字的和口头的各占中国文化一半；雅的文化和俗的文化各占半壁江山；阳春白雪的文化和下里巴人的文化，上层的文化和下层的文化，文人个体的文化和民间集体的文化，各领风骚。由于民间文化数万年以来和五千年以降的口口相传，造就了中华文明从未中断，是这种从未中断重要的表现形式之一。它因而具有全世界罕见的丰富性、传承性、历史性、悠久性，是中华文明独一无二性的重要表征。这些从新中国成立以来形成、丰富、完善、发展了的民间文化观，是一种崭新的文化观，引领了全新的人类文明观。2001年联合国教科文组织公布首批人类口头和非物质遗产代表作时，强调指出：民间文学艺术遗产作为人类文化的有机组成部分，更多地表现出多元化和独特性；在长期的历史发展进程中，它以最传统的方式在其来源群体内部世代相传，从而逐渐成为它来源的那个群体的象征和特有的表达方式。民间文学艺术是人类的共同遗产，是使各国人民和各社会团体更加接近以及确认其文化特性的强有力的手段；它在社会、经济、文化及政治方面具有重要意义，在一个民族历史和现代文化中具有重要作用和重要地位，是人类的一种无形的智力劳动成果。

二、贡献中华文化多元一体格局的呈现与深描，促进多民族文化的认同、巩固、发展。

习近平总书记在 2014 年 10 月文艺工作座谈会上的讲话中和

2016 年 11 月在中国文联十大、中国作协九大开幕式上的讲话中，多次谈及中外史诗时，就提到了我国的《格萨尔》《玛纳斯》和《江格尔》三部史诗。在 2018 年 3 月 20 日召开的第十三届全国人大一次会议上的讲话中，习近平总书记再次提及《格萨尔》《玛纳斯》和《江格尔》，称其为"震撼人心的伟大史诗"。

2006 年公布的第一批国家级非物质文化遗产名录中，《格萨尔》《玛纳斯》和《江格尔》被列入民间文学项目。这几部史诗都是在新中国成立后才陆续得到系统全面的搜集整理和研究出版，七十年来此一工作仍在坚持和延续。二十一世纪初，中国民间文艺家协会还发现和组织了一部数万行的苗族英雄史诗《亚鲁王》的搜集整理翻译出版，震动海内外学术界。五十年代初，我国陆续出版了《中国出了个毛泽东》《毛泽东的故事和传说》《大别山根据地歌谣选》《陕北民歌选》《信天游选》《东蒙民歌选》《内蒙东部区民歌选》《茅山歌》《隐身草》《凤凰和金豆子》《青蛙骑手》《长工与地主》《宝葫芦》《刘三姐》《三峡民间故事》《北京的传说》《传麦种》《阿诗玛》《逃婚调》《花儿选》《广西民歌》《云南民歌》《中国民间故事选》《江格尔传》《格萨尔》《格斯尔的故事》《马五哥与尕豆妹》《张秀眉之歌》《阿细的先基》《梅葛》《布伯》《召树屯》《娥并与桑洛》《重逢调》《线秀》《崇阳双合莲》《钟九闹漕》以及《中国各地歌谣集》十六种、《中国民间故事丛书》四种等等，数量之多，范围之广，堪称史无前例。1958 年开始"三选"（民间故事选、民间叙事长诗选、民间歌谣选）工程，集中呈现我国民间文学的整体样貌和经典文本。1984 年开始中国民间故事集成、中国歌谣集成、中国谚语集成的普查编纂出版工作。

在声势浩大、时间持久的民间文学搜集普查整理出版工作中，我国民间文学的整体规模、样貌、形态被呈现出来，为中国文化做出了突破性、改写性的贡献。主要有：

（一）改写了中国神话残缺不全、支离破碎、价值不高、被历史化的"国际结论"和"国内定论"。汉族神话发现了中原神话群，这是一系列活态的与典籍记载相印证的古典神话口头传承现象。袁珂先生的中国神话系统化梳理与整理及其成果《中国神话》《中国神话史》也是突出成果。五十五个少数民族神话的发现和记录，被学者们研究出全新的神话体系：创世神话、人类起源神话、英雄神话、迁徙神话、文化创制神话。中国不仅有古老汉族神话的活态传承，还有无比丰富的活态传承的少数民族神话并且构成独特层级和体系。

（二）改写了中国文学缺乏史诗的文学史定论。由于古希腊文明荷马史诗《奥德赛》《伊利亚特》的辉煌存在和影响，以及两河流域文明的史诗《吉尔伽美什》、印度古文明的史诗《罗摩衍那》和《摩诃婆罗多》的国际声誉，中国古代文明一直被认为缺乏史诗的文学体式。《格萨尔》（100万行以上）、《玛纳斯》（20万行以上）、《江格尔》（10万行以上）、《亚鲁王》（约5万行）、赫哲族史诗群集《伊玛堪》（10部以上，最长一部汉译文字10万行）等多部史诗的出现和汉族民间口传史诗《黑暗传》（约4000行）的发现与研讨等等，都使中国史诗进入人类文明史，改写了中国文学史。

（三）改写了中国文学缺乏叙事诗传统的文学史旧说。汉语文学史留下记录的只有个别且长度有限的文人和民间的叙事长诗，如白居易的《长恨歌》、民间的《孔雀东南飞》《木兰诗》等。所以中国文学史的另一个重要且值得商榷的结论是：中国文学史缺乏叙事长诗。新中国成立以来民间文学普查的收获，在民间叙事长诗上也令人震撼。几乎每一个少数民族都有惊人的发现。仅傣族一个民族就发现叙事长诗五百部以上，彝族民间叙事诗《阿诗玛》更是家喻户晓，苗族长篇古歌五十年代以来就翻译了几十部，初步统计，各少数民族长篇叙事诗和长篇抒情诗，总量在千部以上。著名的有《马五哥与尕豆妹》《召树屯》《嘎达梅林》《仰阿莎》《珠郎娘美》《少郎与岱夫》等。汉民族民间叙事诗也有重大发现。东北地区收获了东北汉族叙事长诗《王宝川下关东》，江南十大民间叙事长诗的出现更是轰动一时。如此一来，中国不仅不是叙事诗的贫瘠之地，简直就是多得浩如烟海了。

（四）各民族民间文学作品集与民间文学史，为各民族文学史奠基。新中国重新识别和认定了各个少数民族，共计五十五个少数民族。这在中国历史上也是开天辟地的大事。五十五个少数民族中有一半以上是只有民族语言没有民族文字的。有些有自己的语言和文字，有些通用汉语。无论汉语还是民族语，各少数民族大多都在文字使用上处于不普及不普遍的情况。也就是说民间口头文学是许多少数民族唯一的文化史和文学史，在部分少数民族中则是重要的文学形式。由于大规模全面记录出版了各民族民间文学作品集，使得许多少数民族从此有了自己的文学史文本，在此基础上民间文艺学专家学者还为每一个少数民族都进行了民间文学史的著述，为一个都不少地撰著各民族文学史奠定了厚实的基础。

（五）全面建构中国民间文艺学，重兴中国民俗学，成立中国民俗学会。七十年来，中国民间文艺学教学科研硕果累累。中国神话学从神话哲学到神话史、神话体系、神话理论、神话比较，全面展开，成为最具中国特色和学术实绩的领域。中国史诗系列研究也成绩不俗。中国民间文学类型研究，中国民俗志理论研究，中国年画学研究，中国民间美术调查、史论研究，中国节日志编纂出版工程等也成绩斐然。代表性的学术著作有《中国民间故事史》（刘守华）、《20世纪中国民间文学学术史》（刘锡诚）、《中国民俗史》（钟敬文等）、《中国民俗学》（乌丙安）、《中国民间文学概要》（段宝林）、《民俗学概论》（陶立璠）、《中国民俗学史》（王文宝）、《中华民间文学史》（祁连休等）等等。几经发展、整合、开拓，民间文艺学、民俗学分分合合，民间美术学、非物质文化遗产学从陌生到共识，田野普查的视野从民间文学辐射和覆盖到民间表演艺术、手工技艺、民间美术、民间游艺、民俗文化、民间建造、传统村落等等。中国民间文艺研究的学术格局日益拓展提升，与中国民间文化的博大精深、多元一体、整体关联的总体格局更加匹配。

（六）重绘中国民间文化版图，重建中国文化的结构性格局。七十年数百万人次的田野调查，民间文艺工作者的足迹踏遍祖国的山山水水，也使我们可以重新科学地描绘中国文化版图。除了五大民族自治区的民族文化集聚区外，还发现多民族文化聚集区、文化集群圈、文化廊道现象：云南多民族文化，四川多民族文化，贵州多民族文化，新疆及西北多民族文化，青藏高原多民族文化，湘鄂渝黔文化圈，东北多个少小民族文化圈。以及多条多民族文化传输的廊道现象：如东南沿海民族文化走廊，丝绸之路多民族文化走廊，茶马古道多民族文化走廊，客家人多次南下迁徙形成的多民族文化走廊，大运河文化走廊，横贯中原至西北、斜插西南至青藏的汉藏文化组合走廊，伴随长城的农耕与游牧文明接触廊道，黄河流域性文化纽带，长江流域性文化纽带，等等。

中国民间文艺事业七十年的发展和成就，印证着一个伟大的历史结论和文化规律：中华民族和中华文化都是一个多元一体的存在；各少数民族不断融入融合壮大主体的汉民族，汉民族也从来没有间断过加入、融入、汇入少数民族；各少数民族文化不断贡献于汉族文化和中华文化，汉族文化也不断影响、注入、丰富各少数民族文化。中国的历史和文化必须具有五十六个民族的一个都不能少的总体性，也必须具有书面文字和民间口头的缺一不可的整体性。

三、抢救、普查、研究、保护、传承、传播、制度整体推进，完善国家文化制度与文化结构，彰显担当文化传承和保护的使命责任。

七十年来中国民间文艺界胸怀强烈的传承和守护人类文明的责任和使命，为世界非物质文化遗产抢救与保护贡献了学术成果、田野经验、思想智慧、理论创见，促进了中国方案、中国模式、中国特色的形成。以出任中国国家非物质文化遗产保护专家委员会主任、中国传统村落保护专家委员会主任、中国民间文化遗产抢救工程专家委员会主任的冯骥才先生为代表，中国民间文艺界以强大的专业积累和专家队伍，主导和引导了中国非物质文化遗产抢救与保护热潮。七十年间，中国的民间文学普查、非物质文化遗产普查和四级名录、中国传统村落普查和国家级名录，使我们对一个古老、巨大、海量的伟大国度的民间文化有了一个空前绝后的家底清单：民间文学获得了184万篇民间故事（含神话、传说、故事、寓言、笑话、童话等）、302万首民间歌谣（不算史诗、长诗）、748万条民间谚语。非物质文化遗产共计87万项，其中国家级非遗代表性传承人3068人，国家级非遗3145项，世界级非遗40项。中国传统村落的抢救与保护经过十年努力，公布五批共计6819个国家级传统村落，厘清了又一项重大的文化遗产对象，创造了文化史上新的奇迹。民间美术普查统计计有300余大类。中国木版年画抢救普查工程，历时十年，普查了全国数十个年画产地、澳门台湾年画制售使用、日本俄罗斯欧洲北美等海外收藏中国木版年画状况和作品数量，以及对数十名全国著名年画制作艺人进行口述史调查，最终形成二十二卷的《中国木版年画集成》和数十部《中国木版年画艺人口述史》。此外陶立璠先生主持和主编的三十一卷全国性大型丛书《中国民俗大系》也堪称洋洋大观。

立法立制保护民间和非物质文化遗产，是七十年中国民间文化事业最伟大的成就之一。2011年6月实施《中华人民共和国非物质文化遗产法》，引领和保障了非遗保护的发展势头，将成果、经验、方法，纳入制度设计，将价值、思想、理念，升华到法律高度，将规定、要求、规范，列入行为范式，产生的影响无比深远。学习西方先进经验，2006年国务院批准设立了中国文化和自然遗产日，每年开展隆重活动，启动盛大宣传声势，使保护遗产的理念日益深入人心。2007年，公布《国务院关于修改〈全国年节及纪念日放假办法〉的决定》，其中最重要的变化是：春节按民俗惯制从除夕开始放假，传统节日清明节、端午节、中秋节新增为放假的节日。这是一项十分重大的制度设计和制度调整，直接表征着新中国对人民民俗节日的高度尊重，对民俗节日和节日民俗的传承产生了巨大的国家推动力和制度保障力。此后十余年的传统节日和假日的合一，让人们有假日去过节，有节日去度假，既保障传统文化连绵不绝、年复一年、代代传续，又为人民的美好生活需求提供丰富的物质和精神产品，调节了人们的生产生活节律和身心健康，还极大地拉高节日经济、促进文化旅游和国际国内两个市场的消费增长，成为中国文化和经济双赢的壮观奇观。

七十年间，中国民间文艺启动和实施了四大文化工程，成为中国民间文艺发展的四个不同历史阶段，也是中国民间文艺当代发展的主旋律、主动脉，扣合着新中国波澜壮阔的伟大历史进程。第一次"工程"：以"大跃进"民歌为高潮的各民族民间文艺运动。在这次延绵十余年的大规模的民间文艺搜集、整理工程中，凸显出民间文艺为新文艺服务、为新生活服务的主题，实现了尊重人民创造、推进人民文化价值提升的文化观转变。第二次"工程"：以"三套民间文学集成"为标志，全面科学地普查各民族民间文学。三套集成完成全面编辑出版工作，与十大民族民间文艺集成志书一起被誉为"文化长城"，应是当之无愧。三套集成工程是我国有史以来规模最大、涉及面最广、成果收获最丰、历经时间最长、参与人数最多的民间文艺抢救保护工程。第三次"工程"：以抢救工程为龙头的民间文化遗产保护运动。中国民间文化遗产抢救工程获得的大量成果，许多填补了我国文化史的空白，许多重大发现及时保护了一批珍贵的文化遗产；为我国非物质文化遗产保护提供了基础理论、方法、人才、成果；在全国各地实施与展开，促进了地方经济、文化、社会的全面进步和协调发展；紧密配合了国际行动和国家文化战略。第四次"工程"：《中国民间文学大系》全面启动民间文艺精品编纂出版。这是十八大以来以习近平总书记为核心的党中央高度重视优秀传统文化的具体体现，此一工程已经纳入中办、国办《关于实施中华优秀传统文化传承发展工程的意见》之中。此一工程的实施是承担起党中央国务院赋予民间文艺界的光荣任务，将第一次全面、系统、科学、高质量、大规模呈现中国民间文学的完全样貌和精彩文本，意义和价值都是不言而喻的。

七十年辉煌历程，七十年使命担当。中国民间文艺事业与新中国相生相随，今后的道路更加漫长，责任更加重大，使命更加光荣。中国民间文艺事业七十年的发展也可以看作是一系列的双向展开：一、在学术与艺术两个方向发力，显著地贡献于中国文化发展和中国文艺繁荣；二、在民间、基层发展和在学术、高端两个方向发展；三、在过去基础上发展，在新的领域拓展；四、在抢救和研究两个方向发展；五、在学术资源、文艺资源、社会文化资源的保护高度和结合农耕文明问题、民俗传承问题、民间文学研究问题这两个层面开展工作；六、逐渐聚焦为以传统村落的保护为工作重点，结合"三农"问题、生态文明建设、美丽中国、绿色发展、乡村旅游、红色旅游、民族团结进步等等展开学术触角和释放人文情怀。

刊发于 2019 年 9 月 30 日《中国艺术报》。

二十一世纪中国文化发展的开篇力作

—— 中国民间文化遗产抢救工程回眸

天津大学冯骥才文学艺术研究院决定整理出版《中国民间文化遗产抢救工程档案》，经过种种努力，终于初成规模。这份档案分为两大部分。第一部分是文献与文字档案，记录整理了中国民间文化遗产抢救工程的大事记，搜罗了工程实施过程中的各种会议和重要讲话，以及与工程相关的文件、政协提案、工程思想的宣言、各种新闻媒体的报道和重要访谈等。第二部分是文献与图片档案，广泛搜集十余年间与抢救工程相关的各种活动、场景、现场、田野、会议、采风、研究、工作、成果、图书、文件等等图片，形象、影像地呈现抢救工程的全过程。

这是一部独特的文图档案，这也是一部珍贵的文图档案。

中国民间文化遗产抢救工程是进入二十一世纪以后由中国民间文艺家协会发起并实施的大型民间文化工程。这个工程从 2001 年中国民间文艺家协会召开第六次全国代表大会，选举产生以冯骥才任主席的主席团后，由冯骥才主席力倡并确定的一项大型文化工程，并以之为中国民协的重要重点重大工作。工程自 2001 年开始酝酿，2002 年筹备准备并于当年 12 月获准为国家社科基金特别委托项目，2003 年 2 月正式在北京人民大会堂隆重启动实施。此后历时十年，获得一系列文化成果，产生了广泛而深远的国际国内影响。

中国民间文化遗产抢救工程是二十一世纪我国首个超大型文化工程，向外与国际上几乎同步展开的联合国教科文组织开展的人类口头和非物质文化遗产保护运动（代表作名录、国际保护公约等）相呼应，向内与国家非物质文化遗产保护工作（国家四级名录建构、代表性传承人认定、非遗立法与出台等）相合力，掀起了二十一世纪第一波文化大潮，拉开了二十一世纪文化发展的大幕，是二十一世纪中国文化发展的开篇力作。

中国民间文化遗产抢救工程是中国民协自二十世纪五十年代初成立以来，六十年间实施的三大文化工程之一。这个工程的实施提振了全国民间文艺界的士气，极大地普及了民间文化知识，引发了全民性的民间文化自觉，空前地使各级人民政府和党政领导重新审视、认定、推崇民间文化的文化根基性、文化多样性、文化独特性。作为主席的冯骥才先生是中国民间文艺家协会的旗帜性人物。他以他著名作家、文化人的身份为工程奔走呼号，为工程身体力行，为工程思想行动，为工程实践试验，为工程宣传推广，为工程呕心沥血。冯骥才使工程广为人知、无人不知，工程改变了冯骥才小说家、文学家的身份，使他的名字与广大的农民、民间民俗、匠人艺人、老村老寨老房子老手艺老技艺老文化紧紧地联系在一起。冯骥才使中国民间文艺家协会在中国文联诸全国性文艺家协会中异军突起，使中国民协振衰起颓，从弱势弱小的协会和默默无闻的协会，一跃而为声名显赫、一呼百应的协会。

中国民间文化遗产抢救工程是新世纪我国文化遗产保护理念创新的摇篮和孵化器。工程以其巨大的文化影响力促使我国一系列重要的文化政策出台，催生了一些重要的文化制度的制订和施行，形成了广泛的社会文化风尚，改变了中国文化发展的轨迹。特别是在冯骥才主席的努力下，在中国民间文化遗产抢救工程营造出的社会氛围中，国家设立了文化遗产日制度，国家重设和新增了民俗节日为国家假日的制度，国家制定和公布了《非物质文化遗产法》，国家设立了国家级非物质文化遗产名录和代表性传承人名录，国家前所未有地投入数十亿巨额资金抢救和保护非物质文化遗产，国家全面推行"我们的节日"民俗节日活动，国家在汶川地震灾后重建中对羌族文化遗产予以前所未有的关切和扶持，国家实施了一系列民间文化遗产数字化工程，国家把非物质文化遗产优秀品类纳入大、中、小学教育课程和教材，等等。中国的文化遗产保护大踏步突破传统樊篱，民间遗产、动态保护、活态传承、大遗产观、整体保护、景观保护、综合保护、传承人保护，一系列新观念、新举措，令人耳目一新、更见实效、更有成效。

中国民间文化遗产抢救工程在我国新世纪文化思想出新上做出了有益的贡献。以冯骥才主席为首，在工程实施中不断提出新的思想和新的理念理论，不仅贡献于学界，也为全社会增添思想财富和精神遗产。他为我们解读了在当今时代民间文化遗产为什么容易濒危，如何挽救和保护濒危；思考了民间文化遗产的历史、文化、社会、思想、精神、艺术、美学、哲学的价值，用"文化的另一半""农耕文明遗产""精神家园""杰出传承人""民间创造、精英选择"等等来定位定性其价值。我们研究分类，辨析理论，重建田野，记录口述，建立档案，设计普查，审慎整理，科学编纂；我们应对民间文化困境，倡议国家文化战略，呼吁全民动员文化自救，放眼全球文化碰撞，定位人文精神重建，申明文化自觉和文化先觉，呼吁文化良知良心和文化责任与担当；我们解读文化保护困境，提出保护建议和意见，施行文化行动救助民间文化；我们……思想是冯骥才和我们走在时代前列的推力和动力，理论是我们超越历史、超越他者、超越自我、超越时代的精神奥秘。

中国民间文化遗产抢救工程获得了一系列震惊世人的文化成果。二十二卷大型丛书《中国木版年画集成》，以空前绝后的规模、文图、影像和立体的全方位的文化记录，受到中外学者的一致赞誉。民间剪纸、唐卡、泥塑、节俗、口头遗产、神像、美术图典、史诗、神话、古村落、民间故事、服饰文化、传承人口述史、传承人名录与谱系、皇会、神佛造像、雕塑、皮影、民俗志、民间工艺、民间文化代表作、民间文学经典……为我国文化宝库增添了新的内容和新的成果。民间文化的研究由于材料的新出和新貌，引发了更加深入更加学术的研究，学科建设、学术成果层出不穷。抢救工程还在施行中创造完善了田野调查、口述史、文化普查的方法论，形成了更加科学完善的学科方法，对学界和社会产生了深远的影响。

中国民间文化遗产抢救工程留下的各种文献档案，真实地记录了这一工程的发起、推进、发展、提高的过程和历程，这些档案具有珍贵的文献价值。它记录的是中国二十一世纪的文化变迁和文化历史。这部文图档案还收录了各种信件、文件原件和手稿、书稿、表格、会议记录、工作简报、讲话记录、公函、批示、通知、手册等等，把一个文化工程的背景、内幕、流程、历程、过程都提示、展示、指示出来，呈现出历史的丰富、生动和细节。各种各样关于工程的即时的新闻媒体报道，不仅反映了各种大大小小工作的展开，也呈现出其中的新闻价值、思想价值和理论观点，这些史料拓展了工程的广度与深度。鲜活的图像则让工程的历史形象化、可视化、对象化，可以从中一睹工程实施者的精神风采和工作场景，让人感叹和赞叹。我们看见：工程是一个滚雪球过程，越滚越大，越做越多，越来越丰富和深入。

这部档案是一个大型文化工程的全记录。这个工程的主要任务就是记录文化历史，而这部档案则是对这个记录的再记录。这两种记录都是意义非凡的，是互相映衬的，是互文和互相说明的记录与档案。假如说工程记录是为了让后人永远记住我们伟大的人民和他们伟大的文化创造的话，那么，这本档案记录的则是当代民间文化学人和工作者的所思所想所行所为，是他们无愧于前人和后人的文化担当和文化传承，这同样令人肃然起敬并可歌可泣。

我是这个工程的亲历者和见证人，我的生命、生活、工作、学术、思想都与这个工程紧紧地联结在一起，我大得益于工程的磨炼和砥砺，大得益于冯骥才主席的人格人品的影响和思想的引导。这是我永远不能忘却的。这部档案将这份情感永远定格下来。这也是为什么我如此热衷地向读者推崇和推荐这部档案的一个重要缘由。

谨为序。

2014 年 6 月 2 日

本文刊发于 2015 年 4 月 15 日《光明日报》，系冯骥才主编《中国民间文化遗产抢救工程档案（2001—2011）》（三卷本）序言，宁夏人民教育出版社 2015 年 5 月出版。

传承人口述史方法论研究与冯骥才的贡献

传承人口述史研究方法的学术基点与思想来源

从具有历史学科学性、严谨性、细致性出发和入手，又能兼顾人类学口传文化研究的特色特长，把目光聚焦于民间的不识字的传承人身上，为他们量身定制具有针对性的传承人口述史工作，无疑是非常有学术价值和文化意义的事情。

冯骥才的口述史实践在我国此一领域具有开创性。

早在 1986 年，在文坛上早已声名鹊起，成为当代小说、文学阵营最有影响力、最具文学创造力的作家之一的冯骥才，开始了一项一个人作战的浩大文学工程：做一百个人十年的口述实录文学，名为《一百个人的十年》，目的是要为整整一个时代的人们建立心灵的档案。他认为"历史学者建立事件档案，文学家建立心灵档案。这是人类最崇高的文字，也是文字最崇高的含义"。这个志向起于"文革"动乱之中，为一代普通的中国人记载他们的心灵历程。此一写作历时十载。"原先，我设想用两年时间完成这个写作计划。工作中，我发现，这不是一部作品，而是一项文学工程。凭我个人力量，要想在九百六十万平方公里土地上，找出一百个最富个性、内涵深刻又相互区别的人物典型，用他们的心灵史，呈现这一无比深邃浩瀚的时代内容，何其艰难！况且有人经历独特，未必肯言之，或者未必善言之，或者未必能提供出文学所必需的特有而生动的细节。"① 当冯骥才陆续在文学期刊上发表他的此一作品时，立刻在社会上产生了巨大的反响，收到了四千余来信，要求倾诉自己的"文革"经历。《一百个人的十年》不仅在文学上开创了口述实录文学的体裁形式，在当时文坛独树一帜，而且以其震撼人心的真实、独特、深刻，引起史学界的广泛关注，其口述史的操作方法，在后来兴起的口述史研究中，屡屡被史学界提及，也成为史学口述史的当代范例。

国内第一部关于口述史的专著《与历史对话：口述史学的理论与实践》② 在叙述当代中国的口述史学时，将其归列于口述史学中的重要范例。"比如冯骥才的《一百个人的十年》，作者就试图以一百个普通中国人在'文化大革命'中的心灵历程的真实记录，来再现那场旷古未闻的浩劫的历史真相。"③

2004 年 12 月 10 日至 12 日，首届中华口述史高级论坛暨学科建设会议在历史文化名城扬州召开，全国口述史学界专家八十余人与会，会上还成立了中华口述历史研究会，这是中国大陆口述史学术发展具有里程碑意义的学术大会。众多学者在会上提交了论文并进行交流。来自中国科学院自然科学史研究所的博士熊卫民提交了论文《口述史的特点、功能与局限性》，其中论及冯骥才此一口述史实践："口述史家就像报刊的编辑，他基本上没有发言，但由谁发言，具体发表什么言论经过了他的选择。拿冯骥才来说，他没有在《一百个人的十年》一书的正文中说一句话，但文中受访者说的全是他要说的话。自己什么都没说，却又使得什么都被说了出来，这其实是一种很高明的说话方式。它的高明之处在于，既可以规避掉一些风险，又可以增强话语的力度。同一句话，由不同的人说出

---

① 冯骥才著《一百个人的十年》，第410—413页，江苏文艺出版社1997年10月出版。
② 杨祥银著，中国社会科学出版社 2004 年 11 月出版。
③ 杨祥银著《与历史对话：口述史学的理论与实践》，第252页，中国社会科学出版社 2004 年 11 月出版。

来其风险是不一样的。"①

可见，口述史学界也普遍关注到了冯骥才的口述实录工作，并不认为这只是"文学"的工作或工程，甚至更加认可其中的史学性质，公认这是口述史中的早期代表作之一。

我们从方法论上看，冯骥才《一百个人的十年》的操作过程，的确具有口述史的"经典"性。

他首先是在《今晚报》刊登征集"文革"经历的启事，经中国新闻社转发后，在全国产生反响。启事内容有三：一是表明自己要为"文革"受难者记载他们的心灵历程；二是表示只采访普通百姓，拒绝名人和有地位的人；三是将在文章中隐去讲述者的姓名及有关的具体地名和人名，并保证不向外界泄露。关于采访地点，都是请被采访者选择。在口述者家中不便，就到冯骥才家中，或另选他地。外地口述者就由冯赴外地，在下榻的旅店进行。访谈一般要问以下几个问题：一、经历和事件；二、被采访者在事件中的真实感受；三、被采访者现在回过头去，对自己十年经历的认识。采访时，采取录音和笔录兼用的方式。笔录记重点，录音则录全部。整理工作分为两个程序：先戴上耳机听录音，将录音最关键的内容记在纸上；以此为根本，参照采访时的笔录，运用文学手段，进行写作。

在写作中，考虑了许多的文学因素。首先是研究录音，内容包括：一、叙述者的基本观点；二、叙述者十年间思想变化的脉络；三、叙述者个人的性格；四、能表现故事与人物独特性的细节；五、叙述逻辑与语言特征。下一步是剪裁，基本上是用减法，即删去不必要的内容，因为此前采访中已经"刨根问底"了，所以并不担心内容有所减少。删除后的内容支离破碎，必须重新进行衔接和组织。衔接是依照叙述者的精神方式，而不是依照简单的时间顺序。这种重组是一种艺术。最后是文字，用口述者第一人称的方

---

① 见周新国主编《中国口述史的理论与实践》（系本次会议的学术论文结集），第128页，中国社会科学出版社2005年9月出版。

式，对语言提出了严格的要求。这就必须强调叙述的节奏、逻辑、速度，以及特殊的习惯用语、口头禅、语言的地域性与教育程度等。"将叙述者的语言方式变成一种独特的文本。这样才能准确地表达一个人，也就能准确地把握一个人物了。"这些就是冯骥才的口述史方法及其特点。冯骥才共写了四十余人的经历，每篇发表后都引起广泛的阅读，许多篇什获得了多种文学奖。几十年后，还有许多篇什在各种期刊杂志上被选用、转载、重发。这几十篇作品和这本口述实录文学集也成为他个人文学创作中具有典型性代表性的作品之一。在当代文学史中，这部文学作品集也具有它独特的文学史地位。而这些故事和叙述的真实性传奇性独特性又使它们跻身口述历史和当代历史学研究的重要地位。其中的方法论也为后来的中国民间年画传承人口述史奠定了科学原则和基础。

从冯骥才《一百个人的十年》口述经验看，其方法论无疑是后来传承人口述史研究的重要思想来源和学术起源。但是也应指出，他的这一项工作毕竟是文学工作或工程，所以，他对口述对象的筛选，特别是经历类似、重复、简单，缺情节、细节、传奇、独特的就不再采录，就不适宜用此去对待传承人口述史研究。他的记录方法是有效而科学的，但其有时会根据叙述者的思维个性而形成叙述风格，用之于传承人口述也需仔细斟酌。

冯骥才主持的中国民间文化杰出传承人调查和中国木版年画传承人口述史两项工作，前者还不是完全的口述史，但已经可以称之为充分的传承人调查，主要资料也来源于并包含着大量口述史叙述；后者是更加纯粹的传承人口述史，是真正意义上的传承人口述史研究或实录，其内容显得更直接，更具口述史独特价值，更有原生、原始的传承人口述的第一手资料价值，也是传承人文化史上的首批典范性学术成果。本书的课题正是由此生发而来，并希望获得具有推广价值的学术成果，以推进我国非物质文化遗产保护和传承人文化的实录。

问题的提出与解决

传承人口述史方法论研究不仅仅是一种学术方法论问题。任何方法论的建立，其实都是建立在认识论基础之上的。传承人口述史方法论研究的意义更在于对传承人作为非物质文化遗产核心的深刻认识和真正理解。传承人又是一种复杂的文化对象，如何确定其在非物质文化遗产中的存在形式，分清它的类别，厘清它的动态与静态，把握它的身体性、行为性、记忆性，其间就有许多艰深的课题和难题。传承人的口述史，既要先进的访谈技术和方法，也需要良好的沟通能力和接近能力，并具有深度启发其语言表达和记忆开启的能力。认识传承人的哲学意义，也认识传承人的个体生活，这是本课题研究的第一环节。

我们还必须要深刻掌握传承规律，才能真正运用、适用、遵循此一规律把文化遗产传承下去，保护下来。传承人的技艺习得有自己的环境和个体性格、禀赋、喜好种种原因。口传心授如何接受，代际传递如何代代相传，耳提面命如何得其机宜，诀窍、绝技、程式如何固化身体记忆，此间奥妙万万千，但是绝不是无规律可循，相反是有美的建造的规律和生活永不停息的历史规律在焉。传承人文化传承的规律还有许多未解之谜有待破解。比如说技艺神授、梦授的传承方式，究竟奥秘在什么地方？如果不对传承人进行深入的长期的有深厚情感的沟通和观察，发掘其真实情感和真实经历，这些奥秘是永远也揭示不出来的，也就会永远成为神秘的传说，传承就永远是被动的、无能为力的、危机四伏的。传承人传承规律研究必须基于大量的传承人个案研究、长期研究，有充分的学术积累以后才能逐渐深入其中的。所以，没有充分的传承人口述史研究，我们的文化遗产保护、传承人保护，可能就永远不能得到真正的解决。

要深入开展传承人口述史就必须先做好传承人口述史方法论的研究。这个方法论研究还要基于先在先行的传承方法的研究。群体传承是如何发生和进行的？全民性传承是如何发生和进行的？民族、氏族、家族的传承是如何发生和进行的？个体之间的传承是如何发生和进行的？传承人对此往往是非自觉的，是以习惯性、传统性方式无意间发生，他们知其然不知其所以然，需要科学地发现。传承人口述史的方法论是一个系统的系列的观念、经验和技术。把这些细节一一展开，对于广泛开展传承人口述史研究，无疑具有非常现实的实用价值，实际上也具有深刻影响文化遗产保护未来的深远意义。传承人口述史方法论研究既然在今天已经放在一个新的历史时代，就应仔细研究各种口述史经验，包括历史学的口述史、文学的口述史、人类学和民俗学的口述史、新闻学的口述史、社会学的口述史、民间文艺学的口述史的访谈技巧，全面借鉴这些学科的有益口述史方法，形成科学的方法论。

传承人口述史方法论研究也应深入展开写作技术、手段、知识、方法的总结和普及。包括资料的存留、分类、剪裁、重组，也包括文字再现与重新布局，以及口述史写作和超越口述史的写作。在口述史方法论中还将涉及相关的知识产权、资料授权、传统技术权益、口头讲述与口头文学的著作权等相关法律、权益关系，也需要把这些基本知识做相应呈现，以确保推广、实施的可行性、实用性。

在录音技术盛行时，录音成为口述史记录最有力的客观性证明。不唯如此，冯骥才在做《一百个人的十年》口述实录文学时，还特别提到整理录音时要重温和捕捉口述者的语气与声音感受。现在我们已经进入到一个影像、图像、视听、视觉的时代，摄影摄像及其同期声，已经成为更加有用、更加有效、更加可靠的技术工具和手段。但是，如何运用这些工具、技术、手段，除了掌握机器、器材、设备的技术性能外，如何掌控节奏、如何拍摄场面、如何直击心灵，都成为不能不面对的问题。许多传承人很少接触这些声光电技术、机器，这会导致他们根本不能自如地对话，甚至失忆、失语。人类学电影近一百年来发展的历史，就面临过一大堆诸如此类的问题。如果把这些技术应用于传承人口述史，形成一个人、面对面或跟踪一个人的全部生活，这个人的紧张感、被记录感、被监控感、被观看感会严重突显，有时可能会刺激他的表演，激发他的情绪，有时也会导致无所措手足，而且更多出现的是后一种情况。所以，我们还要研究人类学电影的成就与经验，研究电视的访谈、对谈、采访、口述、讲述、纪录片的经验与教训，使得传承人影像口述史能与时俱进地推广开来。

传承人口述史方法论研究的难点与学术创新

关于传承人的定义，由于目前国内对此予以的学术关注严重不足，所以，尽管我国的传承人保护制度在国际上是比较先行与先进的，但是学术界对传承人的定性、定义却研究不够。在日本，由于自柳田国男开辟日本民俗学研究之始，就使用了"民间传承"及其研究来代替民俗学，所以，关于传承的概念传播甚广。日本民俗学研究所所编并于 1951 年出版的《民俗学辞典》对"传承人"的定义是："不论年龄大小，凡是通过常民生活体验来积累丰富的传承性知识的人都是传承人，其中不包括通过阅读而获知各种事物来历的精英。他们能够相对客观地陈述。但应对多数的传承人进行访谈，以提高资料的客观性。"[①]

这个定义指向全体，也指向个体，并且表明了"民间传承"研究必须通过对传承人的访谈，才能获得必要的研究资料。

当前的非物质文化遗产保护，其范围大大超越民俗，涉及众多领域。所以，传承人的范围、性质，也不仅仅限于民俗传承人、民间传承人。在进行非物质文化遗产一般性调查时，所有传习、继承该项非物质文化遗产的人们都是"传承人"。但是要对此遗产的传

---

① 日本民俗学研究所编《民俗学辞典》，第 389—390 页，转引自王晓葵、何彬编《现代日本民俗学的理论与方法》，第 193 页，学苑出版社 2010 年 10 月出版。

承人进行口述史研究时，这个口述传承的确定，应该有一个选择的特指。对什么样的传承人进行口述史调查呢？首先是对进入国家传承人保护名录的这些国家级、省级的传承人进行口述史调查。因为他们是经过遴选、推荐、调查、审定、评定并被制度所认可的。其次，可以由学者、专家自行在民间调查的基础上，选定有杰出、优秀技艺和记忆的传承人进行口述史调查。最后，可以对某一文化事象进行专题、专项、专人的调查和传承人口述史工作。这几个层面或角度开展起来的传承人口述史都是有意义的。

传承人有不同的传承人类型，不管是集体传承还是个体传承，其本人的出类拔萃、超群绝伦是一个重要的标志。传承人的传授方式、习得方式也是千差万别，这既是口述史的难点，也是口述史的重点。洛德关注到了口述、说唱的程式问题，一定程度上提示了传承人的文化奥秘，传承人口述史应该充分利用这些学术成果，找到"这一个"传承人口传心授、言传身教的特色。杨恩洪提出的史诗艺人四种类型，也是传承人口述史应该着重记述其特色和关键所在。

把握这些传承人口述的重点、特点、难点，就要从传承人口述史的方法论入手，用实用、有效、科学的技术、手段、程序、技巧、方法，突出重点，强调特点，破解难点，形成真正有价值的传承人口述史研究成果。

本书对传承人口述史研究方法论的研究方法来自中国人类学、民俗学、民族学、艺术学、民间文艺学、非物质文化遗产学的长期学术积累和学术实践。问题也是中国实践的中国问题，因而对问题回答与破解也必须基于中国的学术经验和学术传统。当然，由此获得的学术成果也将有利于推动、促进中国非物质文化遗产保护运动深入而持久地延续下去。

本书的目的在于建立起传承人口述史的理论模型，把传承人口述史的课题提升到重要的必要的学术地位和学科地位来加以研究，为传承人口述史提供实践经验、学术借鉴、理论解析、技术建构、思想体系和方法步骤，并且具体地研究、比较、分析、总结国内外历史学、人类学、非物质文化遗产保护实践中的各种口述史案例和经验，为更广泛的传承人口述史实践提供借鉴和参考。

本书前三章研究的是传承人的特征，传承人口述史的核心和传承人口述史的文化样式。在第一章中展开的是传承人与口述史的关系与关联之来由、意义与特征。我们只有把口述史研究中的传承人问题弄清楚，确定出传承人与一般口述史讲述者或当代史、当代事件中的讲述者的区别，才能理解传承人口述史的价值和意义。传承人是具有原生性、主体性、民族性特征的文化承传、承载者。为传承人建立口述史既促进并把握住了非物质文化遗产保护的关键，也对文化技艺和记忆的实体、物什、表演、演述、作品等是一个重要的补充。传承人口述史是民间文化、非物质文化遗产和民间历史的重要内容。这些阐述、知识、理论一直没有得到充分而深入的研究与陈述，本书将对此展开我们的研究成果。传承人之所以事涉口述史，根本是由于他们自己无文字和他们的文化非文字，记忆是他们的文化能力，也是他们的文化核心。第二章重点讨论传承人记忆规律。记忆显然涉及心理学问题。掌握一般心理学记忆知识，把握住传承人记忆的特殊规律，对形成科学、可靠、完整的传承人口述史十分重要。所以，这一章将细述记忆的层次与传承性、记忆的体验和变异性、记忆的易碎和主观性，以及个体记忆和集体记忆的个性与共性、区别与关联。第三章是关于传承人口述史的文本特征研究，实际上就是关于传承人口述史的身体性特征，即它的集体记忆或潜意识性。这是传承人口述史的身体图式或身体现象学。

后三章是传承人口述史的操作、实践与方法，形成具体的具象的实际的传承人口述史方法体系。第四章集中研究对传承人展开访谈的方法论研究。"访谈"是传承人口述史研究的第一门径。借鉴别人的经验，总结我们自己亲力亲为过的实践，本书提出了准备、设计、选择、设备、预想困难、调查提纲等细节及其中可能隐藏的问题。访谈展开后，可以有一系列的采访技巧和基本方式，要细致入微地体察访问者和受访者的心灵沟通、心理波动和对话。第五章是关于传承人口述史写作方法论的研究。历史学、档案学、图书馆学有很好的资料处理原则，传承人口述史是一个资料采集的过程，采集以后如何收藏和呈现，必须慎之又慎，也必须有严谨科学的处理方式和写作技巧。加注、查核、印证、编排、重组、结构，这里应该涉及一种独特的文体、文本和写作，是任何一种既有的文字体裁或文章样式都不能代替的。所以，本书提示了一系列传承人口述史写作可能或曾经或经常会遭遇的问题：口述方法的局限性、传承人"异化"的危险、集体记忆与个体表达的混合、口头传统与文本呈现的异同、口述与文献资料的矛盾、口述真实与历史真实的真伪、口述史的著作权问题、口述史写作的伦理问题等等。这一章也呈现出传承人口述史的复杂性和艰巨性，优秀的口述史是具有高超技巧和能力的产物，是来之不易的学术成果。第六章对中外口述史代表作进行全面介绍和评析，重点讨论口述史上产生过广泛影响和具有经典意义的代表作。这些作品不仅在口述史学术史上具有里程碑意义和广泛的学术定评，也对传承人口述史的方法论建构具有深刻的示范和启示。最后，本书还将介绍一批中国本土的传承人口述史田野调查个案。这些个案主要来自天津大学冯骥才文学艺术研究院的多种实践，有对传承人集体的群体口述史（天津皇会口述史），有对家族传承的口述史（东巴舞蹈传承人习阿牛、阿明东奇父子），有杰出的民间年画、剪纸、布老虎、法鼓、泥塑、史诗艺人等不同遗产类型样式的传承人口述史，具有典型性和代表性。其中一些个案来自长达数年的跟踪调查。这些个案是民间文化传承人口述史的开创性成果，它们的独特性、重要性、首创性，使本书课题具有实践经验，许多理论成果也正来自这些实践中的思考和对实践的总结。

本书首次在理论上系统地提出了民间文化、非物质文化遗产保护的传承人问题，首次系统地提出和研究了传承人口述史问题，首次全面地开展了传承人口述规律和口述史方法论研究。这些课题、理论、方法、思考、问题，都是来自中国的学术实践和文化实践，是中国经验的提炼、概括、整理、总结、提升。理论与实践相结合，是传承人口述史方法论研究的基本经验和根本出发点。深入借鉴中国和外国的口述史历史学方法论，使之有益于传承人口述史方法论研究，也是我们的学术姿态和文化态度，更是本书学术思想得以成立的重要原因。

综观在并不长的历史时间里迅速发展起来的口述史，已经呈现出多元化、多方向、多学科发展的势头。主要有如下几个重点发展方向或类型化趋势：

一、历史事件亲历者口述史，如关于"文革"、关于知青历史、关于抗日战争、关于"9·11"，等等。这类口述史首先聚焦于亲历者的亲历或对亲历的回忆、倒叙、重述，事件则往往是重大的、影响历史的、波及一代人或一批人的。二、精英口述史，即选择知名度高或各个领域里突出的、有影响的、领军人物式的代表人物，口述其人生经历或某个重大事件的亲历。这种个人口述史具有文献档案、个人或他人文字撰著自传不可比拟的优势和特色。三、底层人物口述史，是对历史记载、历史研究一向不予关注的普通人的历史的关注。一方面民间有奇人、乡野有高人，这样的隐逸之人通过口述史的发掘，意义非常；另一方面，普通人或普通人群体在一事件、一时代中的命运，正可以构成历史的鲜活景象和历史的深度与广度。四、分类的口述史，即对不同人群、不同职业、不同地域、不同年龄性别等进行的专题专类专人的口述史。它使历史社会化，展现出丰富的情节和波澜壮阔的细节。五、口传历史、口述文学的口述史传统。在世界性的口头文学传统中，讲述历史、叙述时代、描写生活都是一个重要的传统和文化类型。一方面形成代代相传、口口相传的历史积累和传承，另一方面也不断补充新的时代的内容。文字出现以后，这种口头传统并未完全消失，同时也在不断滋生新的口述文学和口头叙事。六、文学的口述样式。除了冯骥才的《一百个人的十年》外，著名作家张辛欣、桑晔也开展了北京人的口述文学工作，并在文学界和社会上产生过巨大的反响和影响，响应了文学性和文学界对口述史的介入、移植和新创。这样的口述文学或口述实录文学，也是口述史的重要样式，并且具有独特的魅力。七、民间文化和非物质文化遗产传承人口述史，是一项在当前特别具有运用价值的口述史类型，也是本书重点研究的口述史形态。

传承人口述史方法论的中国思想与原则

在中国民间文化杰出传承人调查、认定与命名工程的实施和中国木版年画传承人口述史调查与丛书编纂过程中，冯骥才在《一百个人的十年》中摸索的口述史经验得到进一步实践，形成了对传承人进行口述史调查的思想理论与实践。

首先是关于传承人的文化认识。2005年3月，中国民间文艺家协会实施的"中国民间文化杰出传承人调查、认定和命名"，经两年多时间在全国范围的推开，首批调查、推荐、认定和命名了一百六十六人，在评定、公示期间，又有两人因年事过高而去世，最后命名了一百六十四人，其中年龄最大的是纳西族东巴习阿牛，当时已是九十三岁。此后，中国民协又着手开展这一批传承人的口述史工作，陆续推出《中国民间文化杰出传承人丛书》，起初是一个传承人一本专述。在为这套丛书撰写的总序《活着的遗产——关于民间文化传承人的调查与认定》中，冯骥才表述了传承人的文化定义和文化意义。他指出："非物质文化遗产主要是非物质的、无形的、活态的、以人为载体的；它依靠人的口传心授而世代相传，因此它是活着的历史，也是我们精神生活的一部分。自觉地传承这种非物质文化遗产的人就是传承人。他们是非物质文化遗产的主角。在人类尚没有'文化遗产'的概念之时，广大民间各种世代相传的文化中，唱主角也是这些传承人。他们就是数千年来一直活跃在民间的歌手、乐师、画工、舞者、戏人、武师、绣娘、说书人、各类高明的工匠以及各种民俗的主持者与祭师。这是一种智慧超群者，才华在身，技艺高超。担负着民间众生的文化生活和生活文化。黄土地上灿烂的文明集萃般地表现在他们身上，并靠着他们代代相传。有的一传数百年，有的衍续上千年。这样，他们的身上就承载着大量的历史讯息。特别是这些传承人自觉而严格地恪守着文化传统的种种规范和程式，所以往往他们的一个姿态、一种腔调、一些手法直通着远古，常常使我们穿越时光，置身于这一文化古朴的源头里。所以我们称民间文化为历史的'活化石'。"

"传承人所传承的不仅是智慧、技艺和审美，更重要的是一代代先人们的生命情感，它叫我们直接、真切和活生生地感知到古老而未泯的灵魂。这是一种用生命相传的文化，一种生命文化；它的意义是物质文化遗产不能替代的。"

"有史以来，中华大地的民间文化是凭仗着千千万万、无以数计的传承人的传衍。它们像无数雨丝般的线索，闪闪烁烁，延绵不断。如果其中一条线索断了，一种文化随即消失；如果它们大批中断，就会大片消亡。"①

在这里冯骥才从中国实践和中国经验出发，准确地定义了传承人，全面而深刻地定性了传承人的文化意义，揭示出传承人所承载文化的独特性和特殊性。他还进一步阐述了传承人保护的意义和手段。他指出："保护传承人的前提是认定传承人。对传承人全面、细致和快速的普查又是认定的前提。""我们对所有认定的传承人生活的文化背景、地域特征、民俗习惯及其传承史、口述史、技艺过程、艺术特点和代表作，按照统一格式进行进一步的调查与整理。

---

① 冯骥才作《活着的遗产——关于民间文化传承人的调查与认定》，《中国民间文化杰出传承人丛书》总序，民族出版社 2007 年起陆续出版。

建立完备的档案和数据库，并以图书方式加以表现。必须强调，尽快调查传承人在非物质文化遗产保护中至关重要。因为我们对传承人之所知十分有限。一旦失去传人，非物质文化遗产就不存在。传人去后，只有遗存。遗产的非物质性就转化为物质性的了。因此说非物质文化遗产比物质文化遗产脆弱得多。它的关键是传人的脆弱。所以，抢救性的普查、科学认定以及切实有效地保护传承人，才是保护非物质文化遗产的关键。我们留给后人多少非物质文化遗产，就看我们查清、认定和保护住多少杰出的传承人。如果失去传人和传承这些遗产只有一个归宿，那就是一动不动地躺在博物馆，并永远沉默着。这是巨大而又细致的工作，是不能绕过又十分艰难的工作，并且是必须亲临田野第一线的艰苦工作。但这是我们必须承担的工作。"①

当年开展"一百个人的十年"的口述史工程，冯骥才即出自一种必须承担的历史责任和使命感，十余年后，当这种口述史对象转向民间传承人时，依然是出自一种对历史、对文化、对人民、对祖国的责任、担当和使命。只是其中的技术、手段、方法根据不同学科、目的、文本，有不同的选择和完善而已。

《中国民间文化杰出传承人丛书》对每一个传承人开展的是口述史调查，呈现时既有用第三人称的记述传承人生活史、家庭史、村庄史等，也有以第一人称表现的传承个人的自述——口述史。对传承人的家谱、师承谱系也进行了调查与呈现，并客观地记述了传承人的代表作及其内容与形式的特点，等等。这项工程是我国民间文化、非物质文化遗产保护中首次提出传承人保护体系和方法的一项创新性、实践性工程，正是在此一工程的实施实验中，冯骥才提出了关于传承人及其保护的全面的思想，传承人口述史实践也由此系统而全面地开展起来，为此后更科学的传承人口述史奠定了基础。

① 冯骥才作《活着的遗产——关于民间文化传承人的调查与认定》，《中国民间文化杰出传承人丛书》总序，民族出版社 2007 年起陆续出版。

2009 年，在陆续完成二十余个著名产地的文化普查，中国木版年画集成工作进入后期编纂出版阶段之时，冯骥才在天津大学冯骥才文学艺术研究院中国木版年画研究中心与他的博士、硕士和教授、讲师们一起开展了一项《中国木版年画传承人口述史丛书》的调查、整理、编纂、出版工作。这一传承人口述史专项专题工作，无论是在理念上，还是在方法论上都更加成熟。其成果也更加具有口述史特色，是迄今为止传承人口述史最优秀、最成熟、最成功、最典型、最有代表性、最具推广性、最符合传承人保护规范的特色的学术成果。这套丛书调查了中国木版年画集成中十余个省有活态传承和杰出传承人的年画产地的年画传承人，由冯骥才亲自主持、设计与参与和指导，因而更全面地体现了他的口述史方法与原则，更直接地承接了他的"文革"口述史的经验与理论。方法论上更是形成了成熟的传承人口述史的访谈、整理、存档、成书的系统流程、规则、原则、步骤、技术、手段、理论。冯骥才在为这套丛书作总序时，再次系统地总结和归纳了其中的设计和思考。

他明确指出，传承人口述史是从别的学科"拿来"的："田野调查对象的重中之重是非物质文化遗产的主要载体——活着的传承人。于是，广泛应用在人类学和社会学中的口述史方法，便顺理成章地被拿过来，成了非物质文化遗产田野调查最得力的必不可少的工具性的手段。"他进而论述了为什么要采用口述史的三个原因：

第一，口述史面对活着的人，而非物质文化遗产的主角就是活着的传承人。

第二，口述史是挖掘个人的记忆，而非物质文化遗产都保存在传承人代代相传的文化记忆中。

第三，口述史的工作是将口述素材转化为文字性文本。当文化遗产只保存在传承人的记忆中时，是不确定的，不牢靠的；只有将这种"口头文化遗产"（即非物质文化遗产）转化为文字后，才可以永久保存。

"所以说，口述史调查是非物质文化遗产最重要的抢救手段和保护方式。因而，在始自2003年春天展开的中国民间文化遗产抢救工程中，口述史调查被我们广泛地采用。"①

　　冯骥才还讨论了年画传承人口述史与年画产地文化记录的区别，指出了他主持此次"中国木版年画传承人口述史"工作的特点：一、在每个年画产地选择一位至两位具有代表性的传承人为调查对象。二、个人文本。三、依照抢救工程的统一标准，对传承人调查的内容包括家庭年画史、个人从艺史、地域文化背景、个人擅长的题材与体裁、制作经验等；同时对传承人的个人小传、传承谱系、代表作目录、家藏古版目录以及地方性的制作术语等进行文字整理，以求全面充分，不留空白。四、充分使用视觉人类学中的影像记录方式，使口述史调查之所获更加丰满和立体。对于这种活态文化的记录，影像手段则尤为必要。

　　关于口述访谈、田野调查后的资料整理工作，冯骥才是这样描述其设计和实践的："此次口述史调查，在整理时分为两步。第一步是将录音转化为文字，保持现场问答的原貌，这些重要的原始资料都已存放在'中国木版年画数据库'中，妥善地加以保存。第二步将上述的问答（对话）材料转化为传承人的个人口述（第一人称）文本。然后配以珍贵照片，以图文形式每个年画产地一人一集或两人一集陆续出版。

　　"这一系列口述史文本，将以忠于传承人的口述真实的工作原则，为每一个产地重要的传承人建立一份完整的个人化的文化档案。文字的整理工作中是理清顺序与头绪，剪去与遗产本身无关的枝蔓，决不添加任何虚构的细节。同时，注重口述者个人的语言特点，保持口述的现场感及口述者的个性气质，以使文本具有传承人

---

① 冯骥才作《年画艺人的口头记忆》,《中国木版年画传承人口述史丛书》总序，可参见郭平、蒲娇著《杨柳青年画：霍氏家族　王学勤》，天津大学出版社2011年1月出版。

的生命性。

"相信这是历史上首次中国木版年画各产地传承人的口述调查。它无论在民艺学、民俗学、美术学，还是人类学和文化遗产学方面，都具有标本的意义和文化研究的基础价值。"①

《中国木版年画传承人口述史丛书》最终出版十四本，访谈、调查了二十余位十六个产地的著名年画艺人。这是非物质文化遗产保护运动开展以来，最重要的学术成果之一。该书在口述史方法上，沿用了文学实录的一些方法和原则，又进行了完善和补充以适宜于传承人口述史工作。全书全部采用第一人称，以口述者"我"的视觉、"我"的语气、"我"的经历、"我"的回忆，讲述了年画的历史背景、自然概况、地方风俗、从师学艺、绝活绝技、代表作、经验、口诀、工艺流程、工具材料等等。附录传承人小传、传承谱系与图表、代表作目录等。书中收入大量图片，反映了传承人生活与技艺的方方面面及各种细节。这套丛书把我国非物质文化遗产保护工作的水平推向了一个全新的高度。它不仅超越了过去的各种口述史的规模，而且在全世界非遗保护工作中绝无仅有、独一无二，也超越了本领域过去的一切成就。

著名民俗学家陶立璠对冯骥才主持的此一工作做出了高度的肯定和评价，他在《口述史记录"非遗"，功不可没》一文中这样写道："在非遗保护工作中，一部由冯骥才主编的 14 卷的《中国木版年画传承人口述史丛书》呈现在我们面前。书中详细记录了各地木版年画的 27 位传承人的口述资料。通过这些口述史资料，我们清楚地看到了覆盖全国各地的木版年画的产生发展历史，各地木版年画的不同内容和风格以及创作、刻版、印刷技术。我们从中得到的不只是美的享受，而且通过他们的讲述，使我们了解了民间知识和民

---

① 冯骥才作《年画艺人的口头记忆》，《中国木版年画传承人口述史丛书》总序，可参见郭平、蒲娇著《杨柳青年画：霍氏家族　王学勤》，天津大学出版社 2011 年 1 月出版。

间信仰的神奇力量，正是这种对生活的感受和认知，正是民间信仰的推动力，激发了民间艺人的丰富想象，创造了无与伦比的年画艺术；同样通过他们的讲述，也使我们更加清楚地认识民间思维、民间生活、民间的审美情趣和创造。"

陶立璠先生注意到了年画集成和年画艺人口述史之间的关联和互不可替性。他指出："读到《中国木版年画传承人口述史丛书》的出版我们不得不提及同样由冯骥才主编的《中国木版年画集成》，该集成共22卷，囊括了中国著名年画产地天津杨柳青，山东高密、东昌府、杨家埠，苏州桃花坞，河北武强，河南朱仙镇，陕西凤翔，四川绵竹，广东佛山等地的年画代表作品。这是一套在深入普查基础上精选的集成巨著，除收录代表性作品外，集成对每一产地的普查情况、流传使用、工艺制作等做了简要介绍。而以此相对应的，《中国木版年画传承人口述史丛书》则对传承人的专访和记录更为详细。以陕西凤翔年画传承人邰立平的口述史为例，就包含了家族年画和个人的从艺史、凤翔地区的年画题材及流派、年画张贴的地方风俗、年画制作的工艺流程与工具、材料以及当代年画生存的困境等，其他各卷也是按照这一体例框架记录的。两部著作对读，特别是通过民间艺人口述史的记录，我们可以全面了解中国年画的辉煌而又曲折的发展历史；了解中国年画的题材流派与风格；还可以了解中国年画特殊的工艺流程。有了这种口述史资料，即便随着时代的发展，年画逐渐式微时，我们的后人也可以按照口述资料将其复制出来，这可能就是年画传承人口述史留给我们的最珍贵的记忆。""从口述史记录的要求来看，目前国家公布的'非遗'项目的代表性传承人，都在执掌着某种技艺，是最适合做口述史的对象。这些传承人大都掌握一门专门的技术，又熟悉本行业的历史沿革、熟悉传统技艺，但由于从小学艺，文化程度（主要指文字写作能力）不高，在'非遗'项目的考察中如果学者们借助自己的文字记录能力，请传承人口述，将口述记忆记录下来，对保护非物质文化遗产功不可没。对于加速消亡的中国传统民间文化来说，以口述史方法对之加以记录，保存和利用，已是刻不容缓。"① 陶立璠先生的这番评述是切中肯綮、有理有力的。他敏锐地意识到了这一工作的意义，并且确感我国非遗保护还有大量的优秀传承人应该做口述史可却没有开展此工作，他因此借着评述冯骥才先生工作的成果，发出呼吁，希望能广泛推广并开展传承人口述史工作。

这就是本书课题的出发点，也是我们的学术目标。我们必须把传承人放在一种新型遗产保护运动中的核心地位；我们必须把传承人口述史放在一个紧迫、急迫、严峻、重要的地位予以严重关切和强力推行，否则我们将继续失去；我们必须把传承人口述史方法论结构、组合、完善起来，工欲善其事必先利其器，要推广传承人口述史，必先建立和推行传承人口述史的方法论。

本文系冯骥才主编《传承人口述史方法论研究》的第一章"绪言"部分节选，由笔者撰写。该著作由华文出版社于 2016 年 12 月出版，是国家社科基金重大项目之成果，2020 年获教育部第八届高等学校科学研究优秀成果奖（人文社会科学）一等奖。

---

① 陶立璠作《口述史记录"非遗"，功不可没》，刊于 2011 年 9 月 21 日《中国艺术报》。